普通高等教育“十四五”规划教材
江苏省高等学校重点教材（编号：2021-2-019）

新时代大学生安全素质教程

蒋军成　李忠玉　欧红香　毕海普　主编

中国石化出版社

内 容 提 要

本书结合国家、社会发展对大学生安全素养的新需求，从安全素质教育与安全文化、总体国家安全观、心理健康与行为安全、网络信息安全与反诈骗、防火防爆与化学品安全、交通出行安全、自然灾害避险、公共卫生安全等层面进行较为系统、针对性的分析介绍；内容突出时代性、实用性、知识性、创新性，案例丰富，图文并茂，可读性强，有吸引力。通过知识讲解、案例分析增强学生安全防范意识，培养学生保护他人安全和公共安全的责任意识。

本书每章都有“安全素质拓展”内容，通过实例来更加直观地开展教学活动，可作为各类在校学生的安全素质教育的教学用书，也可作为普及安全知识的参考用书。

图书在版编目(CIP)数据

新时代大学生安全素质教程／蒋军成等主编．—北京：中国石化出版社，2021.12

ISBN 978-7-5114-6508-5

Ⅰ．①新… Ⅱ．①蒋… Ⅲ．①大学生-安全教育-高等学校-教材 Ⅳ．①G641

中国版本图书馆 CIP 数据核字(2021)第 246565 号

中国石化出版社出版发行

地址：北京市东城区安定门外大街 58 号

邮编：100011　电话：(010)57512500

发行部电话：(010)57512575

http://www.sinopec-press.com

E-mail：press@sinopec.com

北京力信诚印刷有限公司印刷

全国各地新华书店经销

*

787×1092 毫米 16 开本 14 印张 297 千字

2021 年 12 月第 1 版　2021 年 12 月第 1 次印刷

定价：59.00 元

前 言

古语云“无危则安，无损则全”，安全与每个人都休戚相关。在个人成长的道路上会面临各种风险和挑战，大学生安全素质教育不仅是大学生自身综合素质培养的需要，更是国家、社会发展的需要。大学生作为我国现代化建设的后备军，加强其安全素质教育，是培养高素质、合格的社会主义建设者和接班人的应有之义。

国家在《中华人民共和国国民经济和社会发展第十三个五年规划纲要》中明确提出“要牢固树立安全发展观念，加强全民安全意识教育”。党的十九大报告明确提出“要全面贯彻党的教育方针，落实立德树人根本任务，发展素质教育”“加强国家安全教育，增强全党全国人民国家安全意识，形成维护国家安全的强大合力”。《中华人民共和国国民经济和社会发展第十四个五年规划和2035年远景目标纲要》明确提出：“提升国民素质、促进人的全面发展。全面贯彻党的教育方针，坚持优先发展教育事业，坚持立德树人，增强学生文明素养、社会责任意识、实践本领，培养德智体美劳全面发展的社会主义建设者和接班人。”“统筹发展和安全，建设更高水平的平安中国。坚持总体国家安全观，实施国家安全战略，维护和塑造国家安全，统筹传统安全和非传统安全，把安全发展贯穿国家发展各领域和全过程，防范和化解影响我国现代化进程的各种风险，筑牢国家安全屏障。”2020 年 9 月 28 日教育部发文，印发《大中小学国家安全教育指导纲要》，要求深入学习贯彻习近平总书记总体国家安全观，加强大中小学国家安全教育，将国家安全教育纳入国民教育体系。大学阶段，学生要系统掌握总体国家安全观的内涵和精神实质，理解中国特色国家安全体系，树立国家安全底线思维，将国家安全意识转化为自觉行动，强化责任担当。

高校要培养高素质的合格人才，必须重视大学生的安全教育，增强大学生的安全防范意识，加强大学生的安全素养，使学生真正掌握适应现实要求的安全知识、技能，形成良好的安全行为习惯。高校大学生安全素质教育是以党和国家的法律、法规、方针、政策为依据，以全面提高大学生综合素质为目标，以安全责任、安全意识和安全知识为主要教育内容，通过理论教学、实训实践、家-校-社区融合、大学生的自我教育等多种途径，让大学生接受安全关怀和安全教育，充分认识安全的重要性，不断增强安全意识，系统地掌握安全知识，明确安全责任，以更好地适应大学生活和今后走向社会的需要。开展大学生安全素质教育主要有三个目的：一是使学生能关注自身安全，增强学生自我保护意识和能力，提高个人安全防范能力；二是使学生学会关怀他人安全，培养保护他人安全的责任感，构建和谐平安校园与平安社会；三是使学生关注公共安全与国家安全，培养社会安全责任意识，更好地投身平安中国建设。

本书旨在帮助读者，尤其是广大青年大学生，能够辨识新时代可能面临的风险和安全问题，培养和提高“关怀自我安全－关怀他人/公共安全－关注国家安全”的意识和能力，培养社会安全责任意识和能力。本书作为中国大学 MOOC 平台中《大学生安全素质教育》视频公开课的配套教材，内容覆盖面广，有知识阐释、案例分析、素质拓展等图文并茂、通俗易懂的栏目，主要包括安全素质与安全文化、总体国家安全观、心理健康与行为安全、网络信息安全与反诈骗、防火防爆与化学品安全、交通出行安全、自然灾害避险、公共卫生安全等 8 章，详细介绍可能面临的各种风险和事故的防范、应对技能。

本书由常州大学蒋军成、李忠玉、欧红香、毕海普担任主编，邵辉、邢志祥、朱飞昊、程晓军参与编写。本书编写过程中得到了常州大学相关单位和周东升、李凯佳、陈子威、孙伟凯、王尚彬等研究生的大力支持，也得到了常州市防诈骗中心的协助，在此表示衷心的感谢。

本书在编写过程中还参阅了相关的论著、教材等文献和网络资料，在此谨向作者表示诚挚的感谢。

本书为江苏省高等学校重点教材(编号：2021-2-019)。本书出版得到江苏省高等教育教改重点项目(2019JSJG022)、安全工程国家一流本科专业建设项目、江苏高校青蓝工程优秀教学团队项目、常州大学教学名师培养项目的支持，在此一并表示衷心的感谢！

目 录

第1章 绪 论

1.1 概 述

什么是安全？古人常说“无危则安，无损则全”，“无危则安”是心理和生理感觉，“无损则全”可看作是肢体和财产的完整，体现了精神和物质的统一。关于安全的定义有很多，我国学者刘潜曾给出关于安全的定义：安全是人的身心免受外界因素危害的存在状态及其保障条件。所以安全是人抵御外界危害的能力，需要发挥人抵御外界危害的能动作用。国际上对“安全”的科学解释是：将人员伤亡或财产损失的概率和严重度控制在社会可接受的危险度水平之下的状态。这个定义强调安全是客观的、可量化的。这一解释的科学价值在于，运用严谨的数学化语言来定量化地表述安全这一抽象、模糊的概念，使安全成为可以系统化和公式化的知识，安全也因此成为一门科学。正如马克思所说：“一门科学只有当它达到了能够成功地运用数学时，才算真正发展了”。这一科学解释的工程技术价值在于，面对具体的安全工程问题，可以通过运用各种数学方法和工程技术手段来定量化表述系统中的危险性及安全程度，进而量化判定各项安全对策措施的效果，为实现系统安全目标指明了工程技术方向。

安全与每个人都休戚相关。大学生安全素质教育是国家、社会发展的需要，国家在“十三五”规划纲要中明确提出“要牢固树立安全发展观念，加强全民安全意识教育”。2017 年党的十九大报告中明确提出“要全面贯彻党的教育方针，落实立德树人根本任务，发展素质教育”“加强国家安全教育，增强全党全国人民国家安全意识，形成维护国家安全的强大合力”。2020 年 8 月 24 日习近平总书记在经济社会领域专家座谈会上指出：“十四五”时期我国将进入新发展阶段，要深刻认识错综复杂的国际环境带来的新矛盾新挑战，增强机遇意识和风险意识，努力实现更高质量、更有效率、更加公平、更可持续、更为安全的发展。大学阶段是人生中最活跃、最美好的时期，大学校园作为莘莘学子求学解惑之地，处处充满着朝气与活力。但大学校园并非“世外桃源”，同样与现实社会无时无刻不发生着各种各样的联系。

伴随高校扩招以来，高校在校生人数大幅增加，过去的象牙塔已不复存在，封闭的办学模式也逐渐走向开放，各高校逐渐成为一个个“小社会”；大学城的建设、高校间的合并以及新校区的建设使得大学生的活动空间不断扩展；网络与新媒体的快速发展使得许多不良信息在高校内广泛传播；后勤社会化使得校园更加开放，越来越多的社会人员进入校园，或在校园周边从事各种商业活动，校园周边环境变得日益复杂。在静谧和优雅的校园中存在着许多大学生必须重视关注的安全问题，它们或潜藏、或显露，也有因学生缺乏安全认知而造成的大学校园安全问题，因此，大学生安全素质教育成为高校加强学生综合素质教育的重要内容之一。

当今世界格局恰逢百年未有之大变局，风云变幻莫测，政治、经济、社会、文化、生态领域不确定性显著增强。每个人在成长的道路上，会面临各种风险和挑战，如国家安全、自然灾难、生产事故、公共卫生安全、生活风险等。在国家安全方面，例如境外敌对势力煽动、非法宗教渗透等，不仅破坏高校校园和秩序，也造成严重的社会不良影响和社会动荡，给国家安全带来严重威胁。在安全生产领域，世界各地，重大安全生产事故频发，如2020 年 8 月 4 日，黎巴嫩首都贝鲁特港口特大爆炸事故，再次敲响了安全生产管理的警钟。我国是世界上自然灾害最严重的国家之一，灾害种类多、分布地域广、发生频率高，每年约有 3 亿人次受灾。因此，我们也需要了解和掌握如何防范、应对自然灾害。大学生是我国未来社会主义现代化建设的后备军，加强大学生安全素质教育，提升其安全素养意义重大，是培养高素质、合格的社会主义建设者和接班人的应有之义。

高校大学生安全素质教育是以党和国家的法律、法规、方针、政策为依据，以全面提高大学生综合素质为目标，以安全责任、安全意识和安全知识为主要教育内容，通过入学教育、课程教育和日常教育等多种途径，让在校大学生不断增强安全意识，全面、系统地掌握安全知识，明确安全责任，更好地适应大学生活和为今后走向社会的需要而进行的教育。高校要培养高素质的合格人才，理应重视大学生的安全教育，增强大学生的安全防范意识，加强大学生的安全素养，使学生真正掌握适应现实要求的安全知识，积极参与学校的安全文化建设。安全关乎你我他，开展大学生安全素质教育主要有三个目的：一是使学生能关注自身安全，增强学生自我保护意识和能力，提高个人安全防范能力；二是使学生学会关怀他人安全，培养保护他人安全的责任感，构建和谐平安校园与平安社会；三是使学生关注公共与国家安全，培养社会安全责任意识，更好地投身平安中国建设。

1.2 安全素质教育

安全是人类生存的基本需求，现代社会快速发展中各种风险频现，要求人们不断提高自我的安全素质。安全素质狭义理解是人们的安全意识、安全知识和安全技能的总和，表现为具有良好的安全意识、安全防范能力和安全行为习惯。树立安全意识，要求我们善待生命，增强健康意识、风险意识、防范意识、科学意识和守法意识；熟悉安全知识，要求我们了解生活安全、公共安全、职业卫生、自然灾害等方面的安全知识，了解危险因素及预防和应对方法；掌握安全技能，要求我们掌握现代社会中安全生活和生产的基本技能、遇险正确逃生和事故应急方法与技能等。

安全素质教育可划分为由浅入深的三个层次：第一层次是以安全知识传授为核心的“认

知教育”，用于培养大学生的安全意识；第二层次是在第一层次基础上，以安全技能培养为核心的能力教育；第三层次是在第一、第二层次的基础上，进行以塑造学生“安全行为习惯”为目标的“安全素养”的培养。由此实现安全行为由“被动”转化为“主动”，并进一步升级为“自动”的转变，当学生的安全行为在充分的安全知识和技能基础上提升到自动的“习惯”状态时，安全教育的目的就完全实现了。大学生安全素质教育具有重要意义，大学生作为和谐安全校园建设的主体，也是国家未来的建设者和接班人，大学生安全素质教育，是学生提高“不伤害自己、不伤害他人、不被他人伤害、保护他人不被伤害”自我保护意识和能力的需要，是构建和谐平安校园的需要，更是国家安全发展、社会法制建设的需要，是社会经济、安全生产发展的需要。

1.2.1 安全观的树立

通过安全素质教育，使大学生树立正确的安全观，培养和提高大学生的安全意识和安全行为能力，培养社会安全责任意识和能力。

(1) 安全观的树立

安全观是在一定的时代背景下，人们围绕着如何确认和维护安全利益所形成的对安全问题的主观认识。安全观的内涵随威胁来源和安全主体的变化而变化。安全观受行为主体(人)的世界观、人生观、价值观的影响。正确的安全观，有利于规范人的安全行为，减少或避免人因事故发生，正确的安全观有利于提高全民安全意识和减灾防灾能力，促进社会和谐、安全发展。安全观是规范人的安全行为的准则，作为人类方法和策略实施的基础，我们需要正确的安全观指导我们人类的活动。在现代大安全观下，作为当代大学生，要树立生命至上、安全第一、预防为主的观念，形成良好的安全行为和安全意识，指导我们在高校校园的学习生活，也规范我们进入社会的职业生涯。

(2) 树立“生命至上”的观念

人的生命是最宝贵的，生命只有一次，失去不会再来。就个人而言，人的一切活动和价值都以生命的存在和延续为根基，生命安全高于一切。对于企事业经营单位，人是第一生产力，是生产要素中的决定性因素，安全是生产效益的保障。从社会角度而言，社会的发展为了人民，发展依靠人民，发展成果由人民共享。人是社会的主体和根本，社会的存在以个人的存在为基础，个人利益的实现以个人生命的存在为基础。因此，无论对个人、企业、还是社会，人的生命至高无上。大学生要充分认识人的生命与健康的价值，强化“生命至上、关爱生命、珍惜健康”意识，每一个人都应当树立“生命至上”的人生观。

(3) 树立“安全第一”的观念

“安全第一”是人类社会生产、生活和生存过程中必须遵循的原则。“安全第一”也是《安全生产法》中安全生产方针的基础，任何单位首先必须要保证劳动人员在安全的条件下从事生产，同时广大劳动者在生产、生活中也必须事事处处注意安全、维护安全。“安全第一”是一个相对、辩证的概念，是在人类活动的方式或生产技术层次上，相对于其他方式或手段而言，并在与安全发生矛盾时必须遵循的原则。建立辩证的“安全第一”的哲学观，就能处理好安全与生产、安全与效益的关系，做好生产经营单位的安全工作。

（4）树立“预防为主”的观念

人类社会发展过程中，事故给人类带来了巨大的灾难。但生产、生活实践证明，事故都是可预防的。“预防为主”也是安全生产方针的核心，是实现安全生产的根本途径。防患于未然，我们可以通过采取一定的手段和措施，控制安全风险、控制系统中人的不安全行为、物的不安全状态、环境的不良和管理的不足等因素，预防事故的发生。把可能导致事故发生的因素，比如，人的不安全行为，安全设施设备的不完备等，消除在发生事故之前，人或系统的安全保障就都可以通过有效的事故预防来实现。

1.2.2 重视安全素质教育

大学生安全素质教育中要重视国家安全、生命健康安全、网络信息安全、文化安全等领域的宣传教育。

要重视国家安全教育。在我国不断发展前进的道路中，面临的国际环境复杂多变，大学生活动空间和交流领域不断扩展，与社会交往愈来愈频繁，加强大学生国家安全教育是维护国家安全利益的需要；是大学生构建健全人格、成为合格公民的重要保证；大学生肩负国家重任，自觉维护国家安全是健康成长成材应有的政治素质。

要重视生命健康安全教育。人的生命具有两重性，是自然生命，也是精神生命。人最宝贵的是生命，每一个大学生要努力发现生命的美好，珍惜生命。重视生命健康安全教育，教育学生要尊重身边的每一个人，在集体中健康成长。要重视生理、心理健康教育，健康是身体上、精神上和社会适应上的完好状态，而不仅仅是没有疾病或者不虚弱，有不少看似身体健康的人却因为心理问题而给他人或社会带来风险。加强抵抗挫折教育，提高大学生承受挫折的能力。人的一生总会遇到各种困难和挫折，要学会在挫折中磨炼、提高自己，而不要轻易放弃。

要重视网络信息安全教育。同学们不妨思考，网络给你的生活带来了哪些便利，身边又有哪些网络安全隐患？网络信息安全是新兴、快速发展的一个安全话题。信息社会快速发展，大学生更是网络最积极的参与者和最广泛的应用者。但网络具有两面性，比如，网络让我们信息获取、与人交流、文件传输等更快捷，但也存在使人沉迷网络游戏、造成网络犯罪和网络信息污染等不利影响。据估算，2019 年网络安全给全球造成经济损失达到 2.5 万亿美元，2020 年 7 月全球最大保险公司之一——Liloyd’s of London 曾发布警告：大型全球性网络攻击可能会使得全球经济平均损失约 530 亿美元。2021 年 5 月 9 日，美国科洛尼尔公司遭遇网络黑客的勒索软件攻击，该公司被迫关闭了“科洛尼尔管道系统”——美国东海岸“能源大动脉”，截至当地时间 13 日上午 7 时，北卡罗来纳州 71%、弗吉尼亚州 55% 以及佐治亚州 49%的加油站汽油断供。同时，美国 17 个州和华盛顿特区宣布进入紧急状态，最终科洛尼尔管道运输公司还是支付了将近 500 万美元的“赎金”，以恢复被攻击的系统。强调网络信息安全教育就是引导学生确立信息时代新的国家安全观，加强网络安全素养，形成良好的上网习惯，合理安排上网计划，坚决抵制网络不良诱惑。树立正确的网络观念，把网络作为获取知识的一个来源和工具，作为实现终身教育的重要平台和载体，提高自身免疫力，培养安全、文明健康、绿色上网意识，提升网络安全素养。

要重视文化安全教育。在全球化过程中，国家文化安全面临严峻挑战。强调文化安全教育是要引导新一代大学生以“互信、互利、平等、协作”为核心的新安全观武装头脑，在学习世界先进文化的同时，自觉抵制腐朽、落后思想的腐蚀。要发扬我国优良文化传统，培养爱国主义、集体主义和民族主义精神，自觉推动本民族文化发展，维护本民族文化尊严，践行文化自信，让中华文化走向世界。

“安全文化”与“文化安全”四个文字一样，但顺序不同，所表达的含义完全不同，文化是人类精神财富和物质财富的总称，安全文化和其他文化一样，是人类文明的产物。中南大学学者吴超曾说“安全文化是第一文化。一个人不能没有文化，有文化是人类区别于其他动物的标志；一个人需要学习很多文化，但安全文化是首要的，安全文化不可或缺。安全知识与安全文化不一样，一个人再没有文化，还是会有一些安全知识，当安全知识演化为安全文化，就成为融入人骨子里的东西，能左右人的行为、思想、观念、态度等。”

1.3 安全文化

1.3.1 安全文化的内涵

对安全文化的定义可以从狭义和广义两个方面描述。安全文化1986年首先由国际核安全咨询组(INSAG)在针对切尔诺贝利事故的报告中提到。最初的关于安全文化的狭义定义，出现在1991年INSAG关于切尔诺贝利事故的报告中：安全文化是存在于单位和个人中的种种素质和态度的总和。后来，英国健康安全委员会核设施安全咨询委员会(HSCASNID)对INSAG的定义进行了修正：“一个单位的安全文化是个人和集体的价值观、态度、能力和行为方式的综合产物，它决定于健康安全管理上的承诺、工作作风和精通程度。”徐德蜀先生认为广义的安全文化为：“在人类生存、繁衍和发展的历程中，在其从事生产、生活乃至实践的一切领域内，为保障人类身心安全和健康并使其能安全、舒适、高效地从事一切活动，预防、避免、控制和消除意外事故和灾害(自然的、人为的或天灾人祸的)；为建立起安全、可靠、和谐、协调的环境和匹配运行的安全体系；为使人类变得更加安全、康乐、长寿，使世界变得友爱、和平、繁荣而创造的安全物质财富和安全精神财富的总和。”这一定义不仅将安全文化扩展到生活、娱乐等领域，还将物质文化、环境文化等硬件囊括其中。无论狭义还是广义的安全文化定义，基本上把安全文化限定在人的精神和素质修养等方面，从理论上进行研究和探讨时一般关注广义的安全文化，但对于促进实际的安全工作来说，应该使用狭义安全文化的概念。

安全文化主要包括安全价值观和安全行为准则，是安全意识、安全信仰、安全习惯、安全道德、传统安全价值观念以及安全技术、安全产品的综合反映。安全文化本质上是为了保护人的健康，珍惜人的生命，实现人的价值。安全文化是价值观、道德准则和行为规范的融合，目的是创造一种超越遵守法规要求的自我约束的方法来不断提高安全水平。因此，安全文化体现了强烈的人文价值关怀。首先，安全文化是人类在长期的生产和生活中创造出来的精神成果，它能把领导和民众都纳入集体安全的环境氛围之中，产生有约束力的安全控制机制，使管理单位由相互利用组成的松散群体转化为拥有共同价值观、共同追求、有凝聚力的集体。安全文化的这种人文价值成为一种现代安全管理思想，同时又是一种有效的安全管理手段，它能够有效提高人员行为素质。其次，由于高新科学技术的发展，人民在追求高质量生活的同时又面临着它带来的各种安全与健康生存风险。安全文化强调用新的思维方法和观念来审视世界，科学而客观地把握人生、珍惜生命，创造安全、健康、舒适、稳定的美好未来。实践证明，只有用安全文化去塑造个体，才能超越传统安全监督管理的局限，从更深的文化层面来激发个体“关注安全、关爱生命”的本能意识。

《企业安全文化建设导则》(AQ/T 9004—2008)中对企业安全文化给出如下定义：被企业组织的员工群体所共享的安全价值观、态度、道德和行为规范组成的统一体。因此，借鉴该定义，高校作为一个单位组织，高校的校园安全文化可以认为是被校园师生员工群体所共享的安全价值观、态度、道德和行为规范组成的统一体。安全文化的深层次内涵，仍属于“安全教养”“安全修养”或“安全素质”的范畴。安全文化主要是通过“文之教化”的作用，将人培养成具有现代社会所要求的安全情感、安全价值观和安全行为表现的人。在高校开展丰富多彩的安全文化教育，通过安全文化的渗透、启迪、熏陶师生员工，树立良好的安全意识和安全态度，建立安全、文明祥和的校园秩序，保障师生全体成员的生命安全，促进全社会安全文化素质的提高，具有十分重要的现实意义。

1.3.2 安全文化建设

安全文化包括安全精神文化、安全制度文化、安全行为文化和安全物质文化等。安全文化建设培养的是一种社会公德，不可能采用政策去强制灌输，而需要坚持不懈、有意无意地给人以科学安全观的熏陶。我国开展的全民性安全文化建设活动，如“安全社区”“安全生产月”“消防日”“交通安全日”“防灾减灾日”等，对于我国安全状况的改善有非常积极的促进作用。

高校校园安全文化建设的最终目的是通过精细化管理达到校园和谐稳定，从管理、精神、思想上教育师生员工，共同自觉遵守安全规章制度，形成自觉遵守安全规章制度的精神财富，实现既“保证人的安全”，又要“依靠人保证安全”，达到校园和谐稳定。校园安全文化建设内容包括安全精神文化、安全制度文化、安全物质文化、安全行为文化四个层面。(1)校园安全精神文化。是师生安全思维方式、安全行为准则、安全道德观、安全价值观等一系列安全意识形态的集中反映，是学校安全文化的最高境界，必须通过长期的潜移默化形成。(2)校园安全制度文化。是围绕师生安全，规范学校安全管理，规范师生安全行为，要求全体师生共同遵守的规章制度以及相适应的组织机构。安全制度是师生安全行为的准绳，又是安全精神文化的基础和载体。(3)校园安全物质文化。是安全文化建设的基础，学校安全文化建设要依赖一定的物质基础，最直观、外显的因素就是校园的安全硬件设施(消防设施、安全护栏等)，安全环境氛围的营造(宣传标语、安全标志等)。(4)校园安全行为文化。安全的物质条件不一定达到安全目标，思想决定意识，意识引导行为，行为产生结果。校园安全文化建设重要的是培养学生的安全行为习惯和安全行为文化，通过安全教育、实践活动等，训练和提高学生的安全行为能力和水平。

实践证明，安全文化教育中最需要补充的内容是如何用安全观去指导人类，如何在安全目标追求中注入强烈的人文内涵。安全文化的人文内涵旨在发扬人性及其主旋律，给社会与公众更多的关怀。在安全文化建设框架中，不仅人性得到更多的发扬，自护与救援乃至志愿者行为都将成为一种自律。这正是安全文化教育有别于安全管理，它能对人类社会产生影响力，是促进安全局面持久的关键力量。高校通过校园安全文化建设向师生传授安全知识、训练安全技能、强化安全意识，使全体师生重视自身安全，关注他人的安全和周围环境安全，共同维护校园和谐稳定。

1.3.3 安全文化的重要作用

安全文化作为文化的重要组成部分，直接与民族的性格、精神、意识、思想、语言和气质相关，关系到民族的繁荣、社会的进步和国家的兴盛。如果一个民族没有安全文化，将面临如何实现生产安全、生活安康、社会安定，将面临如何建成祥和安乐的和谐社会的重大问题。安全文化的重要意义可以从以下几方面得以体现。

第一，安全文化能够以观念的形式作用于每一个人，使人们自觉遵守安全规则。一个机构建立起浓厚的安全文化环境，不论决策层、管理层还是一般个体，都会在安全文化的约束下规范自己的行为。安全文化就像一只看不见的手，凡是脱离安全的行为都会被这只手拉回到安全的轨道上来。安全文化是预防事故的基础性工程，是安全文化建设的重要内容。加强安全文化的研究，丰富安全文化的内涵，加快安全文化体系建设，是安全生产和生活的客观要求，也是全社会的共同责任。

第二，高度的安全文化能使人们认识到安全是发展经济的前提条件之一，理解安全在国家、社会发展中的重要地位，体验“伤亡是不能用经济效益弥补的”这一观念的深刻含义，感觉到自己对自己、自己对他人、自己对公众和国家的安全应承担责任，进而规范自己的安全行为。历史证明，文化是人类社会发展的每一个历史时期相对稳定的信息流，人类对各方面的思维模式及行为方式都是由相应的文化培育成的。安全文化以有形或无形的渠道、正式或非正式的方式传递给群体中的每一个成员，用人类创造的安全观念、安全知识、安全技术、安全行为方式培育着每一个人，使之具有现代安全素质，提高安全意识，真正认识到安全的重要性，时刻把安全放在第一位。

第三，安全文化是人民的文化、大众的文化，贴近生活，贴近实际，容易被群众理解和接受，有利于安全管理工作的顺利开展。因为安全文化工作的重要任务是用公众喜闻乐见、形式多样、内容丰富的安全文化，宣传安全生产的法律法规，宣传国家关于安全生产的一系列方针、政策，传播安全知识，提高民众的安全意识和安全技能，改善人民工作、生活的环境和质量，所以容易被群众理解和接受，有利于安全管理工作的顺利开展。

第四，安全文化以人们健康工作和职业安全为出发点和落脚点，是健康工作和职业安全的基础。培育安全文化氛围是安全管理工作的重要内容；树立“以人为本”的安全价值观和行为准则是安全文化的核心；着力实现人类社会的可持续发展是安全文化的宗旨；在全社会积极倡导珍惜生命、保护生命、尊重生命、热爱生命、提高生命的质量，是安全文化发展的源泉。因此，安全文化反映人文思想，弘扬人本主义，彰显人性理念，以人们健康工作和职业安全为出发点和落脚点，是健康工作和职业安全的基础。

第五，安全文化是与时俱进的先进文化，具有强大的精神推动力。先进文化是时代需要的文化，是能够为经济发展和人类进步提供思想保证、具有强大的吸引力和亲和力的文化。在人类的生产和社会活动中，安全活动就是不断地辨识危险、评价危险和控制危险的活动。随着社会的进步和人们物质与精神生活水平的日益提高，对安全的需求也不断提高。对危险的认识不断加深，危险评价和控制技术不断进步，安全水平也不断提高。安全是相对的，危险是永存的，事故是可以预防的。为确保安全，必须采用动态的、变化的和发展的安全科学技术方法和防范措施，警钟长鸣，持续改进。所以说安全文化是与时俱进的先进文化，必将因呈现时代的特色而产生强大的精神推动力，营造全社会“关注安全，关爱生命”的舆论氛围，能为安全生产工作学习提供精神动力、思想保证和智力支持。

总之，安全文化在人们工作、生活中占有重要地位。安全文化是人类文明的体现，发展和创新安全文化，不但是新世纪安全管理工作的重要内容，也是思想文化建设的重要体系，是推动社会全面进步、建立和谐社会的一项重要任务。在安全文化建设中，应坚持“以人为本”，不断营造“关注安全，关爱生命”的舆论氛围和社会风尚；充分利用各种媒介，使安全文化的宣传更加生动活泼，富有成效；重视发挥各类安全中介组织的作用，调动一切积极因素，为繁荣安全文化事业服务。

1.3.4 加强大学生安全文化教育

高校大学生安全文化教育可以从软、硬两手抓，硬件方面建设好校园安全物质文化，软件方面可从多角度的安全知识教育、实践等方面构筑校园安全精神、制度、行为文化，不仅从微观上加以建设，也从宏观上加以疏导。

（1）加强学校安全文化的硬件建设

学校要把“安全第一”融入“育人第一”的规范之中，切实履行维护学生安全的职责。要加强保卫组织建设，为师生做好安全服务工作，国家有关机关要尽快解决学校保卫工作的法律地位与执法权问题，使学校所拥有的保卫组织有责有权，依法做好学校和师生的安全工作。学校要加大安全物质文化建设投入，切实加强人防、物防和技防建设，为维护大学生安全提供必要的物质基础和组织保障。

（2）开展法律知识、校规校纪教育

一方面，有些大学生不知法、不懂法；另一方面部分学生知法犯法。因此需要在大学生中广泛开展法律知识教育，让学生知法、懂法、守法、用法，自觉运用法律保护自己的权益。对大学生进行法律教育，应以作为公民应当具备的基本法律知识为主，比如《宪法》《教育法》《国家安全法》《保密法》《刑法》《治安处罚条例》《游行示威法》《消防法》等，以及计算机安全、网络安全等方面的法律和法规，增强大学生法治观念和遵纪守法意识。对高校学生进行安全教育，必须建立和完善学校各项教学、生活、管理等各方面的规章制度，把法律和道德规范具体化。尤其是新生一进校，就要认真开展以校规校纪为主要内容的入学教育，使学生一进校就能全面了解熟悉校规校纪。特别是涉及日常行为安全的规定，增强大学生的纪律观念。

(3) 开展安全知识教育

安全知识教育一方面是基础安全文化知识，是提高大学生在各类活动中需要具备的安全文化知识。例如，起居安全、一般用电安全、交通安全、对突发事件的应急反应及避灾和逃生等。这是现代社会每一个公民都应具备的最基本的生存素质。另一方面是专业安全文化知识，是指从事各类生产活动和科研活动时所具有的安全文化知识。例如，消防安全、网络安全、科研实验的各类安全防护技术等。大学生了解和掌握必要的安全防范的基本知识，增强安全防范的意识和能力，既可以有效地保护自己，也能在紧急状况下帮助周围更多的人。从安全的角度出发，科学地认识、正确地处理好各类安全问题，把对大学生的安全管理、专业知识、安全技能、安全规范、安全道德、安全行为等教育有机结合。提高安全教育的品位，增加安全教育的文化底蕴。在自然科学技术的教学与实践过程中，将“科学道德”教育与科学技能教育相协调。当前计算机技术的进步与网络技术的发展就面临着这一突出问题。网络技术的进步，有力地推动社会物质文明与精神文明的进步，但对青少年造成的毒害和产生的严重后果亦不容忽视，网络安全与网络的建设已成为当务之急。总之，在对大学生实施安全知识教育中，既要让学生学会保障自己的安全，更要让学生学会做人，懂得爱护他人、保护他人，为他们走入社会正确对待和妥善处理各种安全事务打下坚实的思想基础。

(4) 开展心理卫生教育

大学生正处于生理、心理发育时期，在思想和行为受到外界刺激或冲突时，需要控制情绪和做出正确的行为选择。为此对大学生进行安全教育，应积极开展心理学教育，让学生了解更多的心理卫生知识，增进大学生的身心健康。学校可开设各种心理咨询服务，给学生良好的建议、暗示、诱导，帮助学生正确认识和对待社会、学校、家庭以及自身学习、工作和人际关系中的种种矛盾与问题，缓解其焦虑，排遣其郁闷，化解其矛盾，帮助他们恢复心理平衡，矫正不良行为，提高他们正确认识和调节自我以及应对各种事件的能力，把事故消除在萌芽状态。

(5) 开展安全实践活动

安全问题如不亲身体验，有时很难体会安全的意义。学校对大学生安全管理之所以难，有一个重要原因就是部分学生既不懂得维护自己安全的重要性，也不懂得维护他人安全的意义。组织大学生参加安全社会实践活动，学生在实践中品尝安全工作的人生百味，学习安全知识与技能，领略与违法犯罪斗争、维护他人与国家安全利益的幸福感，增强学生对安全的感性认识，做到寓教于乐、寓教于活动之中。同时要更注重环境的熏陶，努力营造浓厚的安全文化氛围，使安全意识与安全行为上升为良好的道德情操。例如，有些学校聘请学生担任保卫助理，有的学校成立校园火灾、治安纠察队、监察队，并作为勤工助学的一个岗位。有的学校与社区联合共建，组织大学生参加社区法制宣传活动、旁听人民法院的审判、参观劳改场所，不仅加强了学校与社会的联系，更重要的是使学生在接触社会实际中，增强个人安全与社会安全密不可分的认同感和责任感，让他们在社会实践中增加对安全工作的感性认识，掌握安全知识与技能，培养关爱他人、关心社会的高尚品德。

1.4 责任关怀

责任关怀(Responsible Care)理念的诞生与全球化工行业发展密切相关。20世纪50年代末到60年代初，化工行业不断有新产品问世，使公众生活变得日渐美好。但60年代中期以后，公众对化工行业的态度发生改变，逐渐了解到化工污染对环境带来的巨大危害，而此后发生在70~80年代的重大化工事件，引发全球出现"谈化色变"。1974年6月英国Nypro公司发生己内酰胺装置爆炸事件，造成厂内28人死亡，厂外53人受伤，损失高达2.5亿美元。1974年7月，意大利塞维索(Seveso)一家化工厂释放大量剧毒化学品二噁英(TCDD)，造成严重环境污染，多人中毒。由于TCDD渗透到工业和生活中，难以防范，因此事故发生后引起公众恐慌。同年11月，一列装载大量爆炸物、液氯等危险化学品的货运列车在加拿大安大略铁路意外出轨，起火爆炸，导致25万人被疏散。而化工历史上最具影响的安全事件是1984年12月3日在印度博帕尔发生的有毒物质异氰酸甲酯(MIC)泄漏释放，事故造成3800人死亡，5万人失明或终身残疾，20多万人中毒。该事件导致许多环保人士及民众强烈反对将化工厂设于邻近居民的地区，化工行业则担心政府采用更严格监管从而对其运营造成威胁，于是责任关怀应运而生。

1985年加拿大化学品制造商协会(CCPA)率先提出责任关怀理念，提倡化工行业联合起来共同行动，回应外界对安全、健康及环保的诉求，重建化工行业合法地位。这一理念作为化学品管理的一种模式被加拿大化学工业协会(CIAC)采用，责任关怀伦理及原则迅速传播到许多国家。1989年国际化工协会联合会(ICCA)成立，负责在全球范围内协调推广和实施责任关怀行动。2005年ICCA通过了《责任关怀全球宪章》，2006年通过了全球产品策略，描述了从整个化工产品生命周期进行安全监管的举措，以达到国际化学品管理战略方针(SAICM)的目标，即降低风险、分享知识和信息、治理能力建设和技术合作等。2009年ICCA提出新口号"责任关怀：致力于化工行业的可持续发展"。2014年ICCA批准修订了《责任关怀全球宪章》，提出实施责任关怀的六大要素。2019年ICCA批准了国家协会的《责任关怀全球宪章》，明确了国家协会在指导其协会成员实施责任关怀的作用。目前全球有68个经济体的国家化工协会实施责任关怀。

在国内，随着化工行业的发展，化工事故时有报道，谈化色变、比邻效应都有出现。尤其是2015年"8·12"天津港危化品仓库爆炸、2019年"3·21"天嘉宜化工厂爆炸、2020年"6·14"浙江温岭槽罐车爆炸等事故发生后，政府加强监督检查力度，出台各种规章制度，我国化工行业面临极大的生存压力。这些状况与责任关怀理念提出时尤为相似。但是，作为国民经济支柱产业之一，在应对社会挑战、提高人民生活水平和质量、新材料开发等都离不开化工行业。因此，提高行业自律，不断改善安全健康环境绩效，提高公众对化工行业的认知，解决公众对化工行业的避讳、担心，实现可持续绿色发展，是推广实施责任关怀理念的意义所在。2011 年国家工信部发布了化工行业标准 HG/T 4184《责任关怀实施准则》，截至 2020 年底，中国石油和化学工业联合会责任关怀工作委员会先后成立了应急响应、储运安全、污染防治、工艺安全、职业健康安全、产品安全监管、宣传培训、化工园区和院校 9 个工作组。我国化工行业共有 8 家央企、13 家专业协会及分支机构、64 家化工园区、617 家企事业单位签署了责任关怀承诺书，8 家化工园区、3 家专业和地方协会自发成立了责任关怀工作组织。

1.4.1 责任关怀的内涵

责任关怀是全球化工持续改进环境、健康、安全和安保方面绩效的自律性行为，旨在促进化学品生命周期的安全管理，是针对化工行业的特殊性提出的一种企业管理理念。责任关怀是化工企业在其自身发展和正常经营的过程中，根据其自身的经营情况提出的一套具有环保、健康和安全等多方面的自律性体系。

责任关怀是基于持续改进和开放的理念，来回应利益相关方对行业运行和产品的关注。责任关怀不同于法律法规的强制性，它是一种新的文化、道德规范，企业通过遵守法规或比法规更高的要求，自愿与政府和其他利益相关方进行合作来达到安全健康环境表现卓越的目的，责任关怀行动代表着化学品管理的先进技术水平，并非化工行业的一种完美状态。责任关怀是一项全球性计划，由各国化工行业协会与其成员公司合作，在各自的地区推广实施责任关怀计划。实施责任关怀的企业充分认识到对附近社区、社会公众、对环境保护及员工的健康、安全是负有责任的。

全球化学以及石油工业努力提倡该理念并将该理念融入企业自身的安全管理中去，在不断地改善健康、安全和保障环境友好发展等方面，通过以身作则地践行责任关怀，获得了新的成果，重新树立新形象，改变了化学及石油工业在人们眼中高污染、低防治等旧形象，从而推动化学石油工业的可持续健康发展。在责任关怀理念的指导之下，很多企业都获得了不可估算的无形收益，为推动国内可持续发展战略提供了良好的支撑作用。

1.4.2 责任关怀实施准则

“责任关怀”理念在全球范围的快速发展和推进，得益于该理念是一种自律性的改善企业自身安全管理体系以及促进全球范围内石油化工行业可持续发展的重要途径。对于企业本身而言，加快企业安全管理体系的建立可有效改善或消除各类安全隐患，顺利达到零伤亡、零污染的高效业绩。对于石油化工行业来说，良好的社会形象有助于该行业的持续发展。对于国家来说，石油化工行业作为化工行业领域的重要组成部分，石油化工行业践行责任关怀理念和发展自身安全管理体系是国家取得可持续发展的重要支撑力量。

责任关怀理念的提出和逐步完善过程中，先后提出该理念的相应理论、原则及实施准则。随着全球石油化工企业的高度发展和责任关怀理念的不断完善，责任关怀理念已经逐步走向快速发展阶段，该理念的宣传和实施不断被石油化工行业践行和落实，由此积极推动了责任关怀理念和化工企业安全管理理念的发展进程。以国际化工协会联合会颁布的《责任关怀全球宪章》为依据，借鉴有关国家和地区实施责任关怀的经验，并结合我国的有关法律法规，我国2011年发布了HG/T 4184《责任关怀实施准则》，其中提出了责任关怀的六项实践准则。

（1）社区认知和应急响应准则。化学品相关企业通过信息交流和沟通，提高社区认知水平，让化工企业的应急响应计划与当地社区或其他企业的应急响应计划相互呼应，实现全面网络建设相互支持和相互关联，以此确保企业员工与周围社区民众的安全。

（2）储运安全准则。规范化学品相关企业实施责任关怀过程中对化学品的储运安全管理，包括化学品的转移、再包装、库存保管等各阶段，经由公路、铁路、水路、航空及管道运输等各种形式的运输管理，并确保应急预案得以实施，从而将其对人和环境可能造成的危害降至最低。

（3）污染防治准则。规范化学品相关企业实施责任关怀过程中的污染防治管理，使企业能对污染物的产生、处理和排放进行综合控制和管理，持续地减小废弃物的排放总量，使企业在生产经营中对环境造成的影响降至最低。以“减量化、再利用、再循环”原则为准则，倡导污染物低排放、零排放理念。

（4）工艺安全准则。规范化学品相关企业实施责任关怀过程中的生产活动，防止化学品泄漏、火灾、爆炸，避免发生伤害及对环境产生负面影响。它适用于化学品相关企业在生产活动中的工艺安全管理，包括在企业创建阶段选择先进、合理的工艺路线，建造的厂房符合安全设计规范的要求，生产设备符合国家标准的要求，制定符合和达到工艺路线和各项参数指标要求的安全操作规程和安全检修规程等。

（5）员工健康安全准则。规范化学品相关企业实施责任关怀过程中的职业健康安全管理，防止安全事故和职业病发生，保护相关人员的健康与安全。要求企业采取一切可靠有效的措施消除或控制风险，避免伤亡事故发生，采取有效的预防措施或减少职业病危害可能造成的危害，最大限度保障工作人员的人身安全和健康。

（6）产品安全监管准则。规范化学品相关企业实施责任关怀过程中的产品安全监督管理，适用于化学品生命周期的所有阶段，使健康、安全以及环保成为化学品生命周期中不可分割的一部分，保证在生命周期的每一个环节，包括原料的采购、生产、设备的安全检查、成品储存、配送、销售等各个环节，对人员和环境造成的伤害降至最低限度。

1.5 安全素质拓展

【素质拓展1-1】 出行安全素质培养

大学生出行安全是指大学生在校园内和校园外的道路行走、乘坐交通工具时的人身安全。总结近几年来大学生出行的安全问题，主要包括行走、驾乘等过程中出现的安全隐患。

大学生行走安全事故发生的主要原因是注意力不集中。现在大学生大多喜欢边走路边看书或边听音乐，一些大学生走路时心不在焉、左顾右盼，安全意识淡薄。甚至在路上进行球类活动，更是增加了发生事故的概率。另外，大学生余暇空闲时购物、观光、访友要到市区活动，这些地方车流量大、行人多，各种交通标识令人眼花缭乱，与校园相比交通状况更加复杂。部分学生红灯停绿灯行的基本要求做不到，或者在横穿马路时无视交管人员的管理，冒险穿行。大学生乘坐交通工具时发生安全事故是大学生出行安全的另一大隐患。大学生离校、返校、外出旅游、社会实践、寻找工作等都要乘坐各种长途或短途的交通工具。部分大学生在乘坐交通工具时因未严格遵守交通规则或相关注意事项而引发的交通事故时有发生，有时甚至造成群体性伤亡，教训十分惨重。

案例：2012 年 4 月 4 日，苏州太湖西山岛上搭载 8 名大学生的快艇从太湖三山岛驶往石公山，航行至距离石公山约 400m 处水域时，撞上前面两艘货船间的拖带缆绳发生意外，造成 4 名乘客死亡，驾驶员和另外 3 名乘客受伤。事发时，快艇驾驶员开船涉嫌危险驾驶，快艇乘客均未穿救生衣。

【素质拓展 1-2】 饮食安全素质培养

大学生作为一个特殊的社会群体，饮食随意性大，易导致膳食结构不合理。“早餐被省略，午餐在流浪，晚餐太丰盛”等饮食行为在大学生中非常普遍。大学生的不健康饮食行为会影响其身心健康和学习能力，合理地摄入各种营养方能保证机体维持适宜的状态。

案例：2020 年 10 月 5 日黑龙江鸡东县发生一起家庭聚餐食用被致病菌污染的酸汤子引发的食物中毒事件，9 人食用后全部死亡。经检测，在玉米面中检出高浓度米酵菌酸，同时在患者胃液中亦有检出，初步定性为由椰毒假单胞菌污染产生米酵菌酸引起的食物中毒事件。

2018 年 8 月 26 日，清华、北大、浙大等高校师生在桂林市开会，在酒店用餐后遭遇集体性食物中毒，先后有 92 人入院治疗。后判断是由沙门氏菌感染引发的食源性疾病事件。

【素质拓展 1-3】 住的安全素质培养

近年来国内各高校普遍扩大了招生规模，但部分院校学生的住宿条件没有及时改善，加之一些高校的学生宿舍安全管理的制度和措施不够完善，使住宿存在隐患。统计显示，大学生住的安全问题主要集中在学生宿舍和外宿租房两方面。

案例：2017 年 5 月 17 日凌晨 4 时许，北京某高校学生公寓楼 6 楼一处房间内，电动车电池充电时发生火情。

案例：2020 年 10 月 16 日凌晨，广州某高校一宿舍 2 楼突发火灾，主要燃烧物为床被褥等生活用品，疑因灭蚊片引发。

案例：2021 年 3 月 14 日凌晨，南京某高校宿舍楼一房间失火，据勘查，是学生宿舍内的电器及杂物失火。

【素质拓展 1-4】 社会行为安全素质培养

案例：2016 年 2 月 8 日晚，在香港九龙区旺角山东街和砵兰街交界地带，一些小贩涉嫌非法经营，与到场执法的特区政府食环署职员发生冲突。大批香港激进分子到现场滋事，与香港警方爆发严重冲突，有人暴力袭击警员进而演变为骚乱。事件导致近 90 名警员及数名记者受伤。2017 年 4 月 3 日，32 岁被告杨家伦被控犯有暴动及纵火罪。2018 年 4 月 11 日，香港旺角暴乱事件一名被告犯“暴动罪”被判监禁 2 年 10 个月。5 月 2 日，香港西九龙裁判法院裁定，除了首席被告莫某某的暴动罪及第 6 被告陈某某的袭警罪名不成立外，其余 8 项暴动及刑事毁坏罪名成立，依法得到了应有的惩罚。

思考题

(1) 安全素质是什么？大学生安全素质教育有何意义？
(2) 安全是什么？如何培养大学生安全素质？
(3) 试分析安全文化的含义。结合实际分析安全文化建设的作用。
(4) 如何在实验、实习、社会实践中安全有效地完成学习？
(5) 大学生日常学习和生活中有哪些网络安全问题？如何克服？
(6) 简要分析责任关怀实施六准则。

第2章 树立总体国家安全观

国家安全是国家战略的核心内容之一，是国家发展的根本保证。大学生作为中国特色社会主义事业建设者，是否关注国家安全问题，能否在国家安全利益受到侵害时主动履行维护国家安全利益的义务，对中国特色社会主义道路的建设具有举足轻重的影响。开展大学生国家安全教育，解决目前一些大学生存在的国家安全意识淡薄、保密意识不强等问题，提高大学生国家安全意识水平，引导大学生不断增强国家安全认识、国家安全法律认知，构建高校国家安全教育教学体系，是迎接国际、国内安全挑战的需要，是加强大学生对国家安全知识认识的需要，同时也是完善国家安全教育和思想政治教育的需要。

有国家就有国家安全，古今中外莫不如此。无论是什么社会形态，实行怎样的社会制度，国家和人民都会把国家利益视为最高、最根本的利益，将维护国家安全列为首要任务。因此，大学生要学习习近平关于总体国家安全观重要论述，牢固树立总体国家安全观，坚持统筹发展和安全，坚持人民安全、政治安全、国家利益至上有机统一，坚持维护和塑造国家安全，坚持科学统筹。以人民安全为宗旨，以政治安全为根本，以经济安全为基础，以军事、科技、文化、社会安全为保障，健全国家安全体系，增强国家安全能力，成为国家安全和利益的自觉拥护者。

2.1 国家安全概述

2015 年 7 月 1 日，第十二届全国人民代表大会常务委员会第十五次会议通过，中华人民共和国主席令第 29 号公布《中华人民共和国国家安全法》，自公布之日起施行。《中华人民共和国国家安全法》是为了维护国家安全，保卫人民民主专政的政权和中国特色社会主义制度，保护人民的根本利益，保障改革开放和社会主义现代化建设的顺利进行，实现中华民族伟大复兴，根据《中华人民共和国宪法》制定的法规。

2.1.1 总体国家安全观的内容

2014 年 4 月 15 日中共中央总书记、国家主席、中央军委主席、中央国家安全委员会主席习近平主持召开中央国家安全委员会第一次会议并发表重要讲话。

习近平指出，增强忧患意识，做到居安思危，是我们治党治国必须始终坚持的一个重大原则。我们党要巩固执政地位，要团结带领人民坚持和发展中国特色社会主义，保证国家安全是头等大事。当前我国国家安全内涵和外延比历史上任何时候都要丰富，时空领域比历史上任何时候都要宽广，内外因素比历史上任何时候都要复杂，必须坚持总体国家安全观。贯彻落实总体国家安全观，必须既重视外部安全，又重视内部安全，对内求发展、求变革、求稳定、建设平安中国，对外求和平、求合作、求共赢、建设和谐世界；既重视国土安全，又重视国民安全，坚持以民为本、以人为本，坚持国家安全一切为了人民、一切依靠人民，真正夯实国家安全的群众基础；既重视传统安全，又重视非传统安全，构建集政治安全、国土安全、军事安全、经济安全、文化安全、社会安全、科技安全、信息安全、生态安全、资源安全、核安全等于一体的国家安全体系；既重视发展问题，又重视安全问题，发展是安全的基础，安全是发展的条件，富国才能强兵，强兵才能卫国；既重视自身安全，又重视共同安全，打造命运共同体，推动各方朝着互利互惠、共同安全的目标相向而行。

2.1.2 国家安全的基本概念

（1）国家安全的定义和基本内容

《中华人民共和国国家安全法》明确指出：“国家安全”是指国家政权、主权、统一和领土完整、人民福祉、经济社会可持续发展和国家其他重大利益相对处于没有危险和不受内外威胁的状态，以及保障持续安全状态的能力。

当代国家安全包括 16 个方面的基本内容：政治安全、国土安全、军事安全、经济安全、文化安全、社会安全、科技安全、网络安全、生态安全、资源安全、核安全、海外利益安全、生物安全、太空安全、极地安全、深海安全。

政治安全包括政权安全、制度安全、意识形态安全等方面，是国家安全的根本，对于保障人民安全、维护国家利益，不断提高全体国民的获得感、幸福感、安全感，实现国家长治久安，具有根本性、全局性的重大意义。面临渗透、分裂、颠覆等敌对活动的威胁。维护政治安全必须加强党的领导、坚定理想信念。

国土安全包括领土以及自然资源、基础设施安全等方面，核心是指领土完整、国家统一，边疆边境、领空、海洋权益等不受侵犯或免于威胁的状态，是国家生存和发展的基本条件。面临境内外分裂势力的挑衅。维护国土安全必须加强国防和外交能力建设。

军事安全包括军事力量、军事战略和领导体制等方面，是国家安全的重要保障和保底手段。面临世界军事变革深入发展带来的挑战和潜在战争风险。维护军事安全必须贯彻落实习近平强军思想，全面推进国防和军队现代化建设。

经济安全包括经济制度安全、经济秩序安全、经济主权安全、经济发展安全等方面，是国家安全与发展的基础。面临国际经济金融动荡和国内经济可持续发展挑战。维护经济安全必须坚持和完善中国特色社会主义经济发展道路。

文化安全包括文化主权、文化价值观、文化资源安全等方面，是确保一个民族、一个国家独立和尊严的重要精神支撑。面临外部意识形态渗透、消极文化侵蚀、文化自信和向心力缺失等威胁。维护文化安全必须强化中华优秀传统文化、革命文化、社会主义先进文化教育。

社会安全包括社会治安、社会舆情、公共卫生等方面，是社会和谐稳定的基础。面临重大疫情、群体性事件、暴力恐怖活动、新型违法犯罪等威胁。维护社会安全必须健全法制，完善体制机制，提升应对重大新发突发传染病等社会公共安全事件的能力。

科技安全包括科技自身安全和科技支撑保障相关领域安全，涵盖科技人才、设施设备、科技活动、科技成果、成果应用等多个方面，是支撑国家安全的重要力量和技术基础。面临重点领域核心技术受制于人、原始创新能力不足等问题。维护科技安全必须重视人才培养、突破关键技术。

网络安全包括网络基础设施、网络运行、网络服务、信息安全等方面，是保障和促进信息社会健康发展的基础。面临网络基础设施安全隐患和网络犯罪等威胁。维护网络安全必须践行“没有网络安全就没有国家安全，没有信息化就没有现代化”的理念，强化依法治网、技术创新、国际合作等，树立网络空间主权意识。

生态安全包括水、土地、大气、生物物种安全等方面，是人类生存发展的基本条件。面临生态破坏、环境污染、疫情等威胁。维护生态安全必须践行“绿水青山就是金山银山”理念，加强综合治理，筑牢国家生态安全屏障。

资源安全包括可再生资源安全、不可再生资源安全等方面，是国家战略命脉和国家发展依托。面临供需矛盾大、对外依存度高、开发利用水平低等问题。维护资源安全必须坚持推进绿色发展、利用好两个市场和两种资源。

核安全包括核材料、核设施、核技术、核扩散安全等方面，事关人类前途命运。面临核事故风险、涉核恐怖活动、核扩散威胁和核对抗挑战等。维护核安全必须强化政治投入、国家责任、国际合作、核安全文化建设，全面提升核技术能力。

海外利益安全包括海外中国公民、机构、企业安全和正当权益，海外战略性利益安全等方面。面临冲突与政局动荡、国际恐怖主义、重大自然灾害、重大新发突发传染病疫情等威胁。维护海外利益安全是高水平对外开放的必然要求，必须提升海外安全保障能力，加强国际合作。

生物安全、太空安全、极地安全、深海安全可以归纳为新型领域安全，指太空、深海、极地、生物等发展探索、保护利用等，是未来国际竞争的新焦点。面临技术挑战、参与国际规则制定等问题。维护新型领域安全必须推进顶层设计、加快人才培养、深化国际合作等。

（2）国家安全工作

国家安全工作有广义和狭义之分。广义的国家安全工作，是指保证国家的根本制度不受破坏，保证国家的独立、统一和领土完整不受侵犯，保证国家有良好的政治、经济、社会秩序。狭义的国家安全工作，是指国家机关为保障国家安全和社会政治稳定，推进祖国统一，保卫和促进社会主义现代化建设所进行的各类专项工作。

（3）我国国家安全工作的特征

① 政治性。敌对分子无论来自国外还是国内，其危害国家安全的行为无论是经济方面还是军事方面，其最终目的都是针对我国的国家政权，都是为了颠覆我国的人民民主专政。因此，维护国家安全的斗争从根本上说就是政治斗争。我国的国家安全工作是为无产阶级

和劳动人民服务的，是隐蔽战线上的对敌斗争。它使用无产阶级专政的手段，坚持无产阶级党性原则，坚持中国共产党的领导，反对任何“非党化”“非政治化”等自由化思潮。

② 防御性。我国的国家安全工作，坚持“以维护国家安全、促进经济建设为宗旨”，坚持“不对别国进行颠覆活动”的积极防御的国家安全战略，对外不搞侵略、扩张，不干涉他国内政，不图谋危害他国独立自主、领土完整，不图谋改变他国的社会制度。

③ 正义性。我国的国家安全工作奉行正义的宗旨和战略，遵循正义的原则、立场和政策，采取正义的策略、手段和方法。

④ 尖锐性。国家安全工作所涉及的矛盾都具有对立性，斗争的性质是对抗性的，斗争的焦点是核心要害的，斗争的范围和场所是全方位的，而且斗争也是长期的、复杂的。

⑤ 艰巨性。国家安全工作所涉及的工作对象十分复杂，其背后都有国家、地区政权或政治组织给予支持，其活动手段诡秘。国家安全工作责任重大，其成效得失，对于国家政权巩固和社会政治稳定关系重大。

⑥ 广泛性。国家安全涉及国家社会生活的方方面面，除了国家主权、领土完整外，还有公共安全、经济秩序、社会秩序、财产所有权和公民的人身安全等各种权利保障。

⑦ 全民性。维护国家安全与所有国家机关、企事业单位、社会团体以及每个公民都有关系，“有国才有家”体现了这一特征的深刻含义。

2.1.3 总体国家安全观的内涵

（1）总体国家安全观是发展的安全观

习近平总书记明确提出，要“既重视发展问题，又重视安全问题，发展是安全的基础，安全是发展的条件，富国才能强兵，强兵才能卫国”。安全与发展二者相互支撑，相互促进，高度融合，有机统一，“贫瘠的土地上长不成和平的大树，连天的烽火中结不出发展的硕果”。“手里有粮，心中不慌”，这“不慌”其实指的就是安全感，只有国家发展、实力强盛，才能为保障国家安全提供坚实的物质基础，可以说安全源于实力，实力来自发展，发展是永远的硬道理；同时，只有安全稳定的国际国内环境，才能心无旁骛地发展生产。改革开放以来中国发展的战略机遇期正印证了这点。发展是最大的安全，发展利益与安全利益统一于国家的核心利益。总体国家安全观深刻揭示了发展与安全关系的本质，其立足点不是单纯的安全视角，而是将安全问题放在中华民族永续发展的宏大视野中去审视。随着中国日益发展成为全球性大国，面临越来越多的非传统安全问题，如金融安全、科技安全、网络信息安全、能源安全、生态安全、粮食安全等，这些在发展中产生的安全问题最终也只能在经济社会科技等方面的全面发展中得到解决。特别是在全面深化改革的今天，新常态伴随新问题、产生新矛盾，一些潜在风险逐渐显现。我们决不能因噎废食，因为惧怕面对新的安全问题而停滞改革、放弃发展，而是要从国家安全的层面，站在维护国家经济安全、社会稳定的角度，理解、支持全面深化改革。

（2）总体国家安全观是辩证的安全观

总体国家安全观是唯物辩证法在国家安全领域的最新实践，突破了过去“安全观”只强调国际安全忽视国内安全的局限，将内部安全与外部安全、传统安全与非传统安全统一于国家安全，将自身安全与共同安全紧密联系起来，更加完整、全面地认识国家安全。内部安全要始终坚定维护国家的核心利益，科学系统地分析应对国内存在的各种安全问题，关键是要坚定维护政治安全。要以维护政治安全为根本，坚定中国特色社会主义的道路自信、理论自信、制度自信和文化自信，为各项事业的发展提供和平稳定的国内环境。外部安全要随着全球一体化程度不断加深，各国利益相互交织，相互依存度不断提高，国内问题国际化和国际问题国内化已成普遍趋势，一方面单凭一己之力解决所有安全问题已不可能，另一方面国内安全、国际安全、全球安全问题相互交叉，别国的安全问题或国际安全问题随时可能影响本国安全。“既重视传统安全，又重视非传统安全，构建集政治安全、国土安全、军事安全、经济安全、文化安全、社会安全、科技安全、信息安全、生态安全、资源安全、核安全等于一体的国家安全体系。”目前，传统安全威胁与非传统安全威胁相互交织，只有将传统安全与非传统安全统一于国家安全、社会稳定，借助军事、经济、科技、文化等多种手段，才能综合保障国家的安全。

(3) 总体国家安全观是包容的安全观

总体国家安全观强调以促进国际安全为依托，摒弃了零和博弈、绝对安全、结盟理论等旧思维，超越了“你输我赢，你兴我衰”，而是“你中有我，我中有你”，大家“既重视自身安全，又重视共同安全，打造命运共同体，推动各方朝着互利互惠、共同安全的目标相向而行”，体现了合作共赢、以共同安全确保自身安全的新型国际关系思想。“零和博弈”模式催生了以现实主义为代表的传统安全观，将国与国的关系简单归结为你输我赢的竞争关系和你死我活的对抗关系，一度成为国际社会上关于国家安全的普遍模式。然而，在全球高度一体化的当代世界，没有哪个国家可以在牺牲他国利益的情况下真正实现自身安全。总体国家安全观突破了“零和博弈”的历史局限，回应世界政治经济一体化的时代特征，立足于构建“命运共同体”“一个国家要谋求自身发展，必须也让别人发展；要谋求自身安全，必须也让别人安全；要谋求自身过得好，必须也让别人过得好。”中国作为世界第二大经济体和最大的发展中国家，尊重并包容各国的差异性，并将这种差异性转化为国际交往合作的动力和活力，遵循和平发展，坚持合作共赢，积极承担与我国国力地位相适应的国际责任，尊重各国人民的愿望和选择，这是大国的胸怀，也是大国的担当。

(4) 总体国家安全观是人民的安全观

人民安全是国家安全的宗旨，人民的安全感、幸福感是检验国家安全的根本标准。维护国家安全最终是为了人民，维护国家安全最终也需要依靠人民。总体国家安全观是马克思主义群众观点和党的群众路线“一切为了群众、一切依靠群众”在国家安全领域的贯彻和实践，体现了我们党对人的内在关切和重视，找到了国家安全的最终归宿。国土安全立足于对物的关切，但国家不是物的简单累积和拼凑，脱离了人民这一国家主体，国土安全就成了没有意义的口号。物的关切只有建立在人的关切的基础上才有存在的意义和生命力。如果将人的关切和物的关切割裂开来，一方面物的关切很难保证，另一方面也失去其终极价值意义，因为保证国家安全的目的就是为了人民的幸福生活和中华民族的永续发展。离开国民安全仅仅追求国土安全，就是舍本逐末。总体国家安全观实现了国土安全与国民安全的高度统一，厘清了人民群众在国家安全中的主体、核心地位，为国家安全找到了最根本的支撑和依托，将国家安全观提升到了一个新的境界。

2.1.4 危害国家安全的行为

《中华人民共和国国家安全法》中所指的危害国家安全的行为，包括“叛国、分裂国家、煽动叛乱、颠覆或者煽动颠覆人民民主政权的行为；窃取、泄露国家秘密的行为；境外势力的渗透、破坏、颠覆、分裂活动”，共有六个方面：

(1) 阴谋颠覆政府，分裂国家，推翻社会主义制度的行为

“阴谋颠覆政府”是指阴谋推翻政府，篡夺国家领导权的行为。颠覆的手段和方法是多种多样的，既可以是公开进行的，也可以是秘密进行的；既可以是采取武装夺权，又可以是通过非暴力(如街头政治等)手段篡夺国家领导权，逐步改变人民民主专政政权和社会主义制度。这里的“政府”，主要是指中央人民政府，又可以包括各级政府行政机关，以及各级权力机关、军事机关、司法机关等。

“阴谋分裂国家”是指阴谋推翻地方人民政府，拒绝中央领导，割据一方，分裂统一的多民族国家的行为。我国是统一的多民族国家，国家的统一、各民族的团结是社会主义建设的基本保证。因此，国内外的敌对势力和敌对分子千方百计地破坏国家的统一，制造分裂，实行地方割据，破坏我国的社会主义建设。阴谋分裂国家的方式和手段多种多样，如利用所窃取的权力和地位公开发动政变、对抗中央、实行地方割据，或者利用民族矛盾、煽动地方民族主义、策动叛乱、企图建立独立王国等。

“阴谋推翻社会主义制度”主要是指以各种方式改变人民民主专政政权和以公有制为主体的基本经济制度的行为。特别是在我国实行改革开放的今天，一些国内外敌对势力、敌对分子打着支持“改革”的幌子大肆进行推翻我国社会主义制度的活动。

实施上述这三种行为，只要有“阴谋”的事实，就是说，只要行为人组织了密谋策划和准备活动，就构成危害国家安全的犯罪行为。

(2) 参加间谍组织或者接受间谍组织及其代理人的任务的行为

“参加间谍组织”是指行为人通过履行一定的手续加入间谍组织，成为间谍组织成员的行为。所谓的“间谍组织”，主要指外国政府或境外的敌对势力建立的，旨在收集我国各种情报，进行颠覆破坏活动等危害我国国家安全和利益的组织。

“接受间谍组织和代理人的任务”是指已参加间谍组织的人或未参加间谍组织的人，受间谍组织的命令、派遣、指使或委托为间谍组织代理人工作，从事危害我国国家安全的活动。所谓“间谍组织代理人”是指接受间谍组织或其成员的指使、委托、资助，进行或者授意、指使他人进行危害国家安全活动的人和机构，包括自然人和法人。

(3) 窃取、刺探、收买、非法提供国家秘密的行为

“窃取”是指行为人采取秘密非法手段取得国家秘密的行为。“刺探”是指行为人通过合

法途径和公共手段非法探知国家秘密的行为。“收买”是指行为人采取以提供财物或其他物质利益的方法收买国家秘密持有人向其提供国家秘密的行为。“非法提供”是指国家秘密的持有人，将自己知悉、管理、持有的国家秘密非法出售、交付、告知其他不应知悉该秘密的人的行为。

“国家秘密”是指关系国家安全和利益，依照法定程序确定，在一定时间内只限一定范围的人知悉的事项。具体的内容包括：国家事务的重大决策中的秘密事项，国防建设和武装力量活动的秘密事项，外交和外事活动中的秘密事项，对外承担保密义务的事项，国民经济和社会发展中的秘密事项，科学技术中的秘密事项，维护国家安全和追查刑事犯罪中的秘密事项，其他经国家保密工作部门确定应当保守的国家秘密事项以及政党秘密事项中符合《中华人民共和国保守国家秘密法》规定的事项。“国家秘密”分为三级：绝密、机密、秘密。密级的确定由法律规定，不能任意修改。

（4）策动、勾引、收买国家工作人员叛变的行为

“策动”是指发动、鼓动他人叛变的行为。策动叛变，即过去常指的“策反”行为。“勾引”就是指勾结、引诱他人叛变的行为。“收买”是指以金钱、财物或者其他物质利益诱使他人叛变的行为。

（5）进行危害国家安全的其他破坏活动的行为

除以上四种具体行为外，在实践中，发生的和未发生的严重危害国家安全的行为是多种多样的。并且随着社会政治、经济、科技的发展，新形式、新内容的危害国家安全的行为会不断出现。因此，国家安全法规定了“进行危害国家安全的其他破坏活动的行为”。这些行为包括：

① 组织、策划或者实施危害国家安全的恐怖活动的。

② 捏造、歪曲事实，发表、散布文字或者言论，或者制作、传播音像制品，危害国家安全的。

③ 利用设立社会团体或者企业、事业组织，进行危害国家安全活动的。

④ 利用宗教进行危害国家安全活动的。

⑤ 制造民族纠纷，煽动民族分裂，危害国家安全的。

⑥ 境外个人违反有关规定，不听劝阻，擅自会见境内有危害国家安全行为或者有危害国家安全行为重大嫌疑的人员的。

（6）非法强占我国领土的行为

我国的国家领土包括领陆、领水（包括内水和海水）和领空三个部分，除此以外，有些海域，例如毗连区、大陆架、专属经济区等，尽管在严格意义上不被视为国家领土的一部分，但沿海国可以对其及其资源行使主权权利，从而构成国家管辖范围的海域。目前国际上还存在一些非法强占我国领土的行为，特别是部分周边国家为了取得经济利益，采用编造历史事实混淆视听，拉拢敌对势力浑水摸鱼等手段，对我国的部分领海、岛屿等进行非法强占，对我国的领土和主权安全构成了严重威胁。

2.1.5 危害国家安全的法律责任

危害国家安全的行为都要被追究法律责任，受到国家法律惩罚。《中华人民共和国刑法》第二篇分则“危害国家安全罪”中规定如下：

第一百零二条 勾结外国，危害中华人民共和国的主权、领土完整和安全的，处无期徒刑或者十年以上有期徒刑。与境外机构、组织、个人相勾结，犯前款罪的，依照前款的规定处罚。

第一百零三条 组织、策划、实施分裂国家、破坏国家统一的，对首要分子或者罪行重大的，处无期徒刑或者十年以上有期徒刑；对积极参加的，处三年以上十年以下有期徒刑；对其他参加的，处三年以下有期徒刑、拘役、管制或者剥夺政治权利。

煽动分裂国家、破坏国家统一的，处五年以下有期徒刑、拘役、管制或者剥夺政治权利；首要分子或者罪行重大的，处五年以上有期徒刑。

第一百零四条 组织、策划、实施武装叛乱或者武装暴乱的，对首要分子或者罪行重大的，处无期徒刑或者十年以上有期徒刑；对积极参加的，处三年以上十年以下有期徒刑；对其他参加的，处三年以下有期徒刑、拘役、管制或者剥夺政治权利。

策动、胁迫、勾引、收买国家机关工作人员、武装部队人员、人民警察、民兵进行武装叛乱或者武装暴乱的，依照前款的规定从重处罚。

第一百零五条 组织、策划、实施颠覆国家政权、推翻社会主义制度的，对首要分子或者罪行重大的，处无期徒刑或者十年以上有期徒刑；对积极参加的，处三年以上十年以下有期徒刑；对其他参加的，处三年以下有期徒刑、拘役、管制或者剥夺政治权利。

以造谣、诽谤或者其他方式煽动颠覆国家政权、推翻社会主义制度的，处五年以下有期徒刑、拘役、管制或者剥夺政治权利；首要分子或者罪行重大的，处五年以上有期徒刑。

第一百零八条 投敌叛变的，处三年以上十年以下有期徒刑；情节严重或者带领武装部队人员、人民警察、民兵投敌叛变的，处十年以上有期徒刑或者无期徒刑。

第一百零九条 国家机关工作人员在履行公务期间，擅离岗位，叛逃境外或者在境外叛逃的，处五年以下有期徒刑、拘役、管制或者剥夺政治权利；情节严重的，处五年以上十年以下有期徒刑。

掌握国家秘密的国家工作人员叛逃境外或者在境外叛逃的，依照前款的规定从重处罚。

第一百一十条 有下列间谍行为之一，危害国家安全的，处十年以上有期徒刑或者无期徒刑；情节较轻的，处三年以上十年以下有期徒刑：

（一）参加间谍组织或者接受间谍组织及其代理人的任务的；

（二）为敌人指示轰击目标的。

第一百一十一条 为境外的机构、组织、人员窃取、刺探、收买、非法提供国家秘密或者情报的，处五年以上十年以下有期徒刑；情节特别严重的，处十年以上有期徒刑或者无期徒刑；情节较轻的，处五年以下有期徒刑、拘役、管制或者剥夺政治权利。

第一百一十二条 战时供给敌人武器装备、军用物资资敌的，处十年以上有期徒刑或者无期徒刑；情节较轻的，处三年以上十年以下有期徒刑。

对与境外机构、组织、个人相勾结，实施第一百零三条、第一百零四条、第一百零五条规定之罪的，依照各该条的规定从重处罚。境内外机构、组织或者个人资助实施第一百零二条、第一百零三条、第一百零四条、第一百零五条规定之罪的，对直接责任人员，处五年以下有期徒刑、拘役、管制或者剥夺政治权利；情节严重的，处五年以上有期徒刑。如有其他对国家和人民危害特别严重、情节特别恶劣的，可以判处死刑。

2.2 维护国家安全

国家安全是关系到国家存亡的大事，没有国家安全，就没有和平稳定的建设环境，就没有社会主义的现代化。当代大学生站在推进社会发展的前沿，肩负国家复兴之大任，要深切关注国家安全与发展，明确维护国家安全的权利和义务，树立国家安全和利益高于一切的意识，树立新的国家安全观，坚决抵制各种危害国家安全的行为，做好国家安全的忠诚卫士。

2.2.1 维护国家安全的基本内容

(1) 维护国家独立，保障国家主权不受侵犯，内政不受干涉。

(2) 保卫国家领土完整，防止外国入侵。

(3) 维护国家的统一和国家的荣誉，维护民族尊严和民族团结，防止分裂。

(4) 保卫现行的政权、政治制度和社会制度，防止国内外敌对势力的破坏，保持政治稳定和社会稳定。

(5) 维护国家的经济制度，保障独立自主地发展经济，促进科技进步和民族文化的发展，增强综合国力。

(6) 维护人民生命财产不受外来侵害。

(7) 防止国内外间谍、敌对势力和恐怖组织的各种破坏活动和窃密活动，防范、制止各种危害国家安全的行为。

(8) 维护地区和世界的和平与稳定，为本国的生存与发展谋求有利的外部环境。

2.2.2 大学生维护国家安全的权利和义务

《中华人民共和国宪法》第五十四条规定：“中华人民共和国公民有维护祖国的安全、荣誉和利益的义务”。可见，维护国家安全是包括大学生在内的每一个公民的神圣职责。大学生要切实履行维护国家安全的职责，明确维护国家安全的权利和义务，《中华人民共和国国家安全法》对公民和组织维护国家安全的权利和义务规定如下：

(1) 权利

公民和组织支持、协助国家安全工作的行为受法律保护。

① 因支持、协助国家安全工作，本人或者其近亲属的人身安全面临危险的，可以向公

安机关、国家安全机关请求予以保护。公安机关、国家安全机关应当会同有关部门依法采取保护措施。

② 公民和组织因支持、协助国家安全工作导致财产损失的，按照国家有关规定给予补偿；造成人身伤害或者死亡的，按照国家有关规定给予抚恤优待。

③ 公民和组织对国家安全工作有向国家机关提出批评建议的权利，对国家机关及其工作人员在国家安全工作中的违法失职行为有提出申诉、控告和检举的权利。

④ 在国家安全工作中，需要采取限制公民权利和自由的特别措施时，应当依法进行，并以维护国家安全的实际需要为限度。

（2）义务

① 遵守宪法、法律法规关于国家安全的有关规定。

② 及时报告危害国家安全活动的线索。

③ 如实提供所知悉的涉及危害国家安全活动的证据。

④ 为国家安全工作提供便利条件或者其他协助。

⑤ 向国家安全机关、公安机关和有关军事机关提供必要的支持和协助。

⑥ 保守所知悉的国家秘密。

⑦ 法律、行政法规规定的其他义务。

⑧ 任何个人和组织不得有危害国家安全的行为，不得向危害国家安全的个人或者组织提供任何资助或者协助。

⑨ 机关、人民团体、企业事业组织和其他社会组织应当对本单位的人员进行维护国家安全的教育，动员、组织本单位的人员防范、制止危害国家安全的行为。

⑩ 企业事业组织根据国家安全工作的需求，应当配合有关部门采取相关安全措施。

2.2.3　大学生应该怎样维护国家安全

（1）始终树立国家利益高于一切的观念

邓小平同志指出："国家的主权、国家的安全要始终放在第一位。"国家安全涉及国家社会生活的方方面面，是国家、民族发展的首要保障。科学技术是没有国界的，但知识分子不能没有自己的祖国。因此，把国家安全放在高于一切的地位，是国家利益的需要，又是个人安全的需要，也是世界各国的一致要求。

（2）努力熟悉有关国家安全的法律法规

有人统计，涉及有关国家安全和保密工作的法律、法规和规章制度有 100 多种，对此我们都应该有所了解，弄清什么是合法的，什么是违法的，可以做什么，不能做什么。其中，特别应熟悉的法律法规有：《中华人民共和国宪法》《中华人民共和国国家安全法》《中华人民共和国保守国家秘密法》《中华人民共和国刑法》《中华人民共和国刑事诉讼法》和《科学技术保密规定》等，对遇到的法律界限不清的问题，要肯学、勤问和慎行。

（3）善于识别各种伪装

大学生在对外交往中，既要热情友好，又要内外有别，牢记国家利益高于一切，不能认为国家安全与己无关，对危害国家安全的行为视而不见，失去应有警惕，或出于个人私利泄露国家机密，危害国家利益；对于外来的不健康思想意识、价值观念和腐朽的生活方式，应进行自觉地抵制和斗争。

(4) 及时报告

发现外籍人员在不恰当的场所宣扬西方所谓的“自由”“民主”“人权”，散布极端的个人主义和无政府主义思潮，宣扬拜金主义时，要及时向有关部门报告。对于收到的违法宣传品要及时主动上交，防止扩散，产生不良影响。与外国人接触要严守国家秘密。

(5) 主动接受安全教育

大学生到国外学习或旅游，行前要主动接受有关部门的国家安全教育，了解、掌握国家安全知识，不但要做好物质准备工作，还要做好充分的精神准备，自觉提高维护国家安全的意识，抵制敌对势力的策反、拉拢、威胁、利诱，并定期向学校汇报工作、学习情况。同时，要严格遵守外事纪律和有关规章制度，遵守前往国家的法律法规，尊重他国的社会公德和风俗习惯，避免产生误会或出现不应有的问题，绝不能做有损国格、人格的事情。

(6) 积极配合国家安全机关的工作

国家安全机关是国家安全工作的主管机关，是与公安机关同等性质的司法机关，分工负责间谍案件的侦查、拘留、预审和执行逮捕。当国家安全机关需要大家配合工作的时候，在工作人员表明身份和来意后，每个学生都应当按照《中华人民共和国国家安全法》规定，认真履行职责，尽力提供协助，如实提供情况和证据，做到不推、不拒，更不以暴力、威胁方法阻碍执行公务，还要切实保守好已经知晓的国家安全工作的秘密。

2.3 防止恐怖袭击

恐怖主义活动已成为国际社会的一大公害，是反人类的犯罪行径，恐怖分子是全人类共同的敌人。公民既是恐怖活动的直接受害对象，也是防范自救与救人的主体。面对日益严峻的反恐形势，我们有可能遇到各种恐怖袭击，从而带来极大的伤害甚至危及生命。为了增强安全防范意识，能在危急中保护自己，我们需要掌握防范应对恐怖袭击的常识和基本的自救互救技能。

2.3.1 恐怖活动的基本常识

中华人民共和国全国人大常委会第二十三次会议审议的《关于加强反恐怖工作有关问题的决定(草案)》规定：恐怖活动是指以制造社会恐慌、胁迫国家机关或者国际组织为目的，采取暴力、破坏、恐吓或者其他手段，制造或者意图造成人员伤亡、重大财产损失、公共设施损坏、社会秩序混乱等严重危害社会的行为。煽动、资助或者以其他方式协助实施上述活动的，也属于恐怖活动。与恐怖活动相关的事件通常称为“恐怖事件”“恐怖袭击”等。恐怖活动组织是指实施恐怖活动而组成的犯罪团伙。恐怖活动人员是指组织、策划、实施恐怖活动的人和恐怖活动组织的成员。恐怖活动不但具有普通刑事犯罪的危害性，还具有特定的政治目的性。

恐怖组织实施的恐怖活动的类型主要有暴力袭击（锐器、钝器、车辆撞击）；枪击；爆炸；纵火；投毒；暗杀；劫持人质；劫持交通工具；核生化袭击；网络袭击等，如 2004 年西班牙“3・11”马德里连环爆炸造成 191 人死亡，2006 年印度孟买“7・11”连环爆炸造成 188 人死亡，2009 年乌鲁木齐“7・5”严重暴力犯罪事件造成 197 人死亡，2016 年美国“6・12”奥兰多枪击事件造成 58 人死亡，2021 年布基纳法索“6・4”恐怖袭击事件造成 138 人遇难。各种恐怖活动不仅直接影响人类生活，也持久地影响国际政治、公民自由和经济发展。如发生在美国的 9・11 事件是震惊全球的世界上最惨烈的恐怖袭击，事件中共有 2998 人遇难，当时美国经济已经放缓，9・11 事件则加深了全球经济的萧条。

恐怖主义活动的一个共性是加害无辜平民，蓄意制造社会恐慌，以实现自己的政治动机。这种动机或为传播极端宗教思想，或为抢夺政治权力，或为分裂一国领土，或为展开政治报复等。恐怖活动往往具有以下特征：

① 时间具有不确定性，多发生在节假日及重大活动期间。

② 地点常发生在重要目标和人员密集场所。

③ 主体上具有组织性、狂热性、背景性。

④ 行为上有暴力性、破坏性、诡秘性。

⑤ 袭击现场或留有象征恐怖组织的标识。

2.3.2 应对恐怖袭击的一般方法

国家反对一切形式的恐怖主义，无论恐怖活动发生在何时何地、针对何人、以何种方式出现，都坚决予以谴责和严厉打击。

2.3.2.1 如何识别恐怖活动可疑人员及应对方法

（1）如何识别恐怖活动可疑人员

① 身份证或其他身份证明与本人不相符合。

② 身负可疑外伤或身染血迹，衣服破损严重。

③ 携带有管制刀具、易燃易爆等违禁物品。

④ 在重要目标及人员密集场所神色慌张、举止可疑、衣着反常，或照相、摄像、绘图，打听安保情况等。

⑤ 疑似公安机关通报的恐怖活动人员。

⑥ 作息时间反常，住所内有异常声响、刺激性气味，经常出现非生活类垃圾等。

⑦ 试图获取炸药、武器，大量购买易燃易爆物品、危险化学品及管制刀具。

⑧ 在安全检查过程中不愿接受检查或者试图逃避检查。

⑨ 携带物品、服饰或皮肤上有公安机关通报的相关标志图案的人员。

（2）发现恐怖活动可疑人员后的应对方法

① 自然大方，不要惊慌，不引起对方警觉，迅速离开。

② 尽量记住时间、地点和可疑人员的体貌、衣着、口音、行为特征、携带物品及接触人员。

③ 离开后迅速拨打 110 报警，如实反映可疑情况并协助公安机关做好相应工作。

2.3.2.2 如何识别恐怖活动可疑信息及应对方法

(1) 实物信息

看到带有暴力性、威胁性的实物(标语、横幅、影像视频、旗帜、宣传册)时，应保护好相关实物，迅速拨打110报警。

(2) 街头传闻

公民道听途说的恐怖性、恐慌性信息，应记住传闻中涉及的地点、人物、状态等内容及传出人信息，迅速拨打110报警。

(3) 网络信息

公民在网站论坛、贴吧、微博、微信、QQ等网络媒体或网络即时通信中看到或收到带有暴力性、威胁性、恐慌性的信息时，不要轻易相信或转发，及时截屏、截图，保留相关信息，迅速拨打110报警，同时向网站服务提供者举报。

2.3.2.3 报警方法

① 发现可疑人、信息时，在不暴露自己的情况下，有通信工具的迅速拨打110报警，无通信工具的委托他人或到就近的公安机关报警。

② 报警内容包括时间、地点、事件，以及可疑人员、信息的相关特征，有无危险等。

2.3.3 常见恐怖袭击的应对方法

2.3.3.1 遇刀砍(刺)、棒击等暴力袭击

① 观察四周，确保安全后迅速拨打110报警。

② 不要围观，迅速撤离，不要惊慌，以免踩踏造成次生伤害。

③ 无法撤离时，寻找周围的墙壁、柱子、雕塑、石墩等遮挡物躲避。

④ 听从现场保安人员指挥，有序疏散或有组织进行自卫反击。

⑤ 不传谣、不信谣。

2.3.3.2 遇车辆撞击

(1) 如何识别可疑车辆

① 车辆在人员密集场所加速行驶或行驶路线异常。

② 车辆违规停留在重要目标附近及人员密集场所。

③ 发现后迅速拨打110报警。

(2) 发生撞击时怎么办

车辆撞击时选择绿化带、台阶、隔离栏、灯柱、树木或水泥桩等障碍物躲避，确保安全后迅速拨打110报警。

2.3.3.3 遇枪击

① 选择适宜躲藏身体的掩蔽物，快速掩蔽，若无掩蔽物则就地趴下。

② 在确保安全的情况下寻找机会快速逃离。

③ 迅速拨打110报警。

④ 发现有伤者，自救互助，事后积极向警方提供现场情况。

2.3.3.4　遇爆炸袭击

（1）如何识别可疑爆炸物

① 无人认领、来历不明，有异常声响、异常气味(臭鸡蛋、氨水味等)的物品。

② 寄送地址不详、标有特殊文字图案及有裸露电线或怪味的可疑包裹。

③ 公安机关通报的其他物品。

（2）发现可疑爆炸物怎么办

① 不要触动，应立即报告相关工作人员，很多爆炸物是由触动引爆的。

② 迅速拨打 110 报警，由警方专业人员处置。

③ 迅速有序撤离，不要拥挤，以免发生踩踏造成伤亡。

④ 协助警方调查，在确保安全下，尽可能记录现场相关情况，为警方提供有价值线索。

（3）爆炸发生时怎么办

① 立即卧倒或选择适宜的物体躲避，确认安全后迅速撤离。

② 密闭场所发生爆炸，按照安全疏散标识或在工作人员指引下，采用低姿势方式有序撤离，避免踩踏。

③ 无法撤离时，为防止烟雾中毒和窒息，尽可能利用湿毛巾(衣物)捂鼻，若身上衣服着火，应脱掉衣物，或就地打滚或用厚重衣物压灭，迅速拨打 110 报警，等待救援。

2.3.3.5　遇纵火

① 进入陌生场所，识记安全出口、逃生通道、消防器械等。

② 火情发生后沉着冷静，不盲目呼喊，不留恋财物，迅速撤离并拨打 110(或 119)报警。

③ 公共汽车、地铁、列车等交通工具上遇到纵火恐怖袭击时，迅速利用车载的消防设备进行灭火，视情况从车门或车窗有序逃离。

④ 客船上遇到纵火恐怖袭击时，迅速向客船前后部及顶部逃离，尽可能找到船上的救生绳、救生梯、救生衣等，向水中或者救援船上逃离。

⑤ 室内遇到纵火时，迅速找到安全出口逃离现场，若出口被封，应选择背火通风处或弱火区躲避等待救援；遇室外纵火，往上风口躲避。

⑥ 撤离时不要乱跑、不要乘坐电梯、不要轻易跳楼，尽可能用湿衣物捂住口鼻及身体，不要深呼吸，低身逃离，若自身着火，应脱掉衣物，或就地打滚或借用水、灭火器等进行灭火。

2.3.3.6　遇劫持

① 保持冷静，不惊慌、不对视、不激怒对方、不轻易反抗。

② 观察劫持者和所处场所情况。

③ 尽可能隐藏通信工具，选择合适时机向外界传递情况，请求警方解救。

④ 在警方发起突击时，尽可能趴在地面，按照指挥撤离现场。

2.4 筑牢意识形态安全防线

意识形态安全是国家安全的基本构成要素，在整个国家安全体系中具有十分重要的地位。维护意识形态安全是维护国家安全不可或缺的重要方面。党的十九大报告强调：“牢牢掌握意识形态工作领导权。意识形态决定文化前进方向和发展道路，必须推进马克思主义中国化、时代化、大众化，建设具有强大凝聚力和引领力的社会主义意识形态，使全体人民在理想信念、价值理念、道德观念上紧紧团结在一起。”意识形态工作是为国家立心、为民族立魂的工作。主流意识形态是国家政权、社会制度赖以建立和维系的思想基础，是社会精神文化的核心和灵魂。意识形态安全受到威胁、主流意识形态遭到解构，必然导致政治信仰、价值观念和思想道德规范的混乱，必然加剧社会风险，破坏社会秩序，损害国家安全，从根本上动摇国家存在和发展的基石。中国特色社会主义进入新时代，我国国家安全形势发生新的变化，意识形态安全也面临新情况，必须清醒认识意识形态安全面临的风险挑战，增强责任意识、忧患意识，提高政治敏锐性和政治鉴别力，打好防范化解风险挑战的主动战，筑牢意识形态安全防线。

2.4.1 意识形态安全内涵

意识形态起源于社会哲学，是社会思想体系和上层建筑中思想观念的总括，而意识形态安全从政治学的角度看与国家安全有相似之处，其中意识形态安全是维护国家安全和维持社会稳定不可或缺的一个方面。关于什么是意识形态安全，目前国内学者大部分认为国家意识形态安全所表现的是这个国家安全稳定的状态。吴琦在《意识形态与国家安全》中认为，“意识形态安全是指代表某一阶级或集团的根本利益的意识形态，在经过宣扬和推广，逐渐为社会上大多数人所接受，并上升为国家中占主导地位的意识形态后，保持稳定和健康，保障其不受外来侵害和内部挑战的一种没有危险的状态。”王晨在《论新时代加强大学生意识形态安全教育的重要性》中指出：“意识形态安全指的是有利于统治阶级实现其统治目的且被社会全体成员共同认可并遵守的主流意识形态地位不受威胁的相对稳定安全的状态。意识形态的安全与否关系到一个国家的政治安全与社会稳定，同时也体现着一个国家占统治地位的阶级政治纲领、社会理想和价值取向”。

新时代我国的国家意识形态安全是指中国特色社会主义意识形态始终居于主导地位，社会主义核心价值观能被社会全体成员广泛认可、共同遵守、稳定并健康发展的一种状态，并在关系国计民生的各个领域发挥着引领作用，迸发着强大的生命活力和发展能力。

2.4.2 新时代我国意识形态安全面临的挑战

（1）国内多元社会思潮对主流意识形态的挑战

改革开放以来，我国社会结构发生了深刻变化，出现了很多新的社会阶层和利益团体，从自身的经济利益出发，他们有着不同于以往的利益诉求与愿望。与此同时，大量西方意识形态利用改革开放的大门涌入我国，与这些人的利益诉求相交织，形成了各种社会思潮，这些多元的社会思潮对主流意识形态构成挑战。

（2）国外敌对势力对主流意识形态的攻击

中国的崛起客观上证明了发展中国家走向现代化的道路不止“全盘西化”这一条路。中国的发展打破了西方对现代化的“垄断”，这对长期以来形成的“西方中心主义”思想造成严重冲击，由此受到了各种歪曲、污蔑和攻击，我们必须高度警惕。

网络全球化以前所未有的速度、广度和深度影响着我国的经济、政治和文化，同样对人们的生活产生深刻的影响，但是网络空间如现实社会一般丰富而复杂，且在一定程度上比现实社会更加难控。网络空间的难控主要表现在网络言论、文化渗透等方面。以美国为首的西方国家借助其在网络方面的先进技术，将资本主义的意识形态和思想文化逐步渗透到我国的各个领域，企图进行全面的文化渗透，进而加速我国教育环境的复杂化。西方国家借助网络宣传、舆论引导、幕后操作等“和平”手段向我国大学生传输西方资本主义价值观，经过长时间隐蔽性的文化渗透，一些立场不坚定的大学生极易在思想上产生动摇，给大学生意识形态安全造成严重的负面影响。

（3）国际意识形态话语权有待提升

在当前的国际舆论环境中，西方国家把持着舆论霸权，呈现“西强东弱”的局面。国际上，西方国家利用手中掌握的国际媒体机构和先进网络技术大肆攻击中国，“中国崩溃论”“中国威胁论”“新帝国主义”“新殖民主义”轮番上场，甚嚣尘上，极力破坏中国国际形象，打压中国和平发展的国际空间，阻挠中国崛起。西方媒体传播优势形成的话语优势对我国提升主流意识形态话语权不可避免地带来了障碍。

2.4.3　加强大学生意识形态安全教育的路径

高等学校是传播科学文化知识的殿堂，担负着为国家培养社会主义现代化建设人才的艰巨任务，不仅是承担党和国家意识形态安全教育工作的前沿阵地，也是学习研究宣传马克思主义，为实现中华民族伟大复兴的中国梦提供人才保障和智力支持的重要场所。各种各样的思想文化在高校交流融合，各种社会思潮也在高校交锋较量，高校成为意识形态安全教育的主阵地。新时代大学生对马克思主义的信仰、对中国共产党的认同、对社会主义核心价值观的实践在复杂的文化冲突、价值观碰撞和思想困惑中面临着挑战。青年大学生朝气蓬勃、怀揣梦想，他们是实现中华民族伟大复兴的中坚力量，是国家发展的责任担当。马克思主义基本原理告诉我们意识指导实践，一个人只有拥有正确的世界观、人生观、价值观，才能以此来指导各项实践活动，从而为实现国家的团结统一、民族的伟大复兴奉献自己的力量。因此，高校的大学生应当牢固掌握辩证唯物主义和历史唯物主义思想，反对唯心主义，反对封建迷信，努力学习科学知识、科学思想，掌握科学方法和培养科学精神。

2.4.3.1　正确认识宗教

我国的《宗教事务条例》于 2004 年 11 月 30 日中华人民共和国国务院令第 426 号公布，2017 年 6 月 14 日国务院第 176 次常务会议修订通过，2018 年 2 月 1 日施行。

《宗教事务条例》明确了宗教事务管理要坚持保护合法、制止非法、遏制极端、抵御渗透、打击犯罪的原则。条例保护公民宗教信仰自由，保障宗教界合法权益，对涉及国家利益和社会公共利益的宗教事务进行管理。条例对宗教团体、宗教院校、宗教活动场所、宗教教职人员、宗教活动、宗教财产的管理作了具体规定。

（1）什么是宗教

马克思主义认为，宗教就本质而言，是一种支配人们日常生活的异己力量幻想地反映为超人间的社会意识形态。宗教虽然是对现实社会的一种反映，但其反应是颠倒的、扭曲的、虚幻的。

宗教的本质是宗教学最基本的理论问题，它所回答的是“宗教是什么”这样一个对宗教的基本认识问题。恩格斯在《反杜林论》中的一段话科学、准确地回答了什么是宗教的本质。恩格斯指出：“一切宗教都不过是支配着人们日常生活的外部力量在人们头脑中的幻想的反映，在这种反映中，人间的力量采取了超人间的力量的形式。”

（2）合法的宗教活动

合法的宗教活动指宗教人士和信教群众在国家宪法、法律、政策以及相关宗教事务管理法规、条例、规章允许的范围内所进行的宗教活动。即在宗教活动场所内或按宗教习惯在自己家里进行的一切正常宗教活动，如礼拜、封斋、烧香、拜佛、诵经、讲经、祈祷、讲道、受洗、受戒、过宗教节日、终傅、追思等。也就是合法的教职人员在合法的宗教活动场所从事合法的宗教活动。合法的宗教活动必须符合三个条件：一是场所合法，宗教活动应当在经过政府核准登记的宗教活动场所或经政府宗教事务所部门认可的场所进行；二是主持活动的人员身份合法，宗教活动必须由宗教团体认定的教职人员或符合规定条件的人员主持；三是宗教活动内容合法，不得影响社会秩序、生产秩序、生活秩序，不得损害公民身心健康。

按照我国的有关规定，任何宗教组织和教徒不应当在宗教场所以外的地方进行宗教活动和布道、传教、宣传有神论，或者散发宗教传单和其他未经政府主管部门批准出版发行的宗教书刊。在大学校园中，具体规定是“四严禁”“两不得”，即：要认真贯彻执行党的宗教政策和方针，严禁在教学活动中传播宗教，严禁在学校举办宗教活动，严禁在学校成立宗教团体和组织，严禁学生参加非法的宗教组织和宗教聚会活动；不得开设带有传教性质的课程，不得组织学生到宗教活动场所开展教学和实践活动等。

（3）宗教与科学的关系

科学是反映客观规律的知识体系，科学不承认任何超自然的力量，反对用超自然的原因和力量去证明任何自然现象及其发展过程。宗教就其本质而言是对超自然力量的崇拜，相信超自然的上帝和神灵主宰世界。在认识方法上，宗教与科学也是根本不同的，自然科学从物质的各种存在形式和运动形式出发，去认识事物的各种联系并尽可能地用经验去证明。宗教认识其信仰对象的基本方法是信仰主义，依靠超经验、超理性的启示或神秘主义的直觉。在社会作用方面，宗教与科学也是大相径庭的。科学技术的发展带来巨大的社会生产力，从而推动社会的发展。马克思主义把科学看作是最高意义的革命力量。虽然宗教在特定的历史条件下也通过宗教运动对社会发展起过特殊的推动作用，但一般说来，宗教在历史发展中是一种保守的因素，因为宗教往往把现存的社会制度当成神意的体现，看成神圣不可侵犯的东西。

（4）《宪法》对宗教信仰的规定

第三十四条规定："中华人民共和国年满十八周岁的公民，不分民族、种族、性别、职业、家庭出身、宗教信仰、教育程度、财产状况、居住期限，都有选举权和被选举权；但是依照法律被剥夺政治权利的人除外。"

第三十六条规定："中华人民共和国公民有宗教信仰自由。任何国家机关、社会团体和个人不得强制公民信仰宗教或者不信仰宗教，不得歧视信仰宗教的公民和不信仰宗教的公民。国家保护正常的宗教活动。任何人不得利用宗教进行破坏社会秩序、损害公民身体健康、妨碍国家教育制度的活动。宗教团体和宗教事务不受外国势力的支配。"

不得利用宗教进行妨碍国家教育制度的活动，主要有两层含义：一是不得利用宗教妨碍公民接受学校教育和社会公共教育，不得利用宗教妨碍义务教育的实施；二是不得利用宗教妨碍学校教学活动的正常进行，具体是指经政府批准设立的宗教院校外，在各级各类学校中：①不得进行宗教活动；②不得开设宗教课或向学生传播宗教，不得组织学生到宗教活动场所开展教学和实践活动，干扰、阻挠学校向学生进行思想品德和科学文化教育；③不得强迫、诱使学生信仰宗教，更不得在学校内从事任何发展教徒、成立宗教团体和组织的活动；④中等和中等以下学校的教材不得有宣传宗教思想的内容，大学某些学科采用有宗教内容的教材应经省级以上教育行政主管部门审批；⑤学生不得参加非法的宗教组织和宗教聚会活动；⑥教师不得利用工作之便，在教学中进行宗教宣传和带领学生参加宗教活动，严禁外籍教师在学校从事传播宗教的活动。

（5）禁止在校园内开展各种形式的宗教活动

根据《宪法》规定，除经批准的宗教院校外，各级各类学校一律不得进行宗教活动，不得在学校成立带有宗教背景或宗教意图的社团组织，不得强迫、引诱学生信仰宗教，更不得在学校内从事任何发展教徒的活动。在校学生不准参加任何宗教团体组织的宗教活动和培训班，不得拉拢引诱其他不信教学生信仰宗教，不得开展各种包含宗教内容的集会活动，不得利用互联网、手机、微信群等现代通信手段进行宗教传播活动。

要进一步做好外籍专家和教师、外国留学生以及港澳台侨学生的管理工作。严禁外籍教师、外籍留学生在学校从事传播宗教思想，发展教徒的活动。外籍教师不得利用上课之机向学生灌输宗教思想，进行有神论宣传，不得带领学生参加宗教活动。一旦发现有传教行为的，要依据有关管理规定，及时劝阻、制止，对于顽固坚持的，要坚决做出解聘、退学处理。

2.4.3.2 崇尚科学，反对邪教

邪教是阻碍人类社会发展的一大毒瘤，是一个长期存在的社会问题，是一种具有危害性、对抗性的破坏力量，其本质是反人类、反社会、反科学、反政府的。如今，邪教及其进行的一切破坏行为已经严重影响国家和社会的安全和当代大学生的成长。尤其在近些年，

邪教组织加强了对高校大学生的渗透。面对新形势，高校必须高度重视反邪教教育，提出有效的反邪教教育策略，引导大学生认识邪教的本质及危害，精准地辨识邪教，提高防范意识，从而抵制思想侵略，远离邪教。

（1）邪教的定义

关于“邪教”这一概念的认定，目前国际上没有统一的标准。我国最高人民法院、最高人民检察院制定的《关于办理组织、利用邪教组织破坏法律实施等刑事案件适用法律若干问题的解释》对邪教组织界定为：是指冒用宗教、气功或者其他名义建立，神化、鼓吹首要分子，利用制造、散布迷信邪说等手段蛊惑、蒙骗他人，发展、控制成员，危害社会的非法组织。尽管国内外对邪教的界定存在差异，但都认可邪教是一种教义和实践具有社会危害性的组织。

（2）邪教的基本特征

第一，教主崇拜。教主崇拜即唯教主是从，为教主而生而死。邪教教主往往以伪装和骗术来神化自己，自称绝对、无限神，让信徒对其绝对服从。

第二，精神控制。精神控制是邪教教主为巩固其“神圣地位”，维持其信徒效忠自己的基本手段。邪教教主一般以各种谎言、骗术，心理暗示和诱导来对信徒进行“洗脑”，使信徒丧失正常理智，丧失判断是非的基本能力，甘愿受其控制。

第三，编造邪说。编造歪理邪说是一切邪教教主蒙骗坑害群众的手段。它往往打着宗教或气功等旗号，冒用宗教的属性，编造和散布歪理邪说，妖言惑众，制造恐慌心理和恐怖气氛，达到对信徒进行精神控制的目的。

第四，敛取钱财。邪教教主通过各种手段，要求信徒倾其所有，将钱财奉献给教主，或通过所谓的“治疗”、兜售书籍和音像制品、举办“学习辅导班”等形式，收取不义之财。

第五，秘密结社。邪教一般都有以教主为核心的严密组织，采取诡秘方式进行联络活动。邪教组织结构相当严密，组织内部等级和戒律森严，要求信徒绝对服从教主，严禁脱离和背叛组织。

第六，危害社会。邪教对社会的危害主要表现在以极端的手段与现实社会相对抗。邪教教主大多有政治野心，他们不满足于在“秘密王国”内实行神权加教权的统治，他们幻想对全人类实行统治，为了实现其政治野心，他们或者以信徒的生命作为牺牲品和政治赌注，或者以反社会，反人类的疯狂之举来震惊世界。

（3）大学生要崇尚科学，反对邪教

① 要学习科学文化知识，树立正确的理想信念。

理论是实践的指南，思想是行动的先导。青年时期是人的世界观、人生观、价值观的形成期，青年人乐于接受新的事物，善于接纳新观点，喜欢猎奇，可塑性强。要成为未来的建设人才，就离不开科学理论和先进思想的指引，只有用科学理论和先进思想武装起来的青年，才能担负起建设国家的重任。

第一，树立远大的理想和正确的世界观、人生观和价值观。成大业者必先立大志。每一位有志的青年，无论身在何处，无论在什么岗位，都应当心系祖国和人民，把个人的抱负同全民族的共同理想统一起来，这样才能获得强大的前进动力，才能在建设祖国和服务人民中实现自己最大的人生价值。

第二，坚定社会主义事业信念。改革开放40多年来，中华大地发生的巨大变化证明，建设中国特色的社会主义是我国走向繁荣富强的正确道路。在振兴中华的征途上，广大青年只有坚定走中国特色社会主义道路的信念，才能保持正确的人生航向。

第三，学习掌握先进的知识和科学的思想。先进的知识和科学的思想对人素质的影响，对一个国家生存和发展的影响越来越重要。迷信与科学是对立的，青年要不断学习新知识，掌握科学方法，树立科学观念，养成科学的思维方式，把自己培养成对社会有用的人。

② 要崇尚科学，珍爱生命，反对邪教。

第一，破除迷信，相信科学。首先要相信科学，坚持以科学的态度对待一切。生了病要及时到医院就诊，千万不要盲目信奉迷信的做法，以免耽误了治疗时机。其次要保持良好健康的心态，正确对待人生的坎坷，遇到不顺心的事，要找家长、老师或朋友倾诉，寻求帮助，千万不能为寻找精神寄托而误入迷信的圈套和邪教的泥潭。

第二，关爱家庭，珍爱生命。生命对于每一个人都非常重要，珍爱生命，保护生命是文明社会的共识，而邪教却通过欺骗、引诱、胁迫等手法，把人们的生命掌握在他们的"精神控制"之中。一些相信邪教的人在"世界末日""升天"等歪理邪说的蛊惑下，放弃生命，走向极端，充当了邪教的"殉葬品"，我们要充分认清邪教泯灭人性、残害生命的邪恶本质，认清邪教对人们自身、家庭及社会的严重危害。

第三，崇尚文明，反对邪教。青年大学生要培养科学健康的生活方式，不断增强免疫能力，认清邪教反人类、反社会、反科学的本质，认清其对社会和青年的危害，大力倡导科学精神，弘扬精神文明，积极参与科学文明、健康向上的校园文化活动，用科学理论和知识武装头脑，做遵纪守法、崇尚科学、反对邪教的新时代大学生。

③ 要加强反邪教知识的学习，切实提高辨别和抵制邪教的能力。

邪教活动都是违法的，青年大学生需要在纷繁复杂的社会生活中正确识别真伪，认清对错，自觉抵制邪教。

第一，不听、不信、不传。不听邪教的宣传，不信邪教的谬论，更不要去传播邪教。如果自己的家属、亲戚、朋友或邻里有人信了邪教，要关心帮助他们，提醒他们不要上当。对不怀好意的邪教人员的拉拢，要提高警惕，防止上当受骗。收到邪教宣传信件，及时上交到社区、学校或单位，电子邮箱中收到这类信件时，要及时删除，不要相互传看不健康的内容。

第二，检举、揭发邪教的违法活动。发现邪教在骗人、非法聚会、进行破坏活动时，要及时向学校或公安机关报告。如果自己的亲人参与邪教聚会、串连等违法活动，要及时劝阻。

第三，积极宣传，主动参与反邪教活动。积极参与反邪教警示教育活动，不仅要自己主动接受教育，还要动员和帮助亲友接受教育，要用学到的反邪教知识，帮助亲属戳穿邪教骗人的"鬼把戏"，对迷上邪教的亲朋好友，要尽力劝说，并积极帮助他们早日脱离邪教。

2.4.3.3 遵纪守法和文明上网

不以规矩不能成方圆。不守规矩可能要付出生命的代价，不要把遵纪守法当作刻板的行为、当作可有可无的东西，更不应把遵守各种安全规范看成多此一举。要牢记，遵守规矩在一定场合就是珍爱生命。以交通安全为例，我们都知道在马路上要遵守“红灯停，绿灯行”的规矩，但我们也经常看到行人或车辆因为闯红灯而导致的交通事故，严重的导致车毁人亡，给自己和他人的生命带来了极大的危害。同样，遵守其他法律规定也是保护自己和他人、珍爱生命的表现。大学生要树立遵纪守法意识，自觉遵守宪法和法律，做到知法、守法、用法，自觉依法维护国家、集体和自身的权利。

（1）文明上网，不造谣、不信谣、不传谣

随着社会的发展，互联网在经济建设和各项事业中得到了日益广泛的应用，使得人们的生产、工作、学习和生活方式发生了深刻的变化，对加快我国国民经济、科学技术的发展和社会服务信息化进程具有重要作用。同时，如何保障互联网的运行安全和信息安全问题已经引起全社会的普遍关注。

互联网的积极作用表明，它不仅是一场技术革命，更助推着社会各个方面的进步。与此同时，互联网也展现出其“双刃剑”的一面，诸如“食用碘盐能防辐射”的谣言、虚假广告的传播，“僵尸粉丝”的买卖等，不仅损害了社会公共利益和公众利益，也引起了网站、用户和公众的不满。

【案例】

当前，社会各界纷纷投入抗击新冠疫情的行动中。然而，就在大家对“阳性”唯恐避之不及时，竟然有人故意制造传播“某小区发现无症状感染者，已经确诊并送隔离”的信息，出于“恶作剧”的心理将核酸检测报告篡改成“阳性”，在朋友圈内发布消息称“已检测出新冠阳性，本人在夫子庙上班接触的人多，请远离我”等不实信息，引发当地群众恐慌。目前，已有多名网民因故意制造传播涉疫谣言被依法处理！

① 2021 年 7 月 22 日，南京网民贺某在朋友圈内发布消息称，“已检测出新冠阳性，本人在夫子庙上班接触的人多，请远离我”。经核实，贺某因与男友吵架心情不好，故意编造发布了上述虚假信息。目前，贺某已被属地公安机关依法行政拘留。

② 常州网民杜某某、杨某某系普通朋友。2021 年 7 月 23 日，杜某某将杨某某的核酸检测报告截图，使用 P 图软件将“阴性”修改成“阳性”，然后发送给杨某某。随后，杨某某又将该图片发布至微信群中，后被他人拍摄成短视频传播。目前，杜、杨二人已被属地公安机关依法行政拘留。

③ 2021 年 7 月 26 日，宿迁市宿城区网民王某在其微信群聊内制造传播“金陵名府小区内确诊一名无症状感染者”“已被带走隔离”等信息，严重扰乱公共秩序。经核实，该言论属谣言。7 月 26 日 20 时许，发布谣言的当事人主动到富康路派出所投案自首。目前，王某已被公安机关依法处以行政拘留三日的处罚。

【法律链接】

《中华人民共和国治安管理处罚法》第二十五条规定，有下列行为之一的，处五日以上十日以下拘留，可以并处五百元以下罚款；情节较轻的，处五日以下拘留或者五百元以下罚款：

（一）散布谣言，谎报险情、疫情、警情或者以其他方法故意扰乱公共秩序的；

（二）投放虚假的爆炸性、毒害性、放射性、腐蚀性物质或者传染病病原体等危险物质扰乱公共秩序的；

（三）扬言实施放火、爆炸、投放危险物质扰乱公共秩序的。

网络不是法外之地，在网上发布信息、言论应遵守法律法规，对于编造、传播、散布谣言，扰乱社会秩序的违法行为，公安机关将依法查处，绝不姑息。尤其是大学生，在网络上应该遵守相关法律法规，不造谣、不信谣、不传谣。

（2）如何做到文明上网

作为高校大学生应该做到不造谣、不信谣、不传谣，文明上网，对出现的各类危害信息要判明情况，安全有序地规避，不要惊慌失措，如遇可疑情况及时报警。具体可做到以下几点：

① 文明用语，不在网络发布肮脏语言。语言是我们祖国的形象，在聊天、发微博、发微信、论坛回帖中，要用文明的语言，维护我们祖国的文明语言形象。

② 不传谣、不信谣。网络时代，人人都是自媒体，网民应该是网络文明的贡献者，不是网络谣言的“帮凶”，我们要辨清真假，不传谣、不信谣，让网络谣言在我们这里断流，这是网民的责任，也是爱国的重要表现。

③ 不浏览丑陋网站。国家在采取各种措施营造清朗健康的网络环境，但不良、丑陋网站如同网络毒瘤未能根除。作为网民应该做到不点击、浏览丑陋网站，不让其有市场，并即时举报，不让其污染网络。

④ 多传递正能量，多点赞正能量。我们要做正能量的制作者、传播者，点赞正能量是网民的责任。

网络时代，爱国就做好网络文明形象大使，每个网民都是网络中国的代言人，建设网络美丽中国是我们每个公民的责任，我们要用文明上网为建设网络美丽中国做贡献。

2.4.3.4 提高大学生文化自信

文化是一个国家、一个民族的灵魂。文化兴国运兴，文化强民族强。中国共产党十九大报告明确指出文化的作用，“中国特色社会主义文化是激励全党全国各族人民奋勇前进的强大精神力量。”任何一个国家和民族的发展都离不开文化，并且“任何文化都内含特定的意识形态观念。”换言之，意识形态是一个国家或民族文化的核心和灵魂。高校是青年人的聚集地，也是社会文化的策源地。高校不仅肩负为国家培养合格社会主义事业接班人的重任，也承担着传承中华优秀传统文化、传播社会主义先进文化、提高大学生文化自信的责任。

目前，各种社会思潮的盛行促使人们的思想观念和价值取向朝着多元化方向发展，特别是个人主义、拜金主义、自由主义、历史虚无主义等错误思想的蔓延和传播，不断冲击人们的价值观念。因此，当务之急就是要团结一切力量建设具有强大凝聚力和引领力的社会主义意识形态，加强高校意识形态安全工作特别是对大学生的意识形态安全教育，大力弘扬社会主义核心价值观。只有这样，才能“促进全体人民在理想信念、价值理念、道德观念上紧紧团结在一起”，才能引导大学生树立正确的历史观、民族观、国家观、文化观，提高大学生的文化自信，增强大学生对中华优秀传统文化和社会主义先进文化的认同感。

2.5 严守保密安全

中国有句古语，叫“皮之不存，毛将焉附”，用这句话来形容我们个人与国家的关系，是十分贴切的。国家是由每一个单独的个人组成的，国家离不开个体，然而国家一旦灭亡了，国民便只能做亡国奴，受外国的奴役或者是飘荡流离在世界各地。例如历史上非洲的黑奴，南美洲、南亚、东南亚的殖民地国家等，社会上受压迫，经济上受剥削，政治上受歧视。

随着我国改革开放的日益深化，涉外活动的日益频繁，大学生不但要掌握好知识文化，更要培养国家利益高于一切的意识，掌握国家安全知识，做一个自觉维护国家主权、国家安全和利益的卫士。

为了保守国家秘密，维护国家安全和利益，保障改革开放和社会主义建设事业的顺利进行，1988 年 9 月 5 日第七届全国人民代表大会常务委员会第三次会议通过了《中华人民共和国保守国家秘密法》，1988 年 9 月 5 日中华人民共和国主席令第六号公布，自 1989 年 5 月 1 日起施行。2010 年 4 月 29 日，第十一届全国人大常委会第十四次会议审议通过了新修订的《中华人民共和国保守国家秘密法》，自 2010 年 10 月 1 日起实施。《中华人民共和国保守国家秘密法实施条例》是根据《中华人民共和国保守国家秘密法》的规定制定，由国务院于 2014 年 1 月 17 日发布，自 2014 年 3 月 1 日起施行。

2.5.1 国家秘密

(1) 国家秘密的定义

《中华人民共和国保守国家秘密法》明确指出“国家秘密”是指关系国家的安全和利益，依照法定程序确定，在一定时间内只限一定范围的人员知情的事项。

(2) 国家秘密的载体

国家秘密的载体是指载有国家秘密信息的物体。国家秘密的载体主要有以下几类：

① 以文字、图形、符号记录国家秘密信息的纸介质载体，如国家秘密文件、资料、文稿、档案、电报、信函、数据统计、图表、地图、照片、书刊、图文资料等。这种载体形式是目前最常见的国家秘密载体。

② 以磁性物质记录国家秘密信息的载体，如记录国家秘密信息的计算机磁盘（软盘、硬盘）、磁带、录音带、录像带等。这种载体形式随着办公现代化技术的发展，将越来越多。

③ 以电、光信号记录传输国家秘密信息的载体，如电波、光纤等。国家秘密以某种信号形式在这种载体上流动、传输。通过一定技术手段，才能把这种涉密信息还原，知悉具体内容。

④ 含有国家秘密信息的设备、仪器、产品等载体。

上述四种载体是国家秘密载体的基本形式。我们开展的保密工作，主要是针对这些有形的国家秘密事项的载体，依照法定程序确定密级，并制定具体保密措施，将这些秘密载体管住、管好。

（3）保密的范围

新修订的《中华人民共和国保守国家秘密法》第二章第九条规定了保密的范围：

① 国家事务重大决策中的秘密事项。

② 国防建设和武装力量活动中的秘密事项。

③ 外交和外事活动中的秘密事项以及对外承担保密义务的秘密事项。

④ 国民经济和社会发展中的秘密事项。

⑤ 科学技术中的秘密事项。

⑥ 维护国家安全活动和追查刑事犯罪中的秘密事项。

⑦ 经国家保密行政管理部门确定的其他秘密事项。

此外，政党的秘密事项中符合前款规定的，属于国家秘密。

2.5.2 密级的划分、规定及保密期限

（1）密级的划分

根据新修订的《中华人民共和国保守国家秘密法》第二章第十条，我国国家秘密的密级分为绝密、机密、秘密三级。

绝密级国家秘密是最重要的国家秘密，泄露会使国家安全和利益遭受特别严重的损害；机密级国家秘密是重要的国家秘密，泄露会使国家安全和利益遭受严重的损害；秘密级国家秘密是一般的国家秘密，泄露会使国家安全和利益遭受损害。

（2）密级的规定

一般的国家秘密及其密级的具体范围，由国家保密行政管理部门分别会同外交、公安、国家安全和其他中央有关机关规定。军事方面的国家秘密及其密级的具体范围，由中央军事委员会规定。国家秘密及其密级具体范围的规定，应当在有关范围内公布，并根据情况变化及时调整。机关、单位执行上级确定的国家秘密事项，需要定密的，根据所执行的国家秘密事项的密级确定。下级机关、单位认为本机关、本单位产生的有关定密事项属于上级机关、单位的定密权限，应当先行采取保密措施，并立即报请上级机关、单位确定；没有上级机关、单位的，应当立即提请有相应定密权限的业务主管部门或者保密行政管理部门确定。

（3）密级的保密期限

一般而言，国家秘密的保密期限，除另有规定外，绝密级不超过 30 年，机密级不超过

20 年，秘密级不超过 10 年。机关、单位应当根据工作需要，确定具体的保密期限、解密时间或者解密条件。机关、单位对在决定和处理有关事项工作过程中确定需要保密的事项，根据工作需要决定公开的，正式公布时即视为解密。

2.5.3 防止失密、泄密

“失密”是指由于组织或个人的疏忽而导致国家秘密被不应知悉者知悉，但不存在主观泄密的动机。“泄露国家秘密”是指违反保密法律、法规和规章的下列行为之一：

① 使国家秘密被不应知悉者知悉的。

② 使国家秘密超出了限定的接触范围，而不能证明未被不应知悉者知悉的。

（1）违界规定

新《中华人民共和国保守国家秘密法》第二十四条明确规定，机关、单位应当加强对涉密信息系统的管理，任何组织和个人不得有下列行为：

① 将涉密计算机、涉密存储设备接入互联网及其他公共信息网络。

② 在未采取防护措施的情况下，在涉密信息系统与互联网及其他公共信息网络之间进行信息交换。

③ 使用非涉密计算机、非涉密存储设备存储、处理国家秘密信息。

④ 擅自卸载、修改涉密信息系统的安全技术程序、管理程序。

⑤ 将未经安全技术处理的退出使用的涉密计算机、涉密存储设备赠送、出售、丢弃或者用作其他用途。

第二十五条规定，机关、单位应当加强对国家秘密载体的管理，任何组织和个人不得有下列行为：

① 非法获取、持有国家秘密载体。

② 买卖、转送或者私自销毁国家秘密载体。

③ 通过普通邮政、快递等无保密措施的渠道传递国家秘密载体。

④ 邮寄托运国家秘密载体出境。

⑤ 未经有关主管部门批准，携带、传递国家秘密载体出境。

第二十六条规定：

① 禁止非法复制、记录、存储国家秘密。

② 禁止在互联网及其他公共信息网络或者未采取保密措施的有线和无线通信中传递国家秘密。

③ 禁止在私人交往和通信中涉及国家秘密。

（2）失密、泄密的原因

尽管保守国家秘密有非常重要的现实意义，但还是经常会有一些国家秘密失密和泄密，这究竟是什么原因呢？有关部门通过调查分析后，认为造成国家秘密失密、泄密的原因主要有以下几个方面：

① 新闻出版工作失误造成泄密。如 20 世纪 60 年代，当我国大庆油田开发刚刚甩掉贫

油国帽子的时候，日本情报机关从《中国画报》上刊登的大庆油田照片上就获得了大庆炼油能力、规模等情报。

② 违反保密制度，在不适宜的场所随意公开内部秘密。这主要表现在接待外来人员的参观、访问、贸易洽谈之时，违反保密制度，轻易地将宝贵的内部秘密泄露出去。

③ 不正确使用手机、电话、传真或互联网技术造成泄密。一些谍报组织借助科学技术成果，利用先进的间谍工具进行窃听、窃照，截取电子信号，破获电子信件等获取机密。

④ 保密观念不强，随身携带秘密载体造成泄密。有些保密观念不强的人，随意将一些秘密资料、文件、记录本、样品等携带出门，遇上丢失、被盗、被抢、被骗，很快就会造成泄密事件。

⑤ 保密意识淡薄或无保密意识，有意无意把秘密泄露出去。有些保密意识淡薄，缺乏保密常识的人，不分场合，随意在言谈中或通信中涉及国家秘密或秘密事项，或炫耀自己的见识广博，不料“说者无心，听者有意”，不经意间造成泄密。

⑥ 有些人经不住金钱和物质的诱惑，被谍报组织拉拢腐蚀出卖国家秘密。

2.5.4 大学生保守国家秘密的途径

保守国家秘密是公民的义务，也是一种社会责任。每位大学生都应该自觉遵守保密法规，自觉履行保密义务，坚决同泄密行为和窃密行径作斗争。大学生保守国家秘密，应做到以下几个方面：

（1）学习保密常识，接受保密教育

大学生要学习保密常识，接受保密知识教育，正确认识保密与窃密斗争的尖锐性，增强保密意识，严格遵守保密制度。既要对外开放，扩大对外交流，又要确保国家机密不被泄露，正确处理两者的关系，克服有密难保、无密可保的错误认识。

（2）谨慎对待境外人员，提高防范意识

大学生要提高防范意识，在对外交往中坚持内外有别的原则。在与境外人员交往的过程中，凡涉及国家机密的内容，要么回避，要么按上级的对外口径回答，不要随便谈及内部的人事组织、社会治安状况、科技成果、技术诀窍和经济建设中各种尚未公开的数据资料等。

在与境外人员接触时不带秘密文件、资料和记有秘密事项的记录本，对方直接索取科技成果、资料、样品或公开询问我方内部秘密时，要区别情况，予以灵活拒绝。

未经主管部门批准，不带境外人员参观或进入非开放区。不准境外人员利用学术交流、讲课的机会进行系统的社会调查。未经有关部门批准，不得填写境外人员的各种调查表，或替对方撰写社会调查方面的文章。

（3）谨慎新闻出版，注意保密原则

在新闻出版工作中，注意保密原则，不得随意刊载有关国防、科研等事关国家机密的事项。参加国际学术会议或在国外刊物上发表文章，要按规定办理审查手续，不得为境外人员提供或代购内部读物和资料。即使是学校内部的校报，也要严格按照要求操作，避免泄露相关机密。

（4）遵守保密规定，增强保密意识

大学生要自觉遵守保密的相关规定，做到不该说的机密绝对不说，不该问的机密绝对不问，不该看的机密绝对不看，不该记录的机密绝对不记录。不在普通电话、明码电报、普通邮局传达机密事项，不携带机密材料游览、参观、探亲、访友和出入公共场所，不在通信中谈及国家机密，不在普通邮件中夹带任何保密资料。

2.6 安全素质拓展

【素质拓展 2-1】

吉林某大学一美籍教师在研究生外语授课过程中，以“文化大革命”内容的文章为题，讨论中国人权及社会制度等方面的问题，被上课的研究生当场严词拒绝，并报告学校有关部门，后经国家安全机关调查后，对该外籍教师做出限期离境的处理。

案例分析：作为大学生，遇有危害国家安全的行为，一定要挺身而出。国家的利益不容侵犯，这是每一名大学生所应行使的神圣职责。本案中的研究生，以大局为重，认清了外教的不法企图，并坚决给予回击，维护了祖国的尊严。人权和社会制度问题关系到一个国家的政治体制，是我国人民自己的问题，不允许他人横加干涉，更不允许以他人的标准衡量。外教想借用“文化大革命”事件对中国的人权、社会制度等问题进行攻击，其目的非常明显，研究生们的有力回击，也让外教认识到中国的主权不容侵犯。

【素质拓展 2-2】

某科研所博士李某，承担了一项重大高科技研究项目。在外出工作期间，李某经常在电话中与同事研讨科研项目的进展情况及进一步的计划。没想到，李某的谈话被境外谍报分子利用高科技手段进行了监听。幸好，国家安全机关及时发现了这一情况，并立即与科研所取得联系。但是，李某的无意泄密还是带来了一定的损失，科研项目也不得不做重大修改。

中央某部委某研究所工作人员李某，1991 年在某工业大学毕业，由于受金钱侵蚀，主动把我国《机械工业“九五”分行业规划》这份重要文件出卖给某国商社驻京机构。该文件是中央某部委作为对“九五”期间各个分行业的发展起指导作用的指导性规划，涉及我国在“九五”期间机械工业领域的技术开发、技术改造、设备研究、设备引进等共 1685 个项目，其中含有外汇额度的设备引进项目就有 416 项，机械工业领域的秘密一目了然。后经我国国家安全机关开展工作将文件追回。李某受到了法律的制裁。

案例分析：作为一名科研人员，保守科研机密是最起码的职业准则，然而李某为达到个人私利，知法犯法，置国家利益于不顾，出卖国家重大行业机密，严重触犯了法律。金钱蒙蔽了他的心智，铜臭将他引向罪恶的深渊。

【素质拓展 2–3】

北京某重点大学国际政治系四年级学生李某在毕业前夕，被在校任教的美籍英语教师、美国中央情报局间谍约翰·德雷克斯策反，参加了美国情报组织，并为其收集我国的各类情报。约翰以帮助李某毕业后找工作，担保出国和利用个人感情等手段将其拉下水，将其发展为情报人员。

案例分析：毕业后找到一份理想的工作，或者能够继续出国深造，是每一个大学生的梦想，而面对国内日益严峻的就业形势，大学生们难免会想尽一切可能的办法来达到目的。国外间谍组织也正是利用了大学生的这种需求心理，许以各种诱惑，用各种手段进行腐蚀、拉拢，把一些意志薄弱、经不起诱惑的同学拉下水成为谍报组织服务的工具。

【素质拓展 2–4】

1999 年公安机关破获一批“法轮功”组织及其人员非法获取、泄露国家秘密文件的案件。查明：李洪志及“法轮大法研究会”按照其政治预谋精心策划，一直在有组织、有计划地刺探党和政府的机密情况；非法获取、持有国家秘密文件 59 件，其中绝密级文件 20 件、机密级文件 24 件、秘密级文件 15 件。

案例分析：“法轮功”组织一直以不参加政治掩盖其真实目的，在全国上下建立了严密的组织机构，从事一些民间团体所不应当从事的活动，刺探、收集国家秘密，攻击党和政府，此次案件的侦破，充分暴露了“法轮功”的狼子野心，“法轮功”组织一直在谋求政治上的地位，破坏国内团结稳定的政治、社会环境，频繁制造事端，沦为反华势力的一条忠实走狗。

【素质拓展 2–5】

2014 年 3 月 1 日晚 9 时左右，在云南昆明火车站，8 名统一着装的暴徒蒙面持刀在火车站广场、售票厅等处砍杀群众。车站派出所的民警出警处置，随后特警赶到，当场击毙 4 名暴徒、抓获 1 人。事件导致 29 人遇难，143 人受伤。通过法院审核并进行审讯，剩余 4 人中 3 人分别以组织、领导恐怖组织罪和故意杀人罪，被判死刑，剥夺政治权利终身。另外 1 人则以参加恐怖组织罪、故意杀人等罪名，被判无期徒刑。

案例分析：暴力恐怖犯罪是对人民群众生存权和发展权的严重侵犯，暴力恐怖分子是各族人民共同的敌人。全社会应以稳定和长治久安为工作的着眼点和着力点，高举法治旗帜，对暴恐行为发现一起、打击一起，露头就打、严打狠打，犯罪分子就没有可乘之机。

【素质拓展 2–6】

2014 年 5 月 28 日晚 9 时，山东省招远市金都百货的麦当劳餐厅里，由于拒绝提供电话号码，37 岁的吴某某被张某某、吕某某等六名“全能神”邪教信徒活活殴打致死。在招远故意杀人案涉案人中，有曾经的商人，也有大学生。加入邪教之后，他们的身份都彻底转变，不工作，除正常的生活需求外，与外界基本不联系，每天都在家里学习邪教书籍，写“灵修”笔记，互相灌输邪教思想。

思考题

(1) 国家安全的定义和基本内容是什么?

(2) 大学生应该怎样维护国家安全?

(3) 常见恐怖袭击的应对方法有哪些?

(4) 如何做到“崇尚科学，反对邪教”?

(5) 大学生保守国家秘密的途径有哪些?

第3章 守护心理健康与行为安全

随着我国教育改革的不断深入，大学生的心理健康问题也愈发被社会所关注。你知道如何保持心理健康吗？你知道需要注意哪些方面的心理健康问题吗？你知道常见的心理健康问题该如何预防和解决吗？本章就以上问题进行详细阐述。

3.1 心理健康与行为安全

3.1.1 大学生心理健康问题分析

（1）心理疾病是许多大学生面临的严峻现实

大学时代是人生的黄金时期，是身体、知识、才干等方面都日趋成熟的时期。但是，处在这样一个特定时期的大学生，随着学校对外开放度增大，学习、生活节奏加快，社会竞争日趋激烈，来自学习、人际交往、婚恋、择业以及经济负担等方面的压力越来越大，如果不注意及时做好心理准备，势必影响大学生正常的学习、生活和学校正常的教学秩序。国内一项由12.6万名大学生为对象的调查显示，20%~23%的人存在不同程度的心理障碍。“美国大学健康协会”的一项调查也发现，在美国，大约12%的学生被诊断出有沮丧和类似的心理问题；超过80%的大学都声称，学生患有严重心理问题的比例大幅上升。此外，据一项调查披露，在北京的一所工科院校里，每届总有5%以上的学生会出现各种问题，2%~3%的学生可能会退学或被开除学籍，40%的学生会出现一门到几门功课不及格，15%~20%的学生可能会拿不到学位证书。概括这些大学生不能正常毕业的原因，大都源于心理问题。

（2）大学生存在的主要心理问题

有调查表明，当前在校大学生存在心理问题的主要原因包括以下几类：学业存在困难、人际关系处理不好、过度痴迷网络世界、心理交际障碍、恋爱感情受到挫折、自身生理残疾、家庭经济困难、家庭遭遇过重大变故等。其中，学业困难、家庭经济困难、生理残疾这三类原因是造成大学生心理上存在不健康问题的主要原因。总体而言，目前大学生自身的心理情况还是比较脆弱的，出现的心理问题也大都跟情感有关。

（3）造成大学生心理健康问题的主要原因

① 生活环境变化带来的心理问题。有的同学往往不能很快、很好地适应变化了的环境

和条件，使他们本应美好的大学生活变得不堪忍受，因而产生离校出走等情况。

② 社会环境的影响。高校处在社会大环境中，社会的变化必然会影响校园，使身处其中的大学生在心理上受到冲击。社会种种现实、竞争的压力侵扰着每一个人，从而引发了大学生自我意识的觉醒，主要表现在他们在各种活动中要显示自身价值的存在，有强烈的表现欲和参与意识。这对于意志薄弱的学生无疑是一种挑战，当遇到考试的失败、择业的失败、评奖的落选等情况而受到挫折后，可能就会产生消极的心理状态，表现出自我怀疑的倾向。

③ 家庭环境的影响。家庭对一个人的成长有着巨大的影响作用，一个人对客观现实的认识，往往是从家庭环境、家长的言行举止开始的。大学生在步入社会之前，很大程度上受家庭环境和父母言谈举止的影响。不同的家庭教育与影响产生的结果，也是截然不同的，例如，对子女管教特别严格的父母，对孩子学习督促得很紧，但对于子女的其他兴趣、爱好不给予支持，缺乏沟通，经常用命令、指责的方式强迫孩子做事情，这样的孩子成为大学生以后，往往性格上很不自立，不能适应社会，特别是在人际交往过程中，表现得懦弱、自卑、唯唯诺诺，失去了个性和棱角；父母如果对子女百依百顺，过分溺爱，在孩子成长过程中，父母就像保护伞一样呵护子女，使他们没有受过挫折，事事都有父母的保护，这样的大学生依赖性极强，缺乏同情心，遇到挫折便不知所措，缺乏自制能力和自信心；如果父母对子女行为放任不管，很少约束，这样的大学生常以自我为中心，不懂得尊重他人，比较任性，很难适应集体生活。还有一些家庭因父母感情不和或离异等原因，造成孩子的性格暴躁、心理压抑、有逆反心理、自卑心理强等不良心理反映。

④ 环境、角色变化引起心理不适应。到了大学以后，生活中的每一件事情都需要自己处理，如吃饭上食堂排队，衣服脏了自己洗，床要自己铺，生活用品要自己上街买，这种变化使得一些同学感到极不适应，依赖性和独立性的反差和矛盾造成了他们对以往生活方式的迷恋，对新生活感到迷茫。

⑤ 人际关系氛围的影响。大学生在校期间人际关系处理得好坏直接影响他们的学习、生活和工作。亲密、融洽的人际关系可以使人身心愉快、舒畅，从而促进学习，提高工作效率，使人感到生活轻松如意。但是，现在有相当数量的同学处在冷漠、疏远的人际关系中，他们心情不愉快，与人交往处于紧张状态，有时还产生敌对、憎恶的情绪，从而导致攻击性行为，有损身心健康。

⑥ 不健康的校园文化的影响。社会的不良潮流和风气，必然通过多种渠道向校园辐射，使原本清静的校园滋生了不健康现象。校园里出现了追求新潮热，一些学生热心于牌桌、酒楼，流连于花前月下，考试作弊、弄虚作假现象屡见不鲜，而课桌文化、厕所文化则更是不堪入目。这些现象影响了同学的形象，更严重影响了广大学生的身心健康，使得一些大学生变得颓废，失去朝气和活力。

⑦ 大学生自身因素的影响。有些大学生自我控制能力较弱，自我评价易受外界事物的影响，也受情感波动的影响，在对事物的看法和观察上容易片面化。这主要表现在，有的大学生对自己不负责任，不抱任何希望，当一天和尚撞一天钟，整天无所事事，懒懒散散。

⑧ 生理的成熟影响。大学生由于生理的成熟，使他们在处理与异性情感方面都有自己的想法，他们渴望接触异性，但由于他们心理上不很成熟，经验不足，阅历浅，往往在感情问题上缺少严肃性，更多的是盲目性。这样，很容易使他们进入感情误区而无法自拔，最终导致情绪不稳、心理冲突直至行为异常。特别是有学生因失恋出现极度情绪低落，甚至痛不欲生的情况。

⑨ 专业兴趣问题。在大学里，常会有部分学生不喜欢自己正在学习的专业，缺乏学习兴趣，因而情绪低落。这种现象不外乎有这样几个方面的原因：一是在报考大学志愿时，对各专业情况不了解，因此填报比较盲目；二是被所填报的专业录取，但实际情况与自己当初的想法相去甚远；三是志愿服从调剂，所学专业并非自己喜欢的专业，但又不得不读下去，因而感到很无奈；四是受各方面的影响，认为自己所学的专业没有发展前途，因而缺乏学习热情；五是对本专业学习的艰苦性估计不足，遇到困难就丧失了信心。

⑩ 前途问题。进入大学后，学生们由对前途的憧憬转向现实。如果说他们在填报志愿时还比较理想化的话，现在他们都从职业准备的角度思考自己的前途。社会的人才需求，实际的工作情况，以及自己的主观愿望等，都会引起他们各方面的思考和权衡。在这个过程中也经常会产生各种心理困扰。

3.1.2 大学生的行为安全

（1）关于行为的一般概念

所谓行为，是机体外观的活动，如言语、表情、举止、反应、动作等。从根本上来说，行为就是一个人的言和行。它受动机的支配，由动机激发、调节和维持，是个体主观内在心理活动倾向的外部表现和载体。大体分为两种，其一是机体通过遗传所得的先天行为，如本能行为、饮食行为、防御行为、睡眠行为、性行为等；其二是个体在社会环境生活中的各种行为，如群体行为、社会态度、人际交往、经商行为、行医行为等。

建立在心理学行为主义理论基础上的行为模式认为：人的变态行为就是他的心理病理变化本身，治疗的目的就是要消除或者显著地减少这些经常出现的不受欢迎的行为。人们在某种条件下经常出现的行为称为习惯。根据行为主义的观点，人的习惯是通过学习获得的，好的习惯、适应性习惯是学习得来的，不良的习惯或不适应的习惯也是学习得来的。

行为的产生是受情绪和动机影响的；反之，行为对情绪和动机也会产生影响，而情绪和动机就是心理的构成要素。由此可见，心理与行为是相互影响的。养成良好的行为习惯有利于健康心理的保持，一旦行为出现了失控，必然会引起心理的不适，改变不良行为就可以调适不良的心理状态。基于人的行为是可以由别人或者自己进行观察、描述和记录，并可以通过观察、描述和记录进行测量，因此，当我们在了解人的心理时，往往是通过对行为的观察、描述和记录，在调适人的心理时，也常常从调整人的行为着手。

（2）预防大学生的不良行为

预防大学生的不良行为有助于预防刑事犯罪、有助于正确处理大学生的不良行为、有助于帮助大学生认识自我和健康成长。

① 有助于预防刑事犯罪

犯罪学的研究认为，犯罪行为的发展主要按照两种模式进行：突发模式是指由于某种偶然因素的影响而突然发生刑事犯罪的情况。根据突发模式，在这一犯罪行为产生之前，个人并没有轻微的不良行为和一般的违法行为，也就是通常所说的以前没有“劣迹”。这种犯罪人的犯罪往往是在年龄较大特别是成年以后发生的；因此，有时也称为“迟发犯罪”。

渐变模式是指个人先有轻微的不良行为和一般的违法行为，然后逐渐演变，最后进行严重犯罪的情况。根据渐变模式，这种犯罪人在进行严重犯罪之前，往往有多种多样的“劣迹”，这种“劣迹”不断发生，社会危害性不断加重，最后终于构成刑事犯罪。由于这种犯罪人的“劣迹”往往是从年龄较小的时候开始的，因此，有时也称为“早发犯罪”。

在上述两种模式中，渐变模式尤其常见和具有代表性，大多数的刑事犯罪都是按照这种模式产生和发展的。由此可见，大学生不良行为是许多刑事犯罪发展过程中的早期阶段，甚至可以把大学生不良行为看成是许多刑事犯罪的先兆或预测因素，根据大学生不良行为的情况，可以预测这样的大学生将来进行严重的刑事犯罪的可能性。所以，及早研究和了解大学生不良行为，采取恰当的措施处理和预防大学生不良行为，就可以阻止这类大学生在错误的道路上继续发展，从而能够预防大量的刑事犯罪的产生。

② 有助于正确处理大学生不良行为

在以往，由于人们对大学生不良行为产生的原因、表现等缺乏正确的认识，研究人员对如何恰当处理大学生不良行为缺乏认真、系统的研究，没有提出合理具体的处理方法，使大学生的家长、学校教师、单位领导等在遇到大学生出现不良行为时，不能采取恰当的处理措施。其中有些人抓不住最佳时机错过了最好的处理大学生不良行为的机会，以致不能及时制止大学生不良行为的恶性发展，不能将大学生不良行为限制、消灭在萌芽状态；另一些人则根据直觉或者不正确的观念，采取了错误的处理方法，结果挫伤了大学生的感情，激化了矛盾，使大学生更加迅速地表现出更加严重的不良行为，甚至进行犯罪，从而导致一系列的社会悲剧。因此，认真研究正确处理大学生不良行为的方法、原则，对恰当处理大学生不良行为，是十分必要的。

③ 有助于帮助大学生认识自我和健康成长

大学生处在人生发展的“边缘”时期，在这一时期，大学生特别需要在心理和行为方面获得具体的指导和帮助。这里所说的边缘时期，有两方面的含义：一方面，大学生已经不属于完全或大部分依赖父母、老师和社会的儿童，大学生已经越过了这个具有较大稳定性和安全感的时期，进入了心理的动荡期和不安全期，在这种心理基础上，不良行为很容易产生。另一方面，大学生还没有进入完全依靠自己的成人阶段，往往不能做出正确的决定。他们逐渐向成人发展，处在完全依赖别人和完全独立自主的中间阶段。在这个阶段，大学生的独立意识和自我意识增强，他们要求父母和他人把自己当成独立的人看待，不愿再依附于别人，不愿事事都依赖别人的帮助。同时，大学生身体的迅速发育，特别是性成熟与性兴趣的增强，进一步促使大学生独立意识和自我意识的发展，使他们更愿意按照自己的意愿行动。但是，大学生的各种心理能力，特别是判断力和情绪调节能力，并没有得到相应的发展，适应环境的能力、社会经验等也十分欠缺。因此，大学生的独立意向、自我意识的增强和生理成熟与他们的能力、经验相对不足之间的矛盾，就使大学生面临着发生不良行为的危险性。另外，由于大学生身体的发育和社会地位的变化，父母和社会也不再给他们很多的保护和帮助，而是鼓励他们独立自主地解决问题，从而使其失去别人大量的指导和帮助。缺乏指导和帮助的大学生，在行动中更增加了盲目性，这会进一步加剧大学生出现不良行为的危险性。

所以，大学生时期是一个相当危险的时期，如果不给予有效的指导和帮助，就容易发生各种不良行为，对社会、他人以及大学生本人造成严重的危害。如果通过对大学生不良行为的系统研究和恰当干预，促使人们认识到大学生不良行为产生的原因、具体处理方法以及预防对策，就可以有效地帮助他们认识自我，恰当处理已经发生的不良行为，合理控制自己的情绪，形成良好的行为习惯，预防不良行为的产生，从而健康地成长。

（3）心理与行为的关系

从心理与行为的实质看，人的任何行为都是受心理(动机)支配的，人的任何心理也都会表现为行为，心理与行为是密不可分的。心理是行为的内在动因，行为则是心理的外在表现。

如果把心理与行为再作深入具体的分析，我们就可以发现，心理与行为的关系常常是通过认知与情绪起作用的。一定的认知，对应着一定的行为，情绪的情景性、激动性和短暂性也影响着行为。比如要改变错误的行为，要考虑改变错误的认知；要建立创新的行为，需要认知(知识)的更新、创新的激情。

情绪和认知是人的心理活动的重要内容，情绪与认知直接影响着人的行为。情绪通常指个体的天然生物需要是否获得满足而产生的暂时性的剧烈情感，比如愤怒、恐惧、紧张、悲伤、欢喜等。它具有较大的情景性、激动性和短暂性，常用于情感过程的表现形式方面。我们都清楚，人是具有自己的主观意志的，当外界各种事物作用于人时，人对外界各种事物就会有一定的态度，根据其是否符合各自主观的需要而采取肯定或者否定的态度，当其采取肯定的态度时就会产生满意、快乐、喜爱、尊敬等内心的体验(情绪)；当其采取否定的态度时就会产生厌恶、苦恼、憎恨、鄙视、愤怒、忧愁、恐惧、羞耻、悔恨等内心体验(情绪)。这些对客观事物的肯定态度或者否定态度，我们都能够直接体验到，情绪也是一种态度的体验。情绪对行为具有直接的影响。当一个人对某一事物具有肯定态度时，就会采取行动去做，即表现出一种行为；反之，就会抑制自己的行为。

认知，即“识别”，有时也叫“再认”，是指当经历过的事物再度呈现时，仍能认识的心理过程。认知总是和其他心理活动同时进行的。比如对曾经感知过的事物再度感知时的认知，是认知和知觉同时发生的；又如对曾经有过的想法再度想起时确知是从前想过的，这也是认知，这里的认知是和回忆同时发生的；再如对某种事物所联系的情感再度发生时知道它是从前体验过的，这也是认知。对经历过的事物，有时能立刻认识，有时只有模糊的熟悉之感，有时还会发生错误。当人们对客观事物有正确的认知时，就会采取正确的行为；反之，当人们对客观事物产生错误的认知时，人们就会产生不良的情绪，并采取错误的行为。例如，两个同样口渴的人看到半杯水，一个喜出望外，一个却非常沮丧。这是因为前者认为口渴的时候，只要有一点点水就足以解渴，这半杯水够两个人解渴了，而后者却认为口渴的时候起码要喝三杯水才解渴，这半杯水怎么也不够两个人喝的。于是，前者会高高兴兴地把这半杯水两个人分了喝，而后者就很可能两个人抢着喝了。可见，认知对一个人的情绪和行为都有制约作用，认知的偏差常常是导致情绪障碍和行为偏差的原因。调整曲解的认知也就可以调整情绪障碍和行为偏差。

正因为心理与行为存在着这样密切的关系，因此考察心理的健康与否，必须从心理与行为两方面进行。大学生保持心理健康也必须从心理与行为两方面进行，既要调适不健康的心理，又要调整不适应的行为。只有这样，才能全面提高大学生的心理素质。

3.2 培养健康心理

培养良好的心理素质，增强自身的心理弹性，提高适应现代社会的能力，不仅有助于大学生整体素质的提高和个体的全面发展，而且还有助于克服或消除心理障碍，预防心理疾病的发生，从而保障大学生心理健康。这对于当代大学生成长为合格人才具有十分重要的意义。

3.2.1 大学生心理问题的主要疗法

(1) 心理医生咨询

俗话说：心病还需心药医。据临床观察和研究表明，在内科病患者当中，约有一半人是因心理因素造成的，单靠药物治疗无济于事。如果采用心药医治——心理治疗，就能促进康复。因此，有心理疾病的青年朋友，请你勇敢地找心理医生咨询。当然，也可以自己查阅一些可靠的心理健康网站或书籍自我诊断治疗。

心理疗法也不是万能的，只有正确运用心理疗法，对心理疗法充满信心，坚持治疗，疗法恰当，才会取得良好疗效。这一点，无论是心理疾病患者，还是一般有不健康心理行为的人，在接受心理疗法时都不能忽视。

(2) 自我调整疗法

自我调整疗法又称放松训练或松弛反应训练疗法。它一般是在安静的环境中，按照一定的要求，完成某种特定的动作程序，通过反复的练习，学会有意识地控制自己的心理、生理活动，以增强对事物的适应能力，调整和改善因紧张而造成紊乱的心理、生理功能，达到防治疾病的目的。如我国的气功、日本的禅宗、印度的瑜伽等，都属于自我调整疗法的范畴。

自我调整疗法自古就受到人们的重视，常用于治疗思虑劳神、惊恐与慕恋等因素引起的精神性病变，以及一些久治不愈的躯体病变。

(3) 谈心疗法

谈心疗法是心理康复教育的治疗方法之一，谈心疗法可以使患者消除性情怪异，有利于提高社会适应能力、减少病态心理的压力。青年朋友，当你遇到烦恼时，切不可长期忧郁压抑，把心思深埋心底，而应将这些烦恼向你值得信赖、头脑冷静的人倾诉，包括你的父母、领导、挚友与老师、辅导员等。

聊天是一种有益于身心健康的活动，茶余饭后几个人聚在一起，天南地北，海阔天空地说古论今，讲故事，讲笑话，谈经验，可以促进大脑思维，推迟大脑的衰老，有益于身心健康。

聊天可以消愁解闷。一个人不可能时时、处处、事事顺心如意，当你在某些时候有不愉快的事情时，不要独自生闷气，这时可找人聊聊天。通过聊天可消解一时的不愉快，摆脱激动、愤怒、委屈、不满、忧郁和疑虑等情绪，这对身心健康十分有益。

（4）疏导疗法

疏导疗法也叫作排泄法，是对患者阻塞的心理病理状态进行疏通引导，使之畅通无阻，从而达到治疗和预防疾病，促进身心健康的一种心理治疗方法。

当人们遭遇到突然发生的、意外性的精神打击后，别人往往劝他：“痛痛快快地哭一场吧！不要憋在心里!”这就是在日常生活中人们经常采用的排泄情绪的方法。

医学心理学家劝告人们：该哭的时候就哭，该笑的时候就笑，喜怒不形于色在日常生活里不该提倡，因为强行压抑自己情绪的表露，很可能会导致心理疾病的发生。

疏导法可以说是一种传统的、古老的心理治疗方法，也是疗效十分显著的一种心理疗法。即使是严重的心理疾病，通过思想感情上的疏导、排泄，往往也可以收到很好的疗效。

（5）紧张疗法

一般来说，长期过度的紧张对身体有害。但是，过于松弛和散漫的生活也不利于健康。适度的紧张生活和工作，不仅能提高工作效率，增添生活乐趣，而且对身体健康也颇有裨益。医学家们研究发现，当一个人处于适度的紧张状态时，心脏往往要通过加强收缩来排出更多的血液，以供给全身各器官组织，而血管的舒张收缩的功能也随之加强，这对改善心血管系统的功能，减少心血管疾病的发生是十分有益的。

如果把生活安排得充实一些，使生活的节奏紧张一些，就会使生活变得丰富多彩，使人心情愉快，寿命也就能相应地延长。那么，怎样才能保持适度的紧张呢？可从以下几个方面做起：①保持紧张而有节奏的生活；②保持一定的体育活动量；③坚持勤用脑。

（6）系统脱敏法

系统脱敏法就是在患者心理出现焦虑和恐惧刺激的同时，施加与焦虑和恐惧相对立的刺激，从而使患者逐渐消除焦虑与恐惧，不再对有害的刺激发生敏感而产生病理性反应。

实质上，系统脱敏法就是要通过一系列步骤，按照刺激强度由弱到强，由小到大逐渐训练心理的承受力、忍耐力，增强适应力，从而达到最后对某种刺激不产生过敏反应，保持身心正常或接近正常的状态。

例如，为克服考试怯场，你可以试着将你每次应试的真实感受按时间顺序逐一记录下来。像开始复习时、复习期间、考试前一天、进入考场时、未做试题前、开始做试题时等，按紧张程度不同并按由弱到强的顺序记述当时周围的环境和内心体验，然后运用想象开始脱敏训练。在充分的自我放松后，读你第一次记录上的描述，尽量详细逼真地想象当时的情景；当你感到有紧张反应时，可用言语暗示沉着、停止紧张或用深呼吸、肌肉放松术等方法压制或减弱紧张程度，直至镇定自若；再接下去进行第二次记录，依次逐渐训练。最后达到在你回想起当初最紧张的情景时，也能够完全或接近完全地达到轻松自如的状态。

（7）静思冥想法

自我放松又称静思冥想法，是解除心理疲劳的有效措施。静思冥想法的具体实施很简单，大致可为放松—静思—冥想—收式四个步骤。具体做法是这样的：

① 放松。这是准备工作。坐在安静、温度适宜、光线柔和的房间里，双脚平落在地面上，双目微闭，深吸气后再慢慢呼出，反复默念几次"放松"，让放松感传遍全身各部位，并将这种状态保持5min。

② 静思。静思的要求是充分地运用想象，把自己置身于愉快的大自然环境中。如在幽静的园林里、芬芳的花丛中、风和日丽的海滨浴场，尽量地体验所想象环境的美好感受：海风轻轻拂面、浪花轻轻拍打、温馨的花香、碧绿的树叶……。

③ 冥想。冥想的要点是把由心理疲劳所致生理上的不适，想象为某种实体，以自己所能接受的方式把它除掉，从而达到康复的目的。如身体某部位疼痛，可以想象为一些细菌聚集在一起，然后冥想有大量的白细胞把细菌包围起来，并且逐渐把它消灭以及自己得以康复的情景，这就是冥想法的核心，约需15min。

④ 收式。冥想结束前先做好思想准备，再慢慢睁开双眼，把注意力转移到房间里，全部过程结束。

刚学习时，由于比较陌生，会产生各环节之间脱节的现象。只要多练就会解决这个问题。静思冥想法简单易行，一天可以做2~3次，会取得显著的心理保健效果。

（8）格式塔疗法

格式塔疗法是由美国精神病学专家珀尔斯博士创立的，根据珀尔斯的最简明的解释，格式塔疗法就是自己觉察自己。也就是说，对自己的所作所为的觉察、体会和醒悟。所以说，它是一种自我修身养性的治疗方法。格式塔疗法有以下九项原则：

① 生活在现在。不要老是惦念明天的事，也不要总是懊悔昨天发生的事，要把你的精神集中在今天要干什么上。记住，你现在是生活在此时此刻，而不是生活在明天和昨天。遗憾、悔恨、内疚和难过并不能改变过去，只会使目前的工作难以进行下去。忧虑未来是一种没有用处的情绪。

② 生活在这里。想着你现在就是生活在这里。对别处发生的事无能为力，想它也没有用。杞人忧天，徒劳无益；惶惶不安，对于事情毫无帮助。你现在就是生活在此处此地，而不是遥远的其他地方。

③ 停止猜想，面向实际。你也许碰到过这样的情况：在学校，当你对面碰到老师或同学的时候，你向他们打招呼，可他们没反应，连对你笑一笑都没有。你因此而联想下去，心里嘀咕，他们为什么要这样对待你？这个人是不是对自己有什么意见？对自己存有戒心吗？是轻视自己吗？甚至会联想到他是不是敌视自己？其实，也许你没有料到，你向他打

招呼的这个人，可能心事重重，只是没有注意到你向他打招呼，或许是眼睛不好没有看见。因此，不必因为他对你的招呼没做出反应，就想入非非。

胡乱猜想是毫无意义的。很多心理上的疑惑和障碍，往往是因为自己没有实际根据的想当然所造成的，你可不要庸人自扰啊！

④ 暂停思考，多去感受。现代化社会要求人们思考，少去感受。人们忙忙碌碌地整天想着的就是怎样做好工作，怎样考出好的成绩，怎样处理好和老师及同学的关系等问题，绞尽脑汁，耗尽脑力。因而往往容易忽视或者没有心思去观赏美景、聆听悦耳的音乐等。

⑤ 接受不愉快的情感。人们通常都希望有高兴和快乐的愉快情感，而不愿接受忧郁、悲哀和凄凉的情感。但是这不是正确的态度，因为愉快和不愉快，仅是相对而言，它们之间是相互依存并可以相互转化的。因此，正确的态度是：首先，应该认识到既有愉快的也有不愉快的情绪；其次，要有接受愉快情绪也要有接受不愉快情绪的思想准备。

如果一个人成年累月总是愉快、兴奋，那反而是失常的现象，也许患有躁狂症。

⑥ 不要先判断，先要发表意见。人们往往容易在别人稍有差错或者失败的时候，就立刻下结论，讥讽别人能力差。很多时候实际情况并非如此，因为人们的判断经常是错误的。因此，你的任务首先是充分表现自己的观感或情绪，把意见充分地表达出来。

⑦ 不要盲目地崇拜偶像和权威。在现代化社会里，有很多变相的权威和偶像，它们会禁锢你的头脑，束缚你的手脚，如学历、资格等。不要盲目地附和众议，从而丧失独立思考的能力；也不要无原则地屈从他人，从而被剥夺自主行动的能力。

⑧ 我就是我。不要说：我如果是某某人那该多好；我若是某某人我就一定会成功，等等。你应该从自己做起，充分发挥自己的潜能。既不怨天尤人，也不想入非非，要脚踏实地，从自己做起，从现在做起，做好自己能够做的事情，最后的目标和信念应该是："我就是我自己"。

⑨ 对自己负责。人们往往容易逃避责任，如考试成绩不好，会把失败的原因归罪为自己的家庭环境不好或学校不好；工作不好，会推诿说领导不力或条件太差，等等。把自己的过错、失败都推到客观原因上。格式塔疗法的一项重要原则，就是要求自己做事自己承担，自己对自己负责任。

（9）欢笑疗法

笑不仅能振奋精神、有益健康，而且也是防治某些疾病的良药，有人把笑称作超级维生素。由此可见，笑对于人的健康何等重要。笑是一种复杂的生物化学过程，笑可使脸发红、眼睛流泪，能使人的心脏、胸部和腹部都得到锻炼，笑不仅能增加肺部的呼吸量，而且能加速血流循环，调节心率。如放声大笑，则可使面部、胳膊及腿部肌肉放松，从而能够消除烦恼和忧郁。笑能使人的机体产生大量的免疫球蛋白，从而提高机体的保护功能。

有些专家把笑的作用归纳为十大好处：①增强肺的呼吸功能；②清洁呼吸道；③抒发健康的情感；④消除神经紧张现象；⑤使肌肉放松；⑥有助于散发多余的精力；⑦驱散愁

闷；⑧减轻社会束缚感；⑨有助于克服羞怯的情绪；⑩能乐观地对待现实。

正因为笑有益于人的身心健康，当今世界上笑的事业也就应运而生。如美国有“笑电台”“笑医院”；英国有“笑俱乐部”；德国有“笑比赛”；日本有“笑学校”。更有意思的是，巴西不仅有一个专门播放笑话的电视台，而且，还有一家“笑话出口公司”。这家公司收集了世界各国500多册优秀笑话集，筛选后译成英文，再由滑稽演员表演，然后录制出口，很快行销日本、美国和希腊等十几个国家，并靠“卖笑”发了大财。

（10）读书疗法

书如药，多读好书也可以治病。现在，国外就有借读书治病的“读书疗法”。如德国已在一些医院为患者开设了专门的图书馆，引导一些慢性病患者，尤其是一些心理和神经系统疾病的患者，有的放矢地阅读不同感情色彩的书籍，使病体得到了较快的康复。

国内外学者认为，读书疗法不仅可调节人体的免疫功能、解除烦恼；淡化抑郁心理、减轻失眠、神经衰弱、高血压和胃溃疡等疾病症状，还可以延缓衰老，尤其是延缓脑细胞衰老。

选读什么书要依据患者的心理状态和知识水平。例如，一个年轻人患了失恋症，不妨找来培根的《论文随笔》读一读，它会告诉你怎样正确对待爱情。

（11）体育疗法

体育疗法作为纠正心理缺陷的治疗方法，不是一般运动训练和娱乐游戏活动，要想达到心理治疗的目的，必须有一定的强度、质量和时间要求。每次锻炼时间宜在30min左右，运动量从小到大，循序渐进。

① 急躁、易怒的心理缺陷。倘若你发现自己遇事急躁、感情容易冲动，那就应多参加下棋、打太极拳、慢跑、长距离的步行及游泳和射击等缓慢、持久的项目。这些体育活动能帮助你调节神经活动，增强自我控制能力，稳定情绪。

② 遇事紧张的心理缺陷。遇到重要的事情就紧张的人，可以多参加比较激烈的体育竞赛，特别是足球、篮球和排球等项目。因为球场上形势多变，只有冷静沉着地应对，才能取得优势。若能经常在这种激烈的场合中接受考验，久经沙场，遇事就不会过分紧张，更不会惊慌失措，从而给学习、工作带来益处。

③ 孤独、怪僻的缺陷。假如觉得自己不合群、不习惯与同伴交往，那么就应选择足球、篮球、排球以及接力跑、拔河等集体项目，坚持参加这些集体项目的锻炼，会帮助你慢慢地改变孤僻的习性，逐步适应与同伴的交往，并做到热爱这个集体。

④ 腼腆、胆怯的心理缺陷。如果你胆小，做事怕风险，易难为情，应多参加游泳、溜冰、滑雪、举重、摔跤、单双杠、跳马等项目活动。这些活动要求人们不断地克服害怕等各种胆怯心理，以勇敢无畏的精神去战胜困难，越过障碍。

⑤ 自负、逞强的心理缺陷。可选择一些难度较大，动作复杂的活动，如跳水、体操、马拉松与艺术体操等体育项目，也可找一些实力水平超过自己的对手下棋，打乒乓球或羽毛球，不断地提醒自己山外有山，切不可自负、骄傲。

3.2.2 如何应对生活中的压力

现代生活中学习、工作节奏加快，每个人都肩负重任，免不了带来数不清的精神、生活和工作压力。如果忽视这些压力，早晚会影响到你的健康。长期的精神压力可以导致高血压，容易让人错误地借烟、酒、药来解压，还可能导致慢性病或抑郁症。其实，抽刀断水水更流，借酒浇愁愁更愁。

（1）正确面对学习和生活中的各种压力

① 保持健康的饮食习惯，坚持定期锻炼身体。

② 有压力，想办法讲出来。与同学、亲友、老师聊聊，可以消掉心中的怨气，有时还会找到解决的办法。

③ 注意学习和处事有条理，更有效地利用有限的时间，也减少了因为时间不够做不完事所造成的压力。列出该做的事，每次做一件。把大事分成几件小事来做。记下重要的约会时间、该完成事的期限、有用的电话、传真号和电子邮箱地址等。

④ 学会主动寻求帮助。没有人可以单枪匹马做所有的事。让家庭成员、朋友或同事知道你已经超负荷了，请他们帮助你分担一些任务。你不说，别人往往不知道你需要帮助。千万不要以为人家知道你有需要。不管你自己觉得多明显，别人不一定知道。所以，一定要主动寻求帮助。如果人们知道你已经负担过重，也就不会再给你加任务了。

⑤ 学会轻松地工作和生活，顺其自然。安排一些时间专门给自己，做一些自己喜欢的事情，比如说，听听音乐，看看小说，种种花，打打太极拳等，或者干脆好好睡一觉。

⑥ 适当寻求心理帮助。如果已经过度紧张导致心理压力过大，自己难以排解，不妨去看看心理医生，心理医生也许可以帮助你。

（2）焦虑的解除妙法

① 自我松弛法。在生理上，焦虑是与肌肉紧张相关联的。如果你使自己的肌肉得以放松，那么躯体的放松也会令精神有所放松，焦虑则无处立足了。

② 肌肉放松法。分以下几步：

躯干的放松：先要让肌肉处于过度紧张状态后再放松。头部下缩，双眼微合，双肩上耸，如缩头乌龟状，感到很紧张后，放松头及双肩，然后将头慢慢作逆时针转动 8 圈，再按顺时针转 8 圈。你做完这些动作后，须静静地躺在床上。

腿的放松：也是先紧张后放松。将右脚绷直抬高，脚尖绷紧直到不能坚持，然后完全放松地让脚落在床上。接着抬起左脚进行与右脚相同的练习。切记要把全部注意力都集中在绷紧的那条腿上，想象从足尖到髋部都非常紧张，这样才有可能达到肌肉放松。

手臂的放松：右手上举，握紧拳头，绷紧手臂肌肉，同时集中注意力想象手臂非常紧张，当感觉很累的时候，让手完全放松地落在床上。然后左手也做同样的练习。

眼睛的放松：在左臂放下后，双眼仍保持微合，想象头顶的天花板上有个圆圈，直径大约 4m。想象着视线按顺时针方向绕圆圈转 8 圈，然后按逆时针方向转 8 圈，要慢慢地转动。完成以后，再想象一个边长大约为 4m 的正方形，同样顺着它的边做上述运动。

完成以上步骤后，你什么也不要想，只是静静地躺着，体会运动过后的那种松弛、宁静的感觉。这种放松的方法是很有效的，但需在安静场合进行，要应急是不管用的。

③ 一时放松方法。一时放松法是一种应急的方法。一旦你感到焦虑，可按以下三步去做：

第一步，深深地吸一口气，然后迅速吐出。这个过程能使肌肉很快地放松。

第二步，不断暗示自己“放松、放松”。

第三步，把注意力集中在有趣的事物上停留几分钟。

完成这三步之后，可返回引起焦虑的问题，如果仍然感到焦虑，再重复这三个放松步骤，直到焦虑缓解。这个方法十分简单，无论是在假想情景还是实际情景中，都可以多次重复练习。

④ 认知重构法。认知重构法实际上是一种综合疗法，分以下三个步骤：

改变态度。首先应该做到的是改变生活的态度，应将原有的消极态度变为积极态度。例如，时光飞逝如电，我要珍惜现在的一分一秒；命运无法知晓，我有权自由选择我的生活；世上人心不易沟通，只要心诚定会得到帮助；等等。你把这些改变后的积极态度记下来，作为座右铭，经常读一读，进行自我强化。

挖掘、认识病因。通过分析挖掘焦虑的病因，认识到病因后，你必须正视它，然后努力用言语表达出来。这个小小的技巧实际上是使焦虑症的潜意识冲动上升到意识的层次上，然后进行有意识的控制。

矫正行为。采用模仿、强化、幽默、自我建设性暗示等方法对焦虑进行行为矫正。模仿的主要对象是你生活中的强者。你如果很容易焦虑，那么和一个幽默、潇洒的人在一起，无形中你会受到他言行的感染。你还可以模仿强者的为人处世方式，甚至可以向他们取经，了解他们战胜焦虑的诀窍。其实，世上人人都有焦虑的体验，只是有人战胜了焦虑，有人却成了焦虑的奴隶。

（3）消除抑郁的处方

抑郁是一种很常见的情绪障碍，长期忧郁会使人的身心受到损害，使人无法正常地工作、学习和生活。但也不需要过分担心。经过妥当的调适后，大多数人都可恢复正常、快乐的生活。你可以参考下面介绍的一些方法：

① 自己调节情绪，逐步改善心境，使生活重归欢乐。抑郁者要想消除抑郁情绪，首先应该停止对自身及周围世界的埋怨，明确自己的认知错误是由于总以感觉作依据来思考问题。因为感觉不等于事实。每当你抑郁时，切记以下几个关键步骤：瞄准那些消极的想法，并把它们记下来，别让它们占据你的大脑；准确地找出你是怎样曲解事实的，一定要击中要害；改变思维方式，调整心态。用更为客观的想法取代扭曲的认知，彻底驳斥那些让你自己瞧不起自己、自寻烦恼的谬论。一旦开始这些步骤，你就会感到精神振奋，自尊心增强。

② 制定切实可行的日常活动表。每天结束后填写回顾、分析日记，既能使你摆脱不愿活动和不想做事的处境，又能给你带来活动后的满足，逐步消除懒怠与内疚。

③ 学会自我称赞，培养自信，坦然对待不良刺激。如果你充满信心，结果就会朝好的方向走。如果你知道要往哪个方向去，世界会为你让出一条路来。当然，矫正不合逻辑的思维方式，改变错误的自责自罪观念，不是轻而易举的事。但一旦你对周围事物和自己做客观的分析后，对现实生活就有了正确的领悟。那么，你将置身于一个充满积极向上情感的世界中，心情会豁然开朗。尽管生活中还存在着这样和那样不尽如人意之事，但不会由于一时的认知偏差，造成感情挫伤，失去对生活中美好意境的追求。

④ 学会宣泄。要善于向知心朋友、家人诉说自己不愉快的事。当处于极其悲哀的痛苦中时，要学会哭泣。另外，多参加文体活动、写日记、写不寄出的信等，都可以帮助消除心理紧张，避免过度抑郁。

⑤ 尽可能地使生活有规律。规律与安定的生活是忧郁症患者最需要的，早睡早起、按时起床、按时就寝、按时学习和按时锻炼等有规律的活动会简化你的生活，使你有更多的精力去做别的事情，保持身心愉快。而多完成一件事，就会使人多一份成就感和价值感。

⑥ 阳光及运动。多接受阳光与运动对于抑郁症病人是有利的，多活动活动身体，可使心情得到意想不到的放松，阳光中的紫外线可或多或少改善一个人的心情。

（4）杜绝和预防抑郁症

抑郁症无孔不入，如不及早治疗，可能会严重影响病患者的身体健康，不能正常学习工作，所以，不要让它轻易入侵我们的生活。所谓抑郁症，是指神经官能症的一个症状，它是由于用脑过度，精神紧张，体力劳累所引起的一种机体功能失调所引起的疾病。它包含了失眠症、焦虑症、疑病症、恐惧症、强迫症、神经衰弱、神经性呕吐等多种病症。抑郁症的不利影响，不仅发生在患者身上，也会波及患者的家属和朋友。严重的可能会让患者无法过正常生活，对工作、学习、饮食和睡眠造成障碍，无法享受任何一种快乐的活动。但是，这些负面的想法只是疾病的一部分，它会随着治疗效果而消失，如果你想要尽快脱离或避免加入抑郁症的行列，请牢记以下各大要点：

① 不要定下难以达成的目标或承担太多责任。

② 把巨大的任务区分成好几个小项目，分优先顺序，尽力而为。

③ 不要对自己期望太高，这将会增加挫折感。

④ 设法和别人在一起，避免经常独处。

⑤ 参与能够使你欢愉的活动。例如，轻松的运动、看电影或社交活动，不要太劳累。

⑥ 不要做重大的决定。如转专业、转学或退学等，建议把重大的决定延到抑郁症的病情改善后再做出。

⑦ 不要期望抑郁症会突然变好，这种情况很少见。尽量帮助自己、宽待自己，不要因为未能达到水准而责备自己。

⑧ 切记不要接受负面的想法，它只是病情的一部分，而且会随着治疗而消失。

⑨ 出现抑郁的现象且日趋严重时，要大胆去看心理医生或精神科医生。

⑩ 如果出现轻微的抑郁，休个假、享受自己的嗜好、从事剧烈运动等，通常可以得到改善。

⑪ 越早治疗，效果越好。

⑫ 要慎防自杀的举动。

（5）神经衰弱的自救措施

当某人主诉有失眠、多梦、记忆力不好、注意力易分散及焦虑、抑郁等症状，无论内科还是精神科医生都会确诊为“神经衰弱”，并建议患者服用相关的药物进行治疗，结果疗效往往会令医患双方都感到沮丧。近年来，越来越多的医生倾向于从心理病理的角度来探讨“神经衰弱”的病因问题，发现这是一条医治此病症的有效途径。

“神经衰弱”与患者长期存在的未能解决的内心冲突有关，也就是说有些人表现出来的身体不舒服、神经功能紊乱是内心冲突的结果。长期压抑、心情不愉快是导致躯体症状的直接原因，而在其背后则存在着迄今未知的内心冲突。只要解决了内心冲突，消除了焦虑、抑郁等不愉快的心情，躯体症状就可以消失。因此，它是完全可以治好的，但跟其他疾病的治疗有所不同，并不是靠药物而是靠患者自己的勇气和毅力。

① 消除引起神经衰弱的情绪紧张，减轻心理压力。

首先，要相信这种“病”是完全可以治疗的，不是什么绝症，也不会变成精神疾病，尽管有时候貌似脑力不济，实际上照样能应付日常生活及一般工作和学习。

其次，应将理想与现实、希望与可能分清。例如，希望自己能总有精力，永无疲劳，能考上名牌大学研究生，但实际上自己的学习已经是超负荷了，这时应该休息了。不要为脑力下降而焦虑，必要时也需降低自己的奋斗目标，要量力而行。要把目标确定在自己能充分发挥潜能，而又不会导致精神崩溃的限度，将目标降低，轻装前进，能收到出人意料的好结果。人世间的事情是受很多因素制约的，其中大部并非人力所能克服，很多事情并不能心想事成，人只能做自己想做又做得到的，不能强求力所不能及的。只要自己尽力去做了，就应感到心安理得。当然，一个人要想达到这样的境界是不容易的，需要在实际生活中慢慢体会、领悟。

② 认识自身内部的冲突。尽管这些种病症患者的内心冲突是处于潜意识状态的，但只要从以下三个方面去对照自己，便不难搜索出自身内部冲突的根源：

（a）自卑。当一个人自认为低人一等，不相信自己的能力和价值时，他就已经在与环境交往中把自己摆到了一个容易诱发冲突的不利地位。因为自卑者同样具有正常人的一切正常愿望，但往往因临阵退却、坐失良机而陷入深深的自责、责人的冲突之中。一般来说，一个人所持的消极自我评价越多，他所遇到的麻烦就越多，与环境的关系就会变得越紧张，经过反馈就更容易陷入恶性循环。

（b）自我设障。患者往往会凭借想象为自己制定许多不必要的心理规则。其思维方式陷入非此即彼状态，认为自己必须服从某些条条框框，否则就会产生紧张、焦虑、自责等负面情绪。他们否定了生活的多变性、丰富性以及人们之间的差异性等基本事实，实为作茧自缚。

（c）矛盾性需求。经过自省，患者不难发现自己是鱼与熊掌兼而得之的主张者，这也是违反基本的生活法则的。问题的关键在于，相互矛盾性需要的存在并不会带来消极的作用，强行压制一方满足另一方，则会导致心理失去平衡而发生冲突。

③ 正确认识神经衰弱的本质。已患神经衰弱的人，首先要认识到症状是一种信号，它告诉你：大脑太累了，压力太大了，需要休息调整了。这时，想一下子消除症状肯定是无济于事的。应该先冷静地分析一下，这种情绪紧张和心理压力来自何方。从表面上看，神经衰弱确实影响了学习和工作，可实质上它及时地停止了你超负荷运转，使你暂时摆脱了沉重的心理负担，获得一个休整、喘息的机会。同时也使你获得了一次直接面对痛苦，甚至设法超越痛苦的机会。有许多人就是从神经症的痛苦和束缚中彻底解脱出来，成了一个全新的、富于创造性的、能够释放全部潜能的人的。

④ 增加自己的心理自由度。在认识到自己内部冲突的来源之后，就可以有针对性地进行自我消解工作了。

(a) 人的命运掌握在自己手中，现实中永远有着机会和挑战。认识到这一点是非常重要的。

(b) 允许自己有缺点。造成自卑的原因固然很多，但不允许自己有缺点的完美主义观点是根本的一条。事实上世上是不存在完人的。

(c) 不怕使别人失望。害怕让别人失望而压抑自我的做法常常是造成心理问题的原因。事实上，一个人无论如何也满足不了所有人的愿望，更何况许多自认为必须、应该的事情也往往出自个人主观的判断。只要自己尽了力，所作所为合乎社会规范(法律、道德等)，那么就不必介意别人失望与否。

(d) 允许矛盾感情同时存在。正像任何事情都具有两面性一样，人的感情永远具有两极性，永远不会统一。爱与恨、苦与乐、勇敢与懦弱、信任与怀疑总是结伴而行。一个人在心理上同时具有矛盾性的需求并不证明其人格的卑劣，承认这是人之常情就不至于徒增紧张，然后进行理智的抉择，客观的矛盾便会迎刃而解。

⑤ 打破神经衰弱的恶性循环。恶性循环形成的关键是患者想用人为的努力直接消除神经衰弱的症状，如注意力不集中、失眠、烦恼等，但人为的努力不但无效，反而越发固定了注意力，越想努力消除，症状越重，想必患者对此一定体会很深。要想打破恶性循环，一是需做到把注意力集中于这些症状；二是去有意识地直接消除症状。

实现上述两点的唯一的办法就是行动，如打扫室内卫生，上街购物，看自己喜欢的电影和书籍，欣赏音乐，给朋友写信等。如果你下决心找事做，就不愁没事做。唯一的要求就是不想病、不谈病，像正常人一样生活。长此坚持下去，神经衰弱的苦恼会在不知不觉中消逝。

⑥ 放松训练。在解决认知的基础上，有意识地改变身体的活动状况，做一些自我调节机体运行的体操，会达到标本兼治的功效。

⑦ 妥善安排好工作、学习和生活。注意劳逸结合，脑力劳动和体力劳动相结合，坚持锻炼身体，适当参加文娱活动，既注意消极的休息(睡眠、安静的休息等)，更应注意积极的休息(文体活动等)，以巩固疗效和防止再复发。

⑧ 改善睡眠。首先要养成良好的睡眠习惯，注意生活有规律。

3.3 防范人身伤害

3.3.1 预防自我伤害

法国人文主义作家蒙田曾经说过："我们的生命是大自然的厚赐，它优越无比，如果我们觉得不堪生之重压或是白白虚度此生，那只能怪我们自己。"我们无法选择生命的开始，但我们有责任努力走到生命的最后。

每个人的生命都只有一次，这仅有的一次生命，是父母的给予和上苍的恩赐，生命本身就是一种幸福。在历史的长河中，人的生命是短暂的，总有一天会走到终点，千金散尽，一切都如过眼云烟，只有精神长存世间。就像一支蜡烛，不管是一英里长还是百英里长，都无法永恒，蜡烛早晚都有燃尽成灰的一天，只有永不熄灭的火焰和永远长明的灯盏才能永恒。所有的生命体对每一个个体来说都是来之不易，生命不是单个奇迹，而是人类相聚的盛典，因此它的价值产生于互相珍惜之中。我们热爱生命、知识和力量，因为它们都是美好的，将会使我们在生活的追求中永远不会选择放弃。我们无法选择生命的开始，但我们有责任努力走到生命的最后，只要我们珍爱生命。

（1）自杀具体是指什么

自杀是个人有意地结束自己生命的行为。人类的自杀行为，古今中外都有，而现代人的自杀率更有增加的趋势。据全国伤害预防与控制会议提供的资料表明，中国每年有70万人死于各类伤害，列前三位的死亡原因为自杀、交通事故和溺水。据估计，我国每年有20多万人自杀身亡，其中15~34岁和60岁以上是自杀的高峰年龄段，而大学生更是自杀高危人群，已越来越引起社会的高度重视。

（2）自杀原因

自杀者大多是由于生活中遭遇困境而产生激烈的内心冲突，陷入危机状态不能自拔，难以承受或心理异常而产生的自毁行为。法国社会学家涂尔干(E. Durkheim)将人类的自杀行为按动机不同分为三种类型：

① 利他型自杀。指自杀的目的是为了有利于他人，凡是杀身成仁者，均属此类。

② 失意型自杀。指自杀的原因是由于长期失败、失意，自觉毫无生存意义。

③ 自负型自杀。指自视过高者因怀才不遇、愤世嫉俗自杀。

从现代心理学的观点看，导致自杀的原因很复杂，与环境和个人等诸多因素有关。一般而言，人们选择自杀主要是源于以下几个因素：

① 难以承受的压力。个体所要承受的压力过大，又无法找到适当的社会支持来纾解心中的压力。

② 感情危机。感情危机会让人产生强烈的情绪冲动，甚至一意孤行。恶劣情绪的累积也常导致心理失衡。在一连串的感情挫败之下，人会逐渐丧失信心，对自己产生怀疑，自

暴自弃。

③ 不堪病痛。不堪病痛是自杀的一个很重要的原因。一些疾病或伤残无法治愈，对患者是难以忍受的折磨，因而患者或者不堪病痛折磨，或者不想拖累亲友。

④ 心理疾病。心理疾病造成自杀也是很常见的，特别是一些以持续颓丧为特征的病症，如抑郁症、精神分裂症、药物依赖等，易于导致自杀。

⑤ 生活没意义。在人孤独的时候，或因种种原因远离自己想做的事情的时候，很容易产生空虚感。巨大的情感创伤也会改变一个人的世界观和价值观，让人觉得活着没有意思。一些过于计较得失的人，在巨大损失发生以后，不能接受，会有任何东西都离他而去的错觉，甚至失去活下去的勇气。

（3）自杀信号："山雨欲来风满楼"

想自杀的人通常会表现出异常的认知和行为，也就是存在一些预示自杀的征兆：

① 情绪反常。持续的焦虑与愤怒，过度的罪恶感和羞耻感，痛恨自己，害怕失控，担心伤害自己和别人，极度悲伤等。

② 人格改变。越发退缩、厌倦、冷漠，犹豫不决，或突然变得喧闹、多话、冲动。

③ 行为改变。如毫无原因地请人吃饭，送人钱财，赠送物品等，有时表现出无法专心。

④ 时常谈论生死问题。谈论或撰写有关死亡或毁灭的情节，对死亡的话题感兴趣。

⑤ 探望亲友。无缘无故去探望自己的亲友。

⑥ 遗书。

⑦ 与世隔绝，孤立自己。

⑧ 饮食起居习惯改变。睡太多或失眠，有时候会很早醒来，没有胃口或吃得过量。

（4）自杀的预防

① 评估自杀的危险因素有哪些

有学者提出了评估自杀危险的4P模式，即痛苦（pain）、计划（plan）、既往史（previous history）和附加情况（plus），他们以此评估自杀的危险因素。其中：

（a）痛苦。指评估者个人受到了多大的伤害，其所受到的伤害是否是无法承受的。

（b）计划。指评估他是否定下了自杀的日期？是否有什么特殊的日子？自杀计划的具体内容是什么？其内容是致命的吗？他是否真有可能实施这个计划？

（c）既往史。指评估既往的自杀企图、重要他人的丧失，疾病、婚姻关系的破裂、身心上的创伤以及性侵犯的情况。

（d）附加情况。指评估社会支持的情况、个体抱有的希望与活下去的理由。

如果一个人遭受了常人难以承受的创伤，既往有自杀的尝试，或者他还经历了亲人的亡故、婚姻的破裂、身患重病，周围没有可以对他进行帮助的人，而且他已经设想了在什么时间、用什么方式结束自己的生命的话，他自杀的危险程度就非常之高，必须引起高度重视，并采取必要的预防措施。

② 自杀干预

自杀干预主要是针对诱发自杀发生的种种因素，采取各种干预措施。自杀干预本身是属于一种心理卫生的救助措施，主要对自杀者给予适时救援，助其渡过危机，然后再从长计议，并且视情况轻重转介有关机构接受治疗。国内的一些医疗单位设置的“生命热线”和一些社区服务机构成立的各种“自助组织”都属于自杀干预的范畴，目的是为有自杀企图的个体和群体提供及时的心理援助。

要防止自杀，就要有有效的自杀干预。个体的自杀倾向或行为，其实也是一种沟通信息，他们的内心常常是矛盾的，如果防范处理得当，是可以避免自杀悲剧的发生。在进行自杀干预时，以下几点需要特别留意：

(a) 要有生命关怀的觉悟。任何人谈及对于生命的厌恶时，都应予以注意，将其视为一种求救信号。即使有些人习惯将寻死挂在嘴边或以死亡来威胁别人，也不要忽略他真会自杀的可能性。

(b) 对于有重大丧失的个体，要适时给予关心和安慰，要经常向他表达并让他了解到你的关切，对他每多一点关心，就减少了一分自杀的可能。

(c) 发现个体有自杀的征兆时，要信赖自己的判断，宁可反应过度，也不要麻木不仁，以免追悔莫及。至于在咨询或由日记、信函中发现有自杀倾向者，要积极约谈并建立信任关系。

(d) 自杀问题的处置，往往需要家庭的参与。应该积极寻求专业人士的协助，不要有“家丑不可外扬”的心态。

(e) 如果个体处在危机阶段，要随时陪在他的身边，并切实找出他可能自杀的原因。

(f) 出于安全考虑把可能的自杀工具拿走。

实际上，大多数企图自杀者并没有完全下决心要死。基于这样的发现，也是由于存在这样的事实——自杀常常是对危机的反应，因此，人们建立了自杀热线来帮助自杀者。第一条自杀救助热线建立于20世纪50年代末。自杀热线的工作人员通常是志愿者，他们会努力倾听来电者的诉说，同时与其讨论为什么不要自杀，并告诉他们在什么地方去寻求专业的帮助。当接到电话时，自杀热线的工作人员首先会设法鼓励对方保持接触，建立一种信任关系，进而通过问话和简单的心理测量来评估对方自杀行为的可能性和紧迫性。如果对方不愿交谈，也要力图安慰、鼓励和说服对方平静下来，等待一下，以便寻求恰当的替代方法。

另一种预防方式是针对自杀的高危人群进行教育，包括学校的有关课程。在这类课程中，教师、家长和青少年组成讨论小组，共同讨论有关自杀的危险信号，以便发现那些处于危险中的人。

(5) 抑郁症的表现

抑郁症的临床表现有如下几点：

① 抑郁心境。这是抑郁症患者最主要的特征，轻者心情不佳、苦恼、忧伤，终日唉声

叹气；重者情绪低沉、悲观、绝望，有自杀倾向。

② 快感缺失。对日常生活的兴趣丧失，对各种娱乐或令人高兴的事情体验不到乐趣。轻者尽量回避社交活动；重者闭门独居、疏远亲友，杜绝社交。

③ 疲劳感。无明显原因的持续疲劳感。轻者感觉自己身体疲倦，力不从心，生活和工作丧失积极性和主动性；重者甚至连吃、喝、个人卫生都不能顾及。

④ 睡眠障碍。大多数抑郁症患者伴有睡眠障碍，不少患者通常入睡无困难，但几小时后即醒，故称为清晨失眠症、中途觉醒及末期失眠症，醒后又处于抑郁心情之中。伴有焦虑症者表现为入睡困难和噩梦多，还有少数的抑郁症患者睡眠过多，称为"多睡性抑郁"。

⑤ 食欲改变。表现为进食减少，体重减轻，重者则终日不思茶饭，但也有少数患者有食欲增强的现象。

⑥ 躯体不适。抑郁症患者普遍有躯体不适的表现。患者常检查和治疗不明原因的疼痛、疲劳、睡眠障碍、喉头及胸部的紧迫感、便秘、消化不良、肠胃胀气，心悸、气短等病症，但多数对症治疗无效。

⑦ 自我评价低。轻者有自卑感、无用感、有无价值感；重者把自己说得一无是处，有强烈的内疚感和自责感，甚至选择自杀作为自我惩罚的途径。

⑧ 自杀观念和行为。这是抑郁症最危险的行为。患有严重抑郁症的患者常选择自杀来摆脱自己的痛苦。

一般来讲，对自杀者的治疗需要采取一系列的措施。对自杀者危机干预的基本原则包括积极倾听(采用开放式提问、封闭式提问)表达自己的感受、良好的共情及以真诚的态度与其交谈等。

具体来说，首先是要对紧急情况做出反应，并缓和或消除与自杀直接有关的危机。治疗师或医生要与自杀者本人交谈，使其对内心积郁的情绪、自杀的想法和冲动等自我表达不受阻碍。如果欲使外界因素对自杀产生重要作用，还要进行必要的社会协调工作，对有关的因素尽可能予以影响。其次应对自杀者予以必要的心理治疗和药物治疗，除了住院和门诊治疗外，还可以成立自杀监护小组(由那些关心自杀者的人，如父母亲、配偶、子女和亲友及职业咨询者组成)。他们可以参与到自杀者的康复过程中，给其以安慰、支持和保证等一般性心理治疗，同时帮助他们解决问题。监护人员应对随时可能出现的再次自杀的迹象保持警惕。

自杀干预热线是干预和处理自杀行为的一种被普遍采用的有效手段。保持交谈，建立信任是热线干预的基本原则。在热线咨询中，咨询师要建立起心理上的接触与沟通，评估自杀的危险性、可能性，确定问题、探索问题解决的可能途径，并得到对方暂时不实施自杀的承诺和保证，以便争取时间、使其危机和态度有所转机。

3.3.2 防止伤害他人

大学生犯罪，是当今严重的社会问题之一。深入了解大学生犯罪问题，并做到预防和减少其发生，不仅关系到社会治安、人民群众的生命和财产的安全，而且关系到社会主义现代化建设的顺利进行。目前，大学生违法犯罪的原因已涉及经济、文化、教育等社会生活的方方面面，是多种消极因素综合作用的结果，其危害的严重性、长远性引人深思。因此，大到国家、社会的各个部门，小到社区、学校、家庭，都有责任互相配合、共同行动，预防和减少大学生违法犯罪。

（1）大学生犯罪的现状

近年来，大学生犯罪呈现出新的趋势：一方面，大学生犯罪数量在不断增加。另一方面，当代的大学生犯罪还有一些不同于以前的现象，构成了近期新的特有的趋势。这主要体现在以下几个方面：

① 女大学生犯罪引人注目。女大学生犯罪的频频发生大大提高了女性犯罪在大学生犯罪中的比例。

② 新的犯罪种类如贩毒、走私、组织介绍卖淫罪等出现。虽然从犯罪种类来看，大学生犯罪多以财产型和伤害型为主，这类犯罪并没有成为当代大学生犯罪的重心，但它已出现了增长的趋势。

③ 犯罪团伙化、多元化和智能化。在许多过程复杂的犯罪中往往出现大学生犯罪团伙，并且这种犯罪团伙经常伴以社会成员，这在诈骗罪与走私罪中表现尤为突出。而多元化和智能化犯罪，犯罪手段比一般犯罪表现出高智能、高技术以及高危害性。

④ 犯罪主体范围扩大。在前几年，犯罪大学生多出自民办大专院校，而现在来自重点大专院校，甚至名牌院校的犯罪大学生较往年明显增多。

（2）大学生违法犯罪的类型

当代大学生犯罪主要涉及三大类型：财产型犯罪，如盗窃、诈骗、抢劫等；暴力型犯罪，如故意杀人、故意伤害、性犯罪等；高科技、智能型犯罪，如利用网络犯罪、侵犯知识产权犯罪等。

① 财产型犯罪

当今大学生犯罪以侵犯财产罪为主，多涉及盗窃、诈骗、抢劫等。分析形成该类犯罪的主要原因，可以概括为：家庭生活贫困导致生活压力巨大，从事盗窃行为；精神空虚，寻找刺激；其他因素，如报复心理，当自己手机、自行车等东西被盗后，产生偷一台补偿自己的想法；与人攀比，爱慕虚荣，某些大学生成绩比人家好，吃穿却比别人差，于是偷窃，弥补物质生活的差距；心态失衡，受社会等影响，模仿偷窃。

② 暴力型犯罪

大学生犯罪中，涉及故意杀人、故意伤害、强奸等暴力型犯罪，仅次于财产型犯罪，占大学生犯罪比例的第二高位。近年来，该类犯罪有所上升，并伴随以下特点：为情、为财杀人占较高比例；作案手段残暴，后果严重；报复心理较重。分析形成该类犯罪的原因，主要有以下几点：法律意识淡薄，存在道德缺陷；心理问题引发犯罪；激情犯罪，不计后果，它在暴力型违法犯罪中占一定比例，而且，该类犯罪往往后果严重，事先又难以预防。

③ 高科技、智能型犯罪

大学生是社会中文化科技素质较高的一个群体，他们善于思考，对科学技术有较强的接受能力，所以其违法犯罪的方法、技术较其他犯罪呈现出明显的智能化特点，如利用网络、电子信息技术等作案方式进行违法犯罪活动。近年来，利用网络技术作案的大学生案件不断上升，利用电脑病毒等方法的违法犯罪给社会和国家造成了巨大的危害，也成为我们预防和关注的重点。高科技、智能型的犯罪数量，目前比前两种犯罪类型少，犯罪主体主要是已经掌握了一定的专业技术知识的高年级的大学生或者研究生。分析形成该类犯罪的原因，主要有以下几点：金钱诱惑；过高估计作案能力，藐视法律，这些学生往往自认为智力超群，对法律、法规研究透彻，认为“有空子可钻”“有漏洞可查”，夸大客观作案的可能性。还有的是盲目自信自己作案技术、手段高明，隐蔽性强，从而自我鼓励、自我安慰，在这种错误评价自己和侥幸心理的驱使下，铤而走险，遇到一次作案成功，就会进一步强化犯罪动机，促使其继续犯罪。

（3）大学生犯罪的心理特征

① 情绪特征

情绪特征具体表现为：

缺少社会情感。大学生犯罪行为人对他人缺乏起码的仁慈和同情心；情绪体验低级、庸俗，不择手段地追求物质享受，沉醉于不良的精神需要。

不良倾向的消极情感情绪。大学生犯罪行为人对同伙讲义气、重感情，对正常人则冷漠，遇有冲突易导致攻击行为。

自尊与自卑共存。大学生犯罪行为人多数逞强好胜、妄自尊大；在外界评价的影响下，又具有明显的自卑感。二者并存于一体，使大学生犯罪行为人经常发生内心的情绪冲突。

情绪突发性。大学生犯罪行为人情绪极不成熟，喜怒无常，极好冲动，经常为一些微小事爆发激情，造成严重后果。

② 精神特征

目前大学生或多或少存在“自杀倾向”，很多人将其归咎于“就业压力过大”。随着大众教育时代的来临，大学生就业难的问题已经被社会各阶层广泛认知。这为发动社会力量解决大学生的就业难题提供了一定的社会舆论基础。但同时也应该看到，社会舆论的压力与大学生群体对优势就业岗位近乎急功近利的期待，也在很大程度上决定高校办学的短期化、市场化，从而不同程度地淡化培养有长久发展潜力的优秀人才这一大学的传统功能。

③ 理想特征

大学生的公共形象大致呈现三个轨迹：第一，从精英到大众的转变；第二，从纯粹的精神追求到消费主义、享乐主义倾向的转变，大学生群体现在不能超脱于享乐主义的影响，物质欲望超过了实际的消费能力，所以在公众看来，大学生从精神跌到物质，是完全符合逻辑的；第三，从追求道德上的自我完善到遭遇诚信危机的转变。

(4) 大学生犯罪的原因

① 社会经济负面效应的影响

社会主义市场经济的全面发展，促进了社会的全面进步。但同时也出现了一些拜金主义、享乐主义、腐朽生活方式的偏激倾向。于是，见利忘义、唯利是图、坑蒙拐骗、以权谋私等社会不良现象时有发生。正是社会上这种盲目追求物质利益的不良风气刮进了校园，动摇了"象牙塔"内众多学子纯洁上进的思想，使得他们的价值观发生了错位。对物质享受的过分追求诱发和刺激了大学生们去进行偷盗、抢劫、诈骗等违法犯罪活动。有的大学生甚至抛弃了个人的基本道德，出卖肉体、出卖灵魂。据调查，女大学生盗窃，除了少数是因为经济窘迫所致外，绝大多数是因为虚荣心过强，受社会不良习气的影响，喜欢攀比，贪图享乐造成的。这些都说明了市场经济不仅带来了经济的繁荣，也给大学生的思想和价值观带来了前所未有的冲击，使得他们的价值观发生了改变和错位。

② 大学生自身心理不成熟

大学生正处于青年时期，其生理和心理都迅速走向成熟但还没有完全成熟。他们感情丰富，心理起伏大，易冲动，自控能力差；他们没有走向社会却渴望走向社会；他们缺乏社会阅历和人生经验，但社会却纷繁复杂，所以，如果没有正确引导的话，大学生很容易误入歧途，走上犯罪的道路。

心理脆弱，无法应对挫折。大学生犯罪，主要是因为自控力较差，心理脆弱，无法应对挫折。目前大学生中独生子女占绝大多数，在远离父母独立生活之后，对挫折没有准备，一旦遇到比较大的事件，容易产生过激行为。还有一些大学生因出身贫寒，或有某些缺陷，一方面对家庭和社会不满、仇视；另一方面敏感自卑，自我调控能力差，无法应对社会的一些不公和挫折，对人生悲观，以至于不能自拔，最终走向极端。

心理迷乱，情绪失控。随着高校扩招步伐的逐渐加快，大学生失业现象也日益增多，许多大学生的自我预期值开始下降。他们不再拥有昔日大学生作为少量"社会精英"的自豪，反而要面对前途的渺茫，这就使他们极易产生消极颓废心理，导致心理迷乱，情绪失控，失足犯罪。心理迷乱，情绪不稳是青年学生典型的心理疾病，也是当代大学生失足的一大诱因。

对社会不满，具有报复性。大学生尚年轻，却渴望自立、自尊，获得别人的平等相待，不愿受管束，希望无拘无束地生活。这种心理特点，随着年龄的成熟而越来越强烈，特别是当他们具有一些不良品行时，如果谁管教他们，轻则反感、对抗，重则予以报复。

生理不健康。生理因素是个体的自然属性，不带有社会属性；生理因素只为个体的心理和行为提供一种可能性。大学期间，大学生的生理迅速走向成熟，开始对性充满了好奇和渴望。从青春期开始的逐渐性成熟以及性意识的增强必然使这些刚刚成年的年轻人关注异性。这本无可厚非。但是，如果不引导他们形成良好、正常的性道德观念，再加上受到各种暴力、色情文化的不良影响，就有可能在神秘感、好奇心的驱使下产生性犯罪行为。

价值观念的偏轨。大学校园里的学子多数都离家数百里，父母的管教鞭长莫及。而学校则一般给予大学生较多的自由，以发挥其创造性。但是当大学生们的自由膨胀到触及社会的底线时，处于懵懂状态的、自由惯了的大学生们往往就会踏出这条线，走向犯罪。

③ 社会不良文化的影响

近年来，一些领域道德失范，拜金主义、享乐主义、个人主义滋长，封建迷信活动和黄、赌、毒等丑恶现象泛滥，文化事业受到消极因素的严重冲击，危害大学生身心的东西屡禁不止，使大学生的认知产生偏差。有些大学生由于意志比较薄弱，很容易受到外界的影响，而对于不良现象和行为，又往往缺乏辨别能力。另外，法制教育的不健全，以及电子游艺厅、黑网吧的侵袭，都是导致大学生犯罪的不良社会因素。

④ 学校教育体制不健全

从学校方面的因素来看，学校教育体制存在缺陷。学校教育观的偏颇、教师素质问题以及校园暴力都会给青少年的成长带来极为不利的影响。一些学校对大学生的思想政治教育和法律政策教育形式单调，内容僵化，针对性不强，导致一些大学生接受教育的效果不理想。特别是学校招生规模逐年扩大，而校方对学生的管理却未加强，存在重知识“输入”而轻思想品德的“塑造”，缺乏科学的管理机制，有的学生夜不归宿、逃课旷课、赌博醉酒等也无人过问。由于未做到防微杜渐，导致个别学生自觉性越来越差，自我控制能力越来越弱，很容易突破道德的防线而走向犯罪歧途。

⑤ 受家庭的影响

家庭的教育培养，深刻影响着子女的人生观和道德观，家庭教育的缺陷是子女形成不良个性的基础，潜伏着青少年走上违法犯罪道路的危机。大学生犯罪家庭方面的原因，主要是家庭不适当的教育方法和教育方式造成的不良影响。处于溺爱型家庭、打骂型家庭、放任型家庭、失和型家庭等“问题家庭”的大学生较之正常家庭的孩子更容易犯罪。原因就是缺乏适当的教育方法和健康的教育方式。所以社会在研究“问题大学生”时，也不应忽略其背后的“问题制造者”，家庭教育是影响大学生犯罪的一个极其重要的因素。

（5）大学生犯罪的预防

预防大学生犯罪是对人才的珍惜，也是对社会的责任。每个大学生犯罪案件都是个人、家庭、学校或者社会等多方面原因综合作用的产物，是社会多方面消极因素的综合体现。因此减少和预防大学生犯罪，需要社会各界的广泛关注和全社会的共同努力，才能取得明显效果。

① 加强思想道德教育

人的道德养成是个长期的过程，应当从小就开始。很多人的价值观在进入大学之前就有了牢固的框架。中小学重分数轻德育，特别是中小学生沉重的课业负担，对青少年形成健全独立的人格是极其不利的。另外，缺乏诚信、贪图物欲、腐败现象等在社会中普遍存在，会对大学生产生不利影响。大学生正处在人生成长的关键时期，大学期间对于一个人世界观、人生观和价值观的形成至关重要。让大学生能够学到现代科学知识、技能和理论的同时，对他们进行有效的道德素质教育，提高他们的道德水平，教会他们为人之道，使他们真正成为心智与人格全面发展的有用之才，是高校教育中一个不容忽视的课题。

② 强化法制教育

学校应采取多种形式进行全面教育。学校要高度重视对学生的法制教育，结合道德品质与行为规范教育，向学生灌输正确的人生观、世界观，使他们知法、懂法、守法，指导他们正确理解权利与义务的关系，帮助大学生形成遵纪守法、依法办事、同违法犯罪行为斗争的思想意识。

③ 加强社会综合治理工作

严厉打击违法犯罪，肃清一切腐朽思想、观念的流毒，杜绝各种社会丑恶现象，开展积极进步的社会活动，倡导文明向上的社会风尚，给大学生的健康成长创造一个文明、洁净的社会环境。

④ 司法机关的积极协助

司法机关对大学生犯罪应实行教育、感化、挽救的方针，坚持惩罚与教育相结合的原则，以法律效果为基础，以政治效果为原则，以社会效果为目的，采取人性化的帮教手段，挽救失足青年，使他们能够重新成为社会的有用之才。对罪行并不严重且有悔改之意的，应采取微罪不诉或建议法院单处罚金的方法，给他们一次改过自新的机会，往往会收到更好的效果。司法机关也应该有重点地与大学定期联系，帮助学校建立良好的校园环境，同时加强校内的司法宣传教育。

⑤ 重视家庭教育

父母的教育是生命的教育。学校对大学生的引导是整体上的、普遍性的引导，而对大学生有针对性、个别性的引导则要靠家长。因此，家长要注重对自己孩子的了解，加强与孩子的沟通，在配合学校教育的前提下，有针对性地加以引导，努力为孩子营造一个积极健康、温馨和谐的成长环境。

(6) 重视心理健康教育

大学生正处于青年时期，他们感情丰富，心理起伏大，易冲动，自控能力差。如果没有正确的引导，很容易误入歧途，走上犯罪道路。大学生心理问题日益突出，已成为当今家庭、学校和社会一个亟待关注的重要问题。学校可以在以下几个方面开展工作：由专业的心理教师开设心理教育课程；建立心理协会或者相关社团，开展形式多样的心理健康教育活动；开设专门的心理咨询热线和网站，对学生的心理问题进行及时的解决；学生辅导员要对那些心理脆弱、遭受挫折的大学生给予较多的关注，注意及时疏导同学之间的矛盾，避免激化。

3.4 安全素质拓展

阅读分析以下案例，应用所学知识，分析案例中的不安全行为、心理问题及培养心理健康的方法。

【素质拓展 3-1】

叶某，男，20 岁，某名牌大学的一名本科生。新生入学，军训完之后，10 月中旬正式上课后，他总以为在这么好的学习环境里应该有很优异的成绩和突出的表现，没想到根本不是那么回事。他觉得同学都自顾自地学习、生活，宿舍里的气氛也很压抑，互相之间好像都冷冰冰的，自尊心也迫使他不愿主动与同学交往，寂寞与孤独使他越发怀念以前的高中生活。学习上的优势也不再显现，现在虽然还没考试，但从回答问题和做作业上就感到自己成绩在班上只能算中等，比他成绩好、知识面宽的大有人在，以前的自信荡然无存，为此感到很痛苦。近一个多月常感到头痛、胸闷心慌和入睡困难，心里很着急，怕影响学习，但越急越不行，注意力集中不了，虽然还能坚持学习，但效率很差，有时觉得自己都快撑不下去了，总想回家。

【素质拓展 3-2】

2013 年 3 月 31 日下午，林同学以取物为借口，从他人处借得钥匙后，进入复旦大学附属中山医院 11 号楼 204 影像医学实验室，取出其于 2011 年参与医学动物实验后存放于此处的、内装有剩余剧毒化学品二甲基亚硝胺原液的试剂瓶和注射器，并装入一个黄色医疗废弃物袋中带离该室。林同学携带上述物品回到宿舍 421 室，趁无人之机，将试剂瓶和注射器内的二甲基亚硝胺原液投入该室饮水机内，后将试剂瓶等物装入黄色医疗废弃物袋，丢弃于宿舍楼外的垃圾桶内。4 月 1 日，黄同学在 421 室从该饮水机接水饮用后，出现呕吐等症状，即于当日中午到中山医院就诊；4 月 2 日下午，黄同学再次到中山医院就诊，经检验发现肝功能受损，遂留院观察；4 月 3 日下午，黄同学病情趋重，转至该院重症监护室救治。

【素质拓展 3-3】

某高校学生公寓一宿舍内经常丢东西，该房间内的刘同学被其他 5 人怀疑，于是这 5 名同学在一个晚上熄灯后，对其怀疑对象刘某进行“询问”，并作了记录，还偷偷地录了音。被怀疑的同学一时想不开，认为自己“跳进黄河也洗不清这不白之冤”，于是产生轻生念头，去药店买来安眠药，在宿舍写好遗书，离开宿舍，一夜未归。老师同学闻讯到处寻找，最终在学校教学楼地下室的楼梯下面将其找到，此时她已奄奄一息，送到医院抢救数小时才免于一死。事后该生家长到法院起诉，要求追究上述 5 名学生的法律责任。

【素质拓展 3-4】

2013 年 6 月 22 日凌晨，某大学 2 名大二学生，因为抢风扇，发生冲突。一人被刺多刀后，跑下 3 楼楼道中呼喊救命，后多名学生拿干毛巾帮其止血，并拨打急救电话。当月 24 日晚，在医院的住院部，记者见到了受伤学生正在输血。见到记者，该生语气微弱地说："能不能走近一点，眼睛有点看不清楚。"受伤者的一位同班同学告诉记者，受伤的是自己班长，与他发生矛盾的是同专业另一班级的学生，"班长后背被刺了两三刀，颈部一刀。"

思考题

（1）通过学习本章知识，请谈一下你对大学生心理健康的理解和认识。

（2）结合自己或周围同学的情况，请谈一下当代大学生应该如何保持健康向上的心理状态。

（3）大学生不良心理的主要表现有哪些？

（4）谈谈自己对如何防范人身伤害的认识或经验。

第4章 网络信息安全与反诈骗

当前，互联网已与我国经济社会发展、人民社会生活、生产密不可分。2021 年 2 月 3 日，中国互联网络信息中心(CNNIC)发布第 47 次《中国互联网络发展状况统计报告》。《报告》显示，截至 2020 年 12 月，我国网民规模达 9.89 亿，互联网普及率达 70.4%。2020 年，我国互联网行业在抵御新冠肺炎疫情和疫情常态化防控等方面发挥了积极作用，也为我国成为全球唯一实现经济正增长的主要经济体、国内生产总值(GDP)首度突破百万亿、圆满完成脱贫攻坚任务作出了重要贡献。

网络信息技术的发展在推动社会进步为社会带来了诸多便利的同时，也带来了许多信息安全领域的问题，作为当今主要的社会热点之一，没有网络信息安全就没有国家安全。习近平总书记强调，要准确把握国家安全形势变化新特点新趋势，坚持总体国家安全观，走出一条中国特色国家安全道路。要构建集政治安全、国土安全、军事安全、经济安全、文化安全、社会安全、科技安全、信息安全、生态安全、资源安全、核安全等于一体的国家安全体系，“信息安全”已成为国家安全体系的重要组成部分。本章我们一起来了解网络信息安全的相关基本知识及如何预防网络犯罪。

4.1 网络信息安全基本知识

美国著名的未来学家阿尔温·托夫勒说：“电脑网络的建立与普及将彻底改变人类生存及生活的模式，而控制与掌握网络的人就是人类未来命运的主宰。谁掌握了信息、控制了网络，谁就拥有整个世界。”这一论述充分说明了网络信息与人类生存进步的关系，积极、健康、合理合法、有序地利用网络信息就会造福于人类，提高人类生活质量，反之，消极、非法地利用网络信息就会造成难以弥补的损失甚至灾难。

4.1.1 网络信息安全的内涵

网络信息安全是一个关系国家安全和主权、社会稳定、民族文化继承和发扬的重要问题，是一门涉及计算机科学、网络技术、通信技术、密码技术、信息安全技术、应用数学、数论、信息论等多种学科的综合性学科。

我们通常认为，网络信息安全主要指四个方面：一是硬件安全，包括了网络硬件和存储媒体的安全，要保障网络安全性，必须保障这些设施能够正常运行和不受到侵害；二是软件安全，顾名思义就是使计算机网络系统中的软件不受到攻击和破坏，保障能够不被非法操作和其功能有效地运行；三是运行服务安全，主要是保障每一个网络信息系统能正常地运行，以保障在网络上正常地进行信息交流。通过检测网络系统中各种设施运行情况来规避风险，一旦发现不安全因素要能及时地报警；四是数据安全，即网络中存储及流通数据的安全。要保护网络中的数据不被篡改、非法增删、复制、解密、显示、使用等，它是保障网络安全最根本的目的。

4.1.2 网络信息安全存在的隐患

(1) 外部环境的影响

计算机网络信息系统作为一种机器，它会受到各种外部环境变化的影响，自然因素也会对其造成一定的影响，例如温度和湿度的变化以及震动都会对其造成或多或少的影响。受到外部严重的噪声和电磁辐射的影响，也会导致网络信息出现错误的代码，这就会影响网络安全。

(2) 个人网络信息安全的主要威胁

公民在信息网络中享受各种生活便利和沟通便捷的同时，也时刻面临着网络安全威胁：网络攻击、病毒传播、垃圾邮件、个人信息泄露等屡见不鲜；利用网络进行诈骗、盗窃、敲诈勒索、窃密等案件逐年上升，严重影响网络的正常秩序，损害网民权益；网上色情、暴力等不良和有害信息的传播，危害青少年的身心健康。

2020 年全国网民网络安全感满意度调查(以下简称《调查》)回收的 1490304 份有效样本数据显示，71.10%网民常遇到网络骚扰行为，54.68%网民曾遇到违法有害信息，49.42%曾遇到侵犯个人信息，32.97%曾遇到网络入侵攻击。

《调查》报告中提到，打击网络犯罪主要痛点在侵犯个人信息等领域。网民认为需加强打击的网络违法犯罪行为有：侵犯个人信息(关注度 80.94%)，传播有害信息(关注度 79.49%)，网络诈骗(关注度 71.12%)，网络黑灰产业(关注度 63.47%)，网络入侵攻击(关注度 56.22%)。其中，公众网民遇到个人信息被泄露或被滥用最多的是推销电话(选择率 84.44%)，第二位是推销短信(选择率 83.20%)，第三位是垃圾邮件(选择率 277.37%)，第四位是陌生人加好友(选择率 65.08%)，第五位是服务协议默认勾选(选择率 50.46%)，网民受到个人信息被泄露和滥用的情况非常严重。

各种电信网络诈骗在网民中渗透度为：中奖诈骗 44.89%，冒充公检法人员诈骗 40.03%，网络购物诈骗 37.59%。认为电信诈骗增加的网民比例达 34.13%，比 2019 年 17.60%提高了近一倍，显示打击电信网络诈骗任务仍比较重。网络博彩或网络赌博方面已有一定的渗透程度，31.49%网民偶尔发生(24.61%)或经常发生(6.88%)。网络勒索病毒、木马等的渗透率达到 53.81%，情况比较严重。

(3) 公民自身不安全网络行为

公民自身网络安全意识的淡薄以及不安全的网络行为也使得网络信息安全存在着较大的威胁。《调查》报告中显示，参与调查的公众网民有不安全的网络行为的比例：46.39%的网民曾在公共场所登录 Wifi，41.73%的网民注册网络账号时使用手机号、身份证号等个人信息，长期不做文件备份的有 22.84%。没有做过不安全网络行为的有 28.21%，图 4-1 所示为《调查》报告中网民中各种不安全的网络行为的比例。

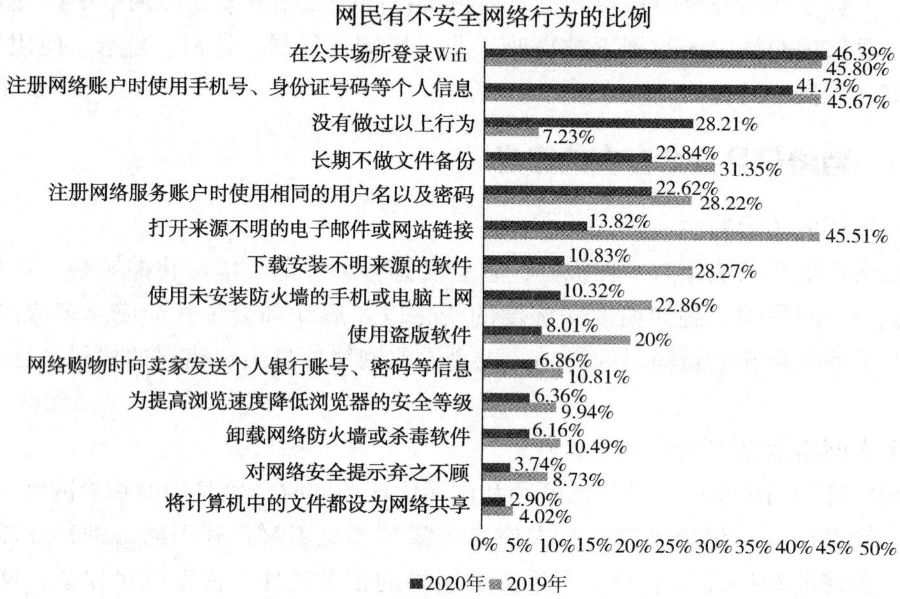

图 4-1　网民中有不安全的网络行为的比例

4.1.3　网络信息不安全的危害

4.1.3.1　个人利益受损

(1) 财产遭受损失。个人网络信息被泄露后，不法分子利用窃取信息侵入个人账户、冒用身份对他人实施诈骗，使人民财产遭受损失。

(2) 破坏生活安宁。个人信息被泄露后，生活将遭受极大影响，垃圾邮件铺天盖地、骚扰电话接二连三、诈骗短信源源不断、账户存款不翼而飞、个人名誉无端受损等一系列"事件"充斥在人们的生活中，使人们不堪其扰。

(3) 人身安全受到威胁。因个人信息泄露致使人身安全受到伤害的案例比比皆是。

(4) 人格权受到侵害。个人网络信息的搜集、使用和处理直接关系到信息主体的人格权和人格尊严。

4.1.3.2　商业利益受损

(1) 商业资金受损。互联网已经成为商业运营中不可或缺的工具，邮件、报表、文件、资料等很多数据需要利用互联网进行传输，而企业员工情况、邮件内容、工资薪金、文件等数据信息都属于商业机密的范畴，一旦泄露会给企业造成巨大损失。

2015 年，4 名海尔前员工为跳槽获取高薪，违反与公司的保密协议，通过邮件形式，向同行业某公司非法透露海尔洗衣机生产、采购环节重要商业数据，造成海尔集团直接经济损失达3000万元。2016年，美国最大的有线电视公司时代华纳，旗下约有32万用户的邮件和密码等信息被黑客窃取，使时代华纳蒙受巨大损失。用户信息泄露不仅会有损企业形象，更能直接影响商业利益。2015年网易骨干网络被攻击，导致网易旗下数款产品以及游戏等长时间无法登录和刷新，全国上亿名用户遭受影响。据网易估算，此次事故中仅游戏产品一项的直接损失就超过1500万元。

（2）破坏商业道德秩序。在利益的驱动下，一些公司为打击商业对手，专门网罗“专业技术人员”，向竞争对手进行网络攻关，窃取对方商业机密和高层决策信息，侵入对方网站进行网络攻击，损害对方利益和信誉，打压竞争对手，严重破坏了商业道德秩序。

（3）阻碍电子商务发展。随着网络攻击等不正当竞争手段被不断使用，再加上我国法律在某些方面的不健全，对不法行为不具有完全的强制约束力，致使网络攻击不断增加，不正当竞争手段层出不穷，导致电子商务的信誉下降。

4.1.3.3 威胁国家安全

（1）违法犯罪事件增加。随着互联网应用的普及和智能手机的发展，网民数量不断增长，犯罪分子看中这一“肥肉”，利用网络个人信息进行诈骗、盗窃和非法交易等，致使近年来网络违法案件飙升。

（2）危害国家安全。敏感人物，如国家领导人、政府首脑、军界高层等关键人物的个人信息若遭泄露将直接影响到一个地区、一支军队甚至一个国家的利益。

2013年震惊世界的“斯诺登事件”（即“棱镜门”）就是如此。美国于2006年起实施“棱镜”计划，FBI和NSA通过进入美国Google、Apple、Yahoo等九大网络巨头服务器，监控电子邮件、文件传输、即时信息、存储资料、照片、视频、语音聊天内容、视频会议内容、登录时间、社交网络信息等10类信息，也就是说，一个人在网络上的所有活动都可以被监控。

2014年，国务院新闻办互联网研究中也公布了《美国全球监听行动记录》，报告中已确认有Goole、微软等公司参与“棱镜”计划，其窃密和监听的深度出人意料，涉及范围之广泛令人瞠目结舌，窃密对象不仅包括大量的普通手机用户，还包括各大电信生产设备商、一些科研机构，甚至还包括国家领导人，对窃密者造成的损失难以预估。《记录》称，我国电信和金融两大行业是“棱镜”计划主要的攻击目标。此次行动中，我国多个行业受到影响，其中，华为设备商就是重要的受害者之一。此外，中国移动通信、中国联通公司和我国各大银行的利益也受到了严重侵害。显然，中国公民的个人网络信息对美国政府暴露无遗，政府和国家领导人也在监视范围之内。通过这一计划，美国就可获取我国在重要事项上的决策、方向，也可以了解民众对政府的“牢骚”，借机伙同Google、Facebook、Twitter等网络巨头进行炒作，制造国际舆论，以达到其政治目的，塑造全球影响力和领导力。

网络是人类社会的产物，社会关系十分复杂，形式纷繁多样，要想解决网络信息安全问题，则需要在机制、立法、网民自我保护意识等方面不断完善和加强。

（1）完善管理机制。集中权力、建立统一监管机制；建立登记报告和举报制度，全面推进网络实名制。

（2）完善举报制度。明确举报方与接收方的权利、责任和义务，建立举报受理流程和期限等，并建立有效的奖惩机制。

（3）完善防范体系。构建包括信息安全预警、风险评估、监督跟踪和应急预案四大机制在内的防范体系。强化专门立法。目前，我国有关网络信息安全的法律都隐含在各个法律文献中，如《刑法》《中华人民共和国电信条例》等，还未形成完整的法律法规体系。

（4）加强技术开发和创新。积极鼓励科研机构、高校、军队等在防火墙技术、数据加密技术、生物识别技术、身份认证技术、入侵检测技术、VLAN技术、VPN技术、漏洞扫描技术、数据恢复技术等方面的自主研发，为保障个人网络信息安全奠定坚实基础。

（5）加强对民众的网络安全教育，提升全民网络安全意识，尤其针对青少年儿童，要从小培养其合法、文明上网的行为习惯。

4.2 日常生活中的网络安全

2020年，全球突发新冠肺炎疫情，抗击疫情成为各国紧迫任务。不论是在疫情防控相关工作领域，还是在远程办公、教育、医疗及智能化生产等领域，大量新型互联网产品和服务应运而生。《调查》报告显示，参与调查的公众网民最常用的网络应用服务有：第一是社交应用(即时通信、博客、短视频等)，关注度为74.62%；第二是网络媒体(新闻资讯、网上阅读、视频直播等)，关注度69.27%；第三是电子商务(网络购物、网上支付、网上银行等)，关注度61.55%；第四是数字娱乐(网络游戏、网络音乐、网络视频等)，关注度56.70%；第五是生活服务(搜索引擎、出行、导航、网约车、外卖、旅游预定、美图等)，关注度52.65%。网络在社交、信息、商务、娱乐、生活等领域得到广泛应用。但与此同时，安全漏洞、数据泄露、网络诈骗、勒索病毒等网络威胁日益凸显，有组织、有目的的网络攻击形势愈加明显，给普通民众在个人网络安全防护方面带来更多的困难和挑战。

4.2.1 网络安全威胁种类

在2020年全国网民网络安全感满意度调查中，网民认为个人信息保护做得不好的应用领域有：社交应用(选择率66.99%)、电子商务(选择率52.73%)、网络媒体(选择率49.45%)、生活服务(选择率43.65%)、数字娱乐(选择率42.65%)，从中可以看出网民日常生活密切相关领域的网络应用在个人信息保护方面仍存在较多问题。

（1）垃圾邮件。即电子邮箱中收到的非个人订阅的广告、推销、宣传信息、木马等邮件。通过木马邮件，黑客不仅可盗取数据、对使用者的操作内容了如指掌，还能够对使用者进行远程监控，甚至还可以通过使用者的计算机摄像头监控其日常生活。

（2）垃圾信息。一些不法分子利用伪基站，每10min就可以向基站覆盖区域内的手机用户发送1.5万条垃圾短信。手机恶意APP则更甚，从后台直接向用户发送垃圾信息，用时短，不费力，只需设定程序即可。

（3）账号盗取。指网络账号、银行账户等与个人信息、个人财产有关联的账号信息被攻击、盗取、复制、盗刷等情况。

(4) 身份盗用。盗用者利用应用软件中的存储信息，如好友列表、存留邮件等，冒充用户向其亲友或公众发布不实言论，以达到损毁个人名誉或欺诈等目的。

(5) 网络病毒。相关数据显示，在已经发生的网络信息安全事件中，70.5%以上是感染计算机病毒、木马程序和蠕虫等情况。当前，计算机病毒本土化趋势加剧，变种速度更快、变化更多，潜伏性和隐蔽性增强、识别更难，预防病毒软件的对抗能力强，攻击目标明确，趋利目的明显。

(6) 黑客威胁。黑客的计算机技能和网络知识十分丰富，善于发现和利用“突破口”——系统安全漏洞或程序“后门”，在未经用户允许的情况下，潜入计算机或网络，植入木马、窃取用户信息、篡改用户数据等，不仅扰乱了正常的网络秩序，还对用户造成了严重的安全威胁。据美国《金融时报》报道，目前全球每20s就发生一次网络计算机入侵事件，超过1/3的网络防火墙被攻破。

(7) 窃密软件。大量的应用软件通过后台偷偷读取用户的个人通信录、短信、记事本、所在位置以及各类操作等信息，进行保存并“秘密”兜售。多家媒体就曾报道某些APP窃取用户账号、密码等数据资料的新闻。可见，窃密软件尤其是智能手机中的窃密软件已经成为个人网络信息泄露的重要威胁之一。

4.2.2 个人信息泄露

常见的个人信息泄露渠道主要有以下几种：

(1) 钓鱼网站。通常指不法分子利用技术手段，仿冒真实网站的URL地址以及网页内容等方式，或利用真实网站服务器上的漏洞在网站的某些网页中插入危险的HTML码，伪装成银行或网购平台，骗取用户账户资料等个人信息的网站。

(2) 危险Wifi。也称Wifi钓鱼热点，是重要的信息泄露源之一。除因用户Wifi密码设置简单遭黑客入侵外，不法分子还专门利用“Wifi”吸引用户连接，从而获取联网者的个人信息。Wifi攻击设备价格低廉，且教程简单易学，只需在数据传输过程中设置一道阀门，就可以对用户在使用Wifi时传输的数据进行记录和分析，这使得个人网络信息能够轻易被获取。需要说明的是，家用Wifi和公共Wifi同样都能够遭受攻击。

(3) 植入病毒。不法分子通过发送电子邮件、诈骗短信、钓鱼网站、手机应用APP等手段在用户的计算机和手机中植入病毒，以套取个人信息。用户打开带有病毒的邮件、登录钓鱼网站或短信中的网站链接、使用危险APP时，病毒能够轻而易举地植入操作终端。

(4) 社交软件。社交软件一般存有大量个人信息，包括用户名、账号、密码、个人图片、联系人、联系方式、私密文件等等，若该社交软件的网络服务商采取的保护措施不够强，被黑客发现漏洞而进行攻击，或者网络服务商将掌握信息进行倒卖，那么个人信息毫无安全可言。

(5) 网络交易。随着电子商务的迅速发展、人们购物方式的逐渐改变，网购平台越来越多，通过网络进行交易已经成为人们购物方式中必不可少的一部分。然而，网络交易存在一定风险，除钓鱼网站可以虚拟真实网站骗取信息外，购物网站本身也存在隐患。首先是网站本身的防范力度不强，如果遭受黑客攻击，个人信息无法被有效保护；其次是监管力度不强，入驻网站的商家鱼龙混杂，个别素质不高的商家倒卖个人信息、骗取用户财产的现象时有发生。

(6) 电磁辐射。计算机设备和网络设备在工作时会产生电磁波，这些电磁波含有计算机运行时的相关信息，如果不法分子利用相应的接收设备接收电磁波，就可能获得秘密信息，使得信息泄露。

(7) 网络连接。网络传输线路是由微波线路和载波线路组成的，计算机连接互联网后会使得分支节点增加，而网络是存在漏洞的，不法分子利用这一点进行攻击，从而使得信息泄露。

4.2.3 预防网络信息安全威胁

4.2.3.1 防病毒及黑客

(1) 很少有黑客会"光顾"普通人的电脑来恶意植入病毒，大多数病毒都是通过点击、下载、运行一些网页和程序后，进入到用户电脑中。因此，预防电脑中毒，需选择一个合适的在线杀毒软件，并随时升级它的防毒代码，对可能带有恶意代码的不良网站保持警惕，在没有通过病毒检测前不要轻易打开来路不明的文件。

(2) 不按常规思维设置网络密码，要使用由数字、字母和汉字混排而成，令"黑客"难以破译的口令密码，并时常变换自己的口令密码。

(3) 对不同的网站和程序，要使用不同的口令密码，尤其是涉及财产的电商、支付类系统中使用独特的用户名和登录密码，开启手机验证和支付密码，并将登录密码和支付密码设为高强度的复杂密码，提高账户安全等级。千万不要图省事使用统一密码(所有账户都用同一个密码，尤其是不同安全级别的账户用同一套密码)。在黑客中有一种"撞库"的说法，指的就是利用手头已有的某账户的密码，去尝试登录别的网站账户；如果你的账户都使用同一套密码，黑客就可以"撞库"成功了。

4.2.3.2 防数据泄露

曾经在黑市上出现过一个重磅"炸弹"，一个12GB的数据包开始流通，其中包括用户名、密码、邮箱、QQ号、电话号码、身份证等多个信息，数据多达数千万条。而黑市买卖双方皆称，这些数据来自某购物平台。据了解，个人信息主要有三个用途，一是用于推广，包括短信、EDM(电子邮箱营销)等推广方式，可以获得不菲的广告费；二是用于销售，数据买家掌握了精准的人群之后可以更好地进行推销，如买房的就推销装修、建材、家电等产品，买车的就推销维修保养、保险等服务；三是用于诈骗，由于数据买家清晰掌握个人信息，诈骗难度降到更低。要预防数据泄露，需要注意：

(1) 对来路不明的电子邮件或亲友电子邮件的附件或邮件列表要保持警惕，不要一收到就马上打开。要首先用杀病毒软件查杀，确定无病毒和黑客程序后再打开，也不要轻易点开里面的链接或下载附件。

(2) 要尽量使用最新版本的软件，建议不用公共电脑和公共Wifi进行支付。在公共电脑和 Wifi 上，别人很容易窃取账号和口令。

(3) 下载软件要去声誉好的专业网站，既安全又能保证较快速度，不要去访问资质不清楚的网站。

(4) 不要轻易在别人的网站留下你的电子身份资料，不要允许电子商务企业随意储存你的信用卡资料。

(5) 要注意确认你要去的网站地址，注意输入的字母和标点符号的绝对正确，防止误入钓鱼网站，落入网络陷阱。

4.2.3.3 中病毒的处理

(1) 不要重启

一般来说，当发现有异常进程、不明程序运行，或者计算机运行速度明显变慢，甚至 IE 经常询问是否运行某些 ActiveX 控件、调试脚本等，这时候电脑可能中毒了。当电脑中毒后，如果重新启动，极有可能造成更大的损失，千万不要重启。

(2) 立即断开网络

病毒发作后，不仅让计算机变慢，而且也会破坏硬盘上的数据，同时还可能向外发送个人信息、病毒等，使危害进一步扩大。对此，发现中毒后，首先要做的就是断开网络。

(3) 备份重要文件

如果电脑中保存重要的数据、邮件、文档，那么应该在断开网络后立即将其备份到其他设备上，这是减少损失最重要的做法。

(4) 全面杀毒

在没有后顾之忧的时候，就可以进行病毒的查杀了。在杀毒时，建议先对杀毒软件进行必要的设置。例如扫描压缩包中的文件、扫描电子邮件等，同时对包含病毒的文件处理方式，例如可以将其设为“清除病毒”或“隔离”，而不是直接“删除文件”，这样做的目的是防止将重要的文件因为误操作而被删除。

(5) 更改重要资料设定

由于病毒、木马很多时候都是以窃取用户个人资料为目的，因此在进行了全面杀毒操作之后，必须将一些重要的个人资料，例如 QQ、E-mail 账户密码等重新设置。尤其是查杀后发现是木马程序的，一定要进行这项工作。

(6) 检查网上邻居

如果是局域网用户，在处理了自己电脑的病毒之后，还要检查一下网络上其他计算机是否同样被感染了病毒。因为很多病毒发作后是会向网络中其他电脑发起攻击的。自己的电脑中了病毒，极可能会传染给网络上的其他计算机。如果不及时将其清理，极有可能会再反向传染。

4.2.4 提升大学生网络安全的心理认知

要做好日常生活的网络信息安全，还需要大学生加强心理认知，加强对网络安全的认同感，提升自律意识。

4.2.4.1 注重网络安全知识学习和积累

作为使用网络最广泛的用户，大学生对网络安全的理解却并不是最安全、最正确的。一方面，很多大学生使用网络没有接受过特殊教育和指导，使用网络是自发进行的，所以大学生对网络的使用往往停留在网络表面，对网络安全的理解也是在网络使用过程中逐渐积累起来的；另一方面，大学生在大学期间对网络安全的了解相对较少，学生个人关于网络安全的认知还没有到位且缺乏实践，不能将理论与实践结合起来。

大学生应充分发挥学习网络安全知识的主观能动性，重视网络安全问题，加强网络安全教育的认同感：一是要应积极主动配合学校教育，认真学习网络安全知识，积极参与学校举办的教育活动；二是要在平时使用网络时，树立起正确的网络安全心理认知，注意理论学习与实践相结合。重视网络知识的补充，了解网络风险原理，增强网络风险的判别能力；重视法律知识的学习，了解网络风险后果，杜绝网络不当行为。

4.2.4.2 消除网络安全侥幸心理

大学生网络安全侥幸心理滋生的一个原因是未对网络安全问题给予足够的重视，觉得那些发生在新闻和报道里的网络风险案例离自己都非常遥远，等大家真正遭遇到此类的风险时，往往就变得手足无措。实际上，每个高校在新生入学时，都会组织有关网络安全教育的讲座或者课程进行网络安全教育，尽管如此，仍有不少大学生怀有侥幸心理，在实际使用网络时，对网络中明知可能存在风险的安全问题不能够给予重视。例如大学生在使用网络的过程中，一味地追求网络使用的新鲜感，随意注册网络账号，不注重个人信息的保护，认识不到这种做法可能会造成个人信息泄露的后果，甚至即使认识到了风险所在，也觉得风险后果微不足道，认为骚扰来电和诈骗电话都是雕虫小技，不需要过于担心，正是因为大学生怀有这样的侥幸心理，才使网络罪犯有机可乘。

大学生网络安全侥幸心理滋生的另一个原因源于大学生对网络的依赖程度过高。如今，网上购物、玩游戏、分享信息、找工作等等网络行为已成为大学生活中不可缺少的一部分，在大学生的潜意识中认为网络可以被过分依赖和信任，就会导致一些大学生因为受网络上人或者信息的误导而陷入风险，就会发生诸如“大学生被骗进传销市场”“大学生被网友诱拐失踪”等新闻案例。

现代的大学生几乎每天都离不开网络，如果感觉大学生校园生活寡淡无味，就会过度依赖丰富多彩的网络世界，加上网络上没有家长和老师的约束，也没有现实中复杂的人际关系，使大学生逐渐对网络产生强烈的依赖，从而滋生了侥幸心理，认为网络上的人或者信息可以信赖，这种心理使他们对网络风险放松了警惕，降低了大学生的网络安全认知能力。

因此，大学生在使用网络时，要时刻保持警惕心理，在追求网络新鲜事物时，不能掉以轻心，要清醒地认识与网络行为相对应的安全隐患，充分认识网络安全问题的影响，注意网络使用过程中的安全问题，舍弃侥幸心理和投机心理，选择安全的网络活动方式。另一方面，大学生也要积极地走出网络世界，防止对网络的过度依赖，积极投身校园生活，加强自身其他各方面的锻炼，提高自律性，自觉抵制各种网络诱惑，保持清醒的头脑和警惕心，明辨网络上的安全和不安全因素，防范各种网络威胁。

4.3 防范网络诈骗

随着我国经济的发展以及互联网通信技术的不断进步，人们在享受互联网带来的便利的同时，网络新型违法犯罪也悄然危害着我们的生活。据统计，电信网络诈骗是目前高校中发案率最高、造成师生财产损失最严重的一类案件。电信网络诈骗不仅给师生带来巨大财产损失，也造成很大程度的心理伤害。

为此，2015 年国务院批准成立打击治理电信网络新型违法犯罪工作部际联席会议制度。采取多部门联合模式加大对电信网络诈骗的打击力度，并取得了一定的成果。但由于电信网络诈骗技术手段的不断翻新，以及公共治理政策与社会经济、互联网通信发展水平的不同步，导致高压态势下电信网络诈骗一直难以根治。

4.3.1 电信网络诈骗的含义

电信网络诈骗是由近年来司法机关在侦办案件过程中总结概括出来的一个新名词。国务院批准成立打击治理电信网络新型违法犯罪工作部际联席会议制度之后，电信网络诈骗一词被媒体、学术界广泛运用。2018 年 11 月 9 日，最高检发布的《检察机关办理电信网络诈骗案件指引》，明确规定“电信网络诈骗犯罪，是指以非法占有为目的，利用电话、短信、互联网等电信网络技术手段，虚构事实，设置骗局，实施远程、非接触式诈骗，骗取公司财务的犯罪行为。”不仅阐述了电信网络诈骗的本质，同时指出了电信网络诈骗两个基本特征：一是利用电话、短信、互联网等非接触式手段实施的诈骗；二是受害群体具有广泛性和不特定性，是一种由点及面的诈骗方式。

根据《关于办理电信网络诈骗等刑事案件适用法律若干问题意见》及最高检《检察机关办理电信网络诈骗案件指引》的规定，电信网络诈骗的追诉标准全国统一无地域差别，即数额达到三千元以上认定为数额较大，三万元以上认定为数额巨大，五十万以上认定为数额特别巨大。

4.3.2 高校电信网络诈骗的特征

发生在大学校园内的网络诈骗事件相对于一般的网络诈骗事件就其主体、手段、类型等方面有其特殊性。

4.3.2.1 一般特征

大学校园网络诈骗事件与普通网络诈骗事件有着以下相同的特点：

（1）诈骗主体的专业化。主要表现在网络诈骗者具备的两个特征：①诈骗主体对于网上金融业务十分熟练。一方面，诈骗者对网上金融业务操作流程比较了解，善于发现金融业务存在的漏洞，以此实施犯罪；另一方面，诈骗者具有一定的反侦查意识，犯罪后能够制造假象，转移财产，毁灭证据。②网络诈骗案犯都能熟练使用计算机及网络。从目前已经侦破的网络诈骗案件的情况来看，案件中的主体大部分都符合上述两个条件，网络诈骗案件的犯罪主体专业化更强。

（2）诈骗主体的组织化。网络诈骗初期一般是由个体进行的，诈骗形式相对简单，随着时代与社会的变迁，网络诈骗向组织化和智能化转变，由过去的一个人单独作案发展成有严密组织和细致分工的团伙作案。整个诈骗过程中诈骗团伙中的每个成员都“分工明确”，有脚本，各自扮演不同角色。网络诈骗初始阶段以广泛撒网为主要诈骗方式，诈骗者没有具体的诈骗目标或对象。随着网络技术的发展，诈骗团伙通过购买或者对某些网站的攻击等手段从而获取诈骗对象的个人信息，再利用获得的信息，有针对性地对上当受骗者进行“精准诈骗”，让被害人防不胜防。

（3）诈骗手段的隐蔽性。网络诈骗的手段往往十分隐蔽，诈骗人一般会利用计算机、网络和其他信息技术来实施不法行为，由于互联网交互的多样性使得网络诈骗行为也变得多样且实施手段更具隐蔽性。

（4）诈骗成本的低廉性。实施网络诈骗只需要可以连接互联网的电脑和手机卡，因而诈骗者实施犯罪成本低廉。在虚拟的网络空间中，利用计算机技术和互联网，诈骗者可以发布假链接、虚假身份、伪造假网站对大学生进行诈骗犯罪，风险降低。而随着互联网络和移动通信设备使用范围的扩大，使得办案成本不断增加，在一定程度上也降低了对网络诈骗的打击效果。

（5）诈骗范围的广泛性。网络诈骗范围广泛是由互联网络和移动通信的特性决定的，行骗范围广的含义包括两点：一是网络诈骗实施地域广，二是网络诈骗种类繁多。网络诈骗地域广，是指诈骗者以网络作为诈骗的工具，在实施诈骗的过程中不会受地域范围的限制。网络诈骗种类繁多，是指网络诈骗类型涵盖了虚假兼职与中奖、理财金融、赌博博彩、退款欺诈、网游交易、账号被盗、冒充公职人员、虚假购物等，花样翻新、种类繁多。

4.3.2.2 特殊特征

大学校园网络诈骗事件与普通网络诈骗事件相比，又具有其自身的特殊性，主要表现在以下几个方面：

（1）大学生容易遭受网络诈骗

首先，由于大学生普遍年龄为18~23岁，年纪小，社会经验不足，防范意识薄弱，对网络安全的认知有一定的侥幸心理，容易受骗；其次，大学校园是一个相对独立自由的环境，大学生脱离了父母独立生活，学校、老师及家长的监管产生了空隙；第三，大学生大都可以自己支配学费和生活费；第四，大学生没有工作和收入，依靠监护人供养，很多学生出于各种原因，包括想要帮助家里减轻经济负担，或者对物质生活要求过高而家庭无法满足，抑或有不理性消费等等，他们对金钱的渴望变大，容易走进网络诈骗的圈套。

（2）大学生人数多，单笔数额不断增加

据统计，2020年全国共有普通高校2738所。其中，本科院校1270所（含本科层次职业学校21所）；高职（专科）院校1468所，各种形式的高等教育在校生总规模4183万人。根据《第47次中国互联网络发展状况统计报告》，截至2020年12月，中国网民规模达9.89亿，至2020年3月，我国网民中有21.2%的人在上网过程中遭遇过网络诈骗。当前每一个大学生几乎都离不开网络，经常利用手机和电脑学习、社交、通信游戏等，也增加了同学们接触到不法分子的概率。一旦警惕性低，就非常容易上当受骗，甚至有的大学生被骗的数额达几十万元，据统计，各大高校网络诈骗案件数已超全年发案数中的1/3，随着网络贷款的普及，受骗案件金额数也在不断上涨，被骗几万、十几万已不是少数。所以大学生人数多、损失总量大是大学校园网络诈骗事件的主要特点之一。

(3) 案件重复性突出

网络刷单、冒充好友诈骗等类型案件重复率比较高，也是大学校园网络诈骗事件显著特点之一。很多大学生对此类案件不以为然，未将防诈骗教育入脑入心，也导致经常有不少同学被同一种类型的案件先后诈骗的情况发生。

4.3.3 高校电信网络诈骗的常见种类

高校的电信网络诈骗从诈骗信息渠道划分，可分为电信诈骗、短信诈骗、网络诈骗；从诈骗资金流转的渠道可分为银行柜台、ATM机、网银、第三方支付等。从诈骗的具体手段、诈骗实施的方法进行分类，大致可以将诈骗分为以下六类：

4.3.3.1 仿冒类诈骗

此类诈骗日常生活中最为普遍，犯罪嫌疑人利用大学生获取信息不对等，冒充虚假身份使大学生产生错误认知，进而获取大学生信任，一旦大学生“中招”，被骗数额巨大。常见的类型有：

(1) 冒充公检法人员实施诈骗。犯罪嫌疑人冒充公检法机关执法人员，通过电话、短信等方式，告知大学生名下的银行卡、社保卡、金融账户等被人冒用涉嫌贩毒、洗钱、危害国家安全等犯罪，利用大学生信息不对等造成的惊慌、害怕、恐惧、急于证明自己清白的心理，获取大学生个人银行账户信息并诱导大学生将个人资产转入到所谓的“安全账户”中配合检查，从而骗取大学生资金。

(2) 电话冒充老师、亲友实施诈骗。犯罪嫌疑人通过非法手段获取大学生身份信息，通过电话、网络聊天等方式冒充被诈骗人学校的老师或者亲友，以遇车祸送医急需用钱、充话费、帮交培训费、借款等理由，要求被诈骗人转账到指定账户。

(3) 冒充各类客服实施诈骗。犯罪分子冒充网购、快递、贷款平台、社交平台客服，通过非法途径获取大学生相关信息，通过编造退款、赔付或者提高信用值等借口，诱使大学生不断将钱款汇款至指定账户。

(4) 冒充银行或贷款公司人员实施诈骗。诈骗犯罪嫌疑人通过发布办理低息校园贷、代办信用卡套现等方式，吸引大学生注意并获取个人信息进而联系大学生，以办理业务需要缴纳一定的手续费、税费、代办费或需要存入一定保证金检验还款能力为由，诱使大学生转账汇款实施诈骗，为提高诈骗的真实性，诈骗分子甚至会邮寄银行卡、逼真的业务单，通过多人饰演不同角色骗取大学生信任。

4.3.3.2 交易类诈骗

此类诈骗以超低价、免费送或提供非法业务等极具诱惑的形式诱导大学生实施交易，再通过虚假网站、钓鱼链接、转账拉黑等形式骗取大学生钱财。常见类型有以下几种：

（1）虚假商品诈骗。犯罪分子在各类推广或者网购平台发布虚假的商品信息，待大学生表达出购买意愿后，犯罪分子以各种理由拒绝使用正规网购平台，然后私下提供虚假链接或者网页，大学生付款后，犯罪分子以未收到货款或者提出要汇款达到一定数额方能将以前款项退还等理由，迫使对方多次汇款，也存在部分犯罪分子要求对方先支付一定数额的保证金，然后才发货。利用大学生急于拿到商品的迫切心理，以各种理由诱使大学生追加定金。

（2）优惠购物诈骗。犯罪嫌疑人通过互联网、手机短信在论坛、网站、微信群等发布优惠打折、海外代购、二手车、二手电脑、清仓处理等低价购物信息为诱饵，一旦大学生与其联系，即以需要收取定金、缴纳手续费等方式骗取钱财。

（3）虚假非法服务诈骗。犯罪嫌疑人通过互联网站发布提供色情服务、提供考题答案、代写代发论文等各种虚假服务，引诱大学生缴纳定金、保证金，结合大学生对此类业务羞于启齿的难堪心理和发现受骗后急于追回欠款的焦急心理，引导大学生一步步踏入事先设定好的圈套中，一旦汇款，犯罪嫌疑人就将对方拉黑。

（4）游戏装备诈骗。犯罪嫌疑人在游戏、QQ 群、微信群等发布买卖游戏装备的广告信息，诱导大学生加 QQ 或微信好友，之后再发送虚假游戏交易平台给对方，以充值金额不足、不能自动发货、交易需要交纳保证金为由持续诈骗。

4.3.3.3 兼职类诈骗

此类诈骗通过发布虚假的兼职信息，骗取大学生代理费、入职费等，其中以刷单诈骗最为典型和常见。犯罪分子往往以“轻松高薪”做诱饵，让大学生先购买低价商品进行刷单尝试，成功后会迅速将本金和佣金返还，让对方放松警惕。然后发布刷单任务，要求大学生完成多次订单才能返款本金和佣金。最后以系统卡单为由，要求对方重新支付某些订单来继续骗钱，对方一旦意识到受骗，犯罪分子便立马将其拉黑消失。此类诈骗手法属陈旧手段，但在高校中成功率较高，累积案值数量较大。且此类案件最为特殊之处在于，刷单行为本身是不诚信行为，被骗大学生既是受害人同时又是违法行为人。

4.3.3.4 网络交友类诈骗

此类诈骗被犯罪分子称为“杀猪盘”，近年来较为流行。诈骗实施主要有以下几个步骤：犯罪分子在网站或是社交平台冒充美女，批量添加陌生男性为好友，这个环节称为“找猪”。随后犯罪分子还会发送虚假的图片、视频，利用变声器或变声软件模拟出甜美可人的声音欺骗大学生上当，打造吸引对方的“人设”，通过感情攻势不断获得对方好感，这个阶段称为“喂猪”。待双方建立起恋爱关系后，以各种理由索要钱财实施诈骗；这个阶段被称为“杀猪”，还存在部分犯罪分子以交友的名义诱骗大学生进入赌博平台或是投资平台，通过让大学生参与网络赌博或网络投资骗取钱财。

4.3.3.5 盗取社交账号诈骗

此类诈骗往往使用技术手段获取大学生的关系人的网络账号，利用互联网络的虚拟属性，使得大学生产生错误认识，让大学生误以为联系的是自己关系人，再以急需用钱、借钱周转等借口实施诈骗。此类诈骗因技术手段性强、大学生对网络账号主体同一性的信任，极易上当受骗，甚至在案发后很长一段时间还未意识到被骗。

4.3.3.6 网上中奖类诈骗

此类诈骗多利用大学生贪图小便宜的心理，借助网络、短信、电话等媒介发送虚假中奖信息，以收取手续费、保证金为由骗取钱财。当大学生在浏览网页时，因好奇心理点击类似“免费抽奖”“恭喜中奖”的弹窗链接时，会弹出“你已中奖”信息，如果对方信以为真或者抱着侥幸心理按照提示填写个人资料，犯罪嫌疑人会通过获取的信息与之联系，需要对方支付一定的保证金或者手续费。此时利用大学生急需获取中奖奖品的心理，步步设套，发送钓鱼链接或者引导大学生提供银行账号密码，进一步骗取大学生钱财。

4.3.4 如何预防电信网络诈骗

在高校校园范围内所发生的电信及网络诈骗案件多年来居高不下，使高校学子的财产安全甚至是人身安全面临极大的威胁，也使社会稳定遭受极大的不良影响。然而，在大数据时代下，电信诈骗与互联网快速融合，诈骗手段翻新速度快、集团作案隐蔽性强、调查取证困难、诈骗金额难以追溯等特点，给侦破和打击此类犯罪的有关部门带来前所未有的困难与挑战。作为新时代大学生，我们要从自身做起，发挥主观能动性，防范电信网络诈骗。

(1) 主动学习防诈骗知识，提高防范能力

大学生容易遭受电信网络诈骗，很大一个原因就是缺乏防骗意识和识别网络诈骗真相的能力。对此，应该从自身做起，利用自己的课余时间积极参加学校组织的各类有益活动，尤其是关注预防校园网络诈骗的宣传，克服不良习惯，丰富自己的社会阅历和防骗知识、科学使用网络。

(2) 树立正确的世界观、人生观、价值观、消费观

大学生应通过知识学习提高对网络信息的辨识和甄别能力，树立正确的世界观、人生观和价值观，正确对待金钱，树立理性的消费理念。艰苦朴素、勤俭节约是中华民族的优良传统，大学生更应继承和发扬这一优良传统，不断追求个人学业水平的提升、综合素质的发展和精神世界的完整，避免享乐主义、奢靡之风的侵染，努力成长为有理想信念、有专业知识的新时代大学生。

4.4 其他网络违法犯罪

德国学者希尔根多夫教授指出：“现在，网络几乎与公路网一样成为公共基础设施不可或缺的组成部分。毫不夸张地说，我们的生活世界因此跨入了一个全面的数字化时代。随着新型信息和通信技术的发展，出现了新型的危害社会的和犯罪的行为方式。”前面所述电信网络诈骗是网络犯罪中的一种常见类型，网络犯罪是我国刑法中一种特殊的犯罪形态，随着计算机的普及，网络犯罪大有蔓延之势。我国刑法对网络犯罪有专门的规定，为惩治

网络犯罪提供了法律依据。网络犯罪可分为针对计算机信息系统的犯罪、利用计算机网络实施的传统犯罪、妨害网络业务及网络秩序的犯罪三种类型。

4.4.1 针对计算机信息系统的犯罪

针对计算机信息系统的犯罪是指直接对计算机信息系统实施的犯罪行为。计算机信息系统可以分为硬件和软件两个部分，因此，针对计算机信息系统的犯罪，也可以区分为两种情形，一种是针对计算机硬件实施的毁坏性犯罪，另一种是针对计算机软件实施的破坏性犯罪。

随着互联网在日常生活和社会管理活动中的广泛运用，出现了对互联网应用功能进行破坏或者发生在互联网虚拟空间的犯罪，这也是真正的网络犯罪。根据我国刑法的规定，针对计算机信息系统的犯罪有以下类型：

（1）非法侵入计算机信息系统罪

根据我国《刑法》第 285 条第 1 款规定，是指违反国家法律规定，侵入国家事务、国防建设、尖端科学技术领域的计算机信息系统的行为。行为人只要在客观上实施了侵入行为，无论是否进一步实施其他行为，均可以构成本罪。充分体现了刑法对涉及国家安全和公共安全的计算机信息系统的重点保护。

（2）非法获取计算机信息系统数据、非法控制计算机信息系统罪

根据我国《刑法》第 285 条第 2 款的规定，包括非法获取计算机信息系统数据和非法控制计算机信息系统两种行为：

一是，非法获取计算机信息系统数据。这里侵入的计算机信息系统并非国家事务、国防建设、尖端科学技术领域，侵入或者采用其他技术手段，获取该计算机信息系统中存储、处理或者传输的数据。

二是，非法控制计算机信息系统。是指侵入计算机信息系统以后，对他人的计算机下达指令，并完成各种操作活动。这种非法控制计算机信息系统的行为对于网络安全具有巨大的破坏性，同时也对网络秩序造成严重危害，因而《刑法》将其规定为犯罪。

同时，根据 2011 年 8 月 1 日两高《关于办理危害计算机信息系统安全刑事案件应用法律若干问题的解释》第 1 条第 3 款的规定，明知是他人非法控制的计算机信息系统，而对该计算机信息系统的控制权加以利用的，应以本罪论处。

（3）提供侵入、非法控制计算机信息系统的程序、工具罪

在现实中，为不法分子提供侵入、非法控制计算机信息系统的程序、工具行为，已经形成一种专门的黑灰行业。根据我国《刑法》第 285 条第 3 款，提供专门用于侵入、非法控制计算机信息系统的程序、工具，或者明知他人实施侵入、非法控制计算机信息系统的违法犯罪行为而为其提供程序、工具，情节严重的，处三年以下有期徒刑或者拘役，并处或者单处罚金；情节特别严重的，处三年以上七年以下有期徒刑，并处罚金。对那些有着较强计算机专业水平的大学生而言，万不能为了蝇头小利或是虚荣心而编写、提供侵入、非法控制计算机信息系统的程序、工具，成为不法分子的帮凶。

(4) 破坏计算机信息系统罪

这是当前在我国发生率较高的一种网络犯罪，根据《刑法》第286条，此类犯罪包括三种行为：第一种是违反国家规定，对计算机信息系统功能进行删除、修改、增加、干扰，造成计算机信息系统不能正常运行，后果严重的行为。第二种是违反国家规定，对计算机信息系统中存储、处理或者传输的数据和应用程序进行删除、修改、增加的操作，后果严重的行为。第三种是故意制作、传播计算机病毒等破坏性程序，影响计算机系统正常运行，后果严重的行为。

在生活中，有一些大学生在学习了一些计算机知识后，急于寻找显示自己才华的场所，会在互联网上显一显身手，寻找一些网站的安全漏洞进行攻击，肆意浏览网站内部资料、删改网页内容，在有意无意之间触犯了法律，追悔莫及。

(5) 流量劫持

指通过技术手段，使原本想访问A网站的互联网用户最终访问的却是B网站，恶意地改变和控制客户网络访问的路径。可以分为四种方式：①DNS劫持：强制网络用户访问指定网站；②CDN劫持：通过静态的数据入侵的方式，利用网络用户的数据缓存展开篡改用户浏览地址的行为，最终劫持用户的流量，并基于互联网分布式储存、负载均衡理念的传播而不断扩散，造成潜在的网络破坏；③网关劫持：是指运营商通过其拥有的网关，在用户浏览网页时，诱使用户访问其预设的网页或直接更改用户的目标网址，甚至制造弹窗进行干扰来"劫持"用户的流量，甚至有利用数据算法来针对目标用户进行倾向性诱导的行为；④客户端劫持：伪装成正常的客户端程序，通过恶意警告、危险提示等方式来干扰网络用户的正常安装活动，使得用户在浏览某些网页时受阻，并引导用户浏览其预先设定的网页。

(6) 拒不履行信息网络安全管理义务罪

根据我国《刑法》第286条之一，拒不履行信息网络安全管理义务罪是指网络服务提供者不履行法律、行政法规规定的信息网络安全管理义务，经监管部门责令采取改正措施而拒不改正，具有法律规定的情形之一的行为。

例如大家熟知的"快播案"，快播公司对网络上的淫秽信息没有起到监管义务，因而被认定为传播淫秽物品罪。在该案中，行为人实施了两种行为，一种是缓存淫秽信息，二是没有删除淫秽信息。快播公司相关人员具有阻止扩散义务但不予阻止，这就是不作为的传播。《刑法》直接将不履行监管义务的不作为设立为独立罪名。

(7) 非法利用信息网络罪

根据我国《刑法》第287条之一的规定，非法利用信息网络罪是指利用信息网络实施下列行为之一：①设立用于实施诈骗、传授犯罪方法、制作或者销售违禁物品、管制物品等违法犯罪活动的网站、通信群组的；②发布有关制作或者销售毒品、枪支、淫秽物品等违禁物品、管制物品或者其他违法犯罪信息的；③为实施诈骗等违法犯罪活动发布信息，情节严重的行为。我国学者指出："考虑到上述行为本身所具备的社会危害性，应从严处理。例如，将'为实施诈骗等违法犯罪活动发布信息的'行为独立入罪即反映了立法对以网络为工具实施相关行为的社会危害性的高度重视。"有上述行为之一，情节严重的，处三年以下有期徒刑或者拘役，并处或者单处罚金。

2011年3月1日最高人民法院、最高人民检察院《关于办理诈骗刑事案件具体应用法律若干问题的解释》(以下简称《解释(二)》)对通过发送短信、拨打电话或者利用互联网、广播电视、报纸杂志等发布虚假信息对不特定多数人实施诈骗的行为做了专门规定，第五条第2款指出："利用发送短信、拨打电话、互联网等电信技术手段对不特定多数人实施诈骗，诈骗数额难以查证，但具有下列情形之一的，应当认定为刑法第二百六十六条规定的'其他严重情节'，以诈骗罪(未遂)定罪处罚：(一)发送诈骗信息五千条以上的；(二)拨打诈骗电话五百人次以上的；(三)诈骗手段恶劣、危害严重的。"

(8) 帮助信息网络犯罪活动罪

根据我国《刑法》第287条之二的规定，明知他人利用信息网络实施犯罪，为其犯罪提供互联网接入、服务器托管、网络存储、通信传输等技术支持，或者提供广告推广、支付结算等帮助，情节严重的，处三年以下有期徒刑或者拘役，并处或者单处罚金。

在网络诈骗中，诈骗行为可能以网络信息传播的方式向不特定的多数人实施，某些行为人专门从事诈骗信息的传播，为他人诈骗提供便利，甚至演变为一种交易关系。

4.4.2 利用计算机网络实施的传统犯罪

利用计算机网络实施传统犯罪，例如网络诈骗、网络盗窃等，均是传统犯罪的网络化。对此，《刑法》第287条规定："利用计算机实施金融诈骗、盗窃、贪污、挪用公款、窃取国家秘密或者其他犯罪的，依照本法有关规定定罪处罚。"

例如，随着网络在社会经济生活中的普及，财物的网络化或者数据化的趋势十分明显，因而出现了网络盗窃等犯罪案件，这种案件就是通过对计算机信息系统的非法操作而改变财物的归属，将他人或者其他单位的财物非法据为己有，这是典型的利用计算机实施传统犯罪。

4.4.2.1 利用网络实施的人身犯罪

利用计算机实施的人身犯罪在日常生活中甚至高校中时有发生。例如网络侮辱或者网络诽谤。对此，2013年9月6日最高人民法院、最高人民检察院《关于办理利用信息网络实施诽谤等刑事案件适用法律若干问题的解释》第一条就将下述情形规定为"捏造事实诽谤他人"：(1)捏造损害他人名誉的事实，在信息网络上散布，或者组织、指使人员在信息网络上散布的；(2)将信息网络上涉及他人的原始信息内容篡改为损害他人名誉的事实，在信息网络上散布，或者组织、指使人员在信息网络上散布的。同时还规定，明知是捏造的损害他人名誉的事实，在信息网络上散布，情节恶劣的，以"捏造事实诽谤他人"论。

在《中华人民共和国电信条例》第五十六条中规定，任何组织或者个人不得利用电信网络制作、复制、发布、传播含有下列内容的信息：(一)反对《宪法》所确定的基本原则的；(二)危害国家安全，泄露国家秘密，颠覆国家政权，破坏国家统一的；(三)损害国家荣誉和利益的；(四)煽动民族仇恨、民族歧视，破坏民族团结的；(五)破坏国家宗教政策，宣扬邪教和封建迷信的；(六)散布谣言，扰乱社会秩序，破坏社会稳定的；(七)散布淫秽、色情、赌博、暴力、凶杀、恐怖或者教唆犯罪的；(八)侮辱或者诽谤他人，侵害他人合法权益的；(九)含有法律、行政法规禁止的其他内容的。

我们经常在网上看到一些被大家频频转发的“谣言”，号称什么不能吃了、什么疫情来了，等等。或许有人会轻信，还“好心”转发，却不知这可能触犯了我国法律。作为当代大学生，应当具有一定的独立思维能力和判断力，不要轻易跟风。凡是涉及可能破坏社会公共秩序、影响社会和谐稳定的言论，都不要随意转发。至于那些黄色信息，如不小心点开没关系，但如果发给其他人，就属于“传播”，有触犯法律的风险。

4.4.2.2 利用网络实施的财产犯罪

目前，网络盗窃和网络诈骗是两种最为常见的财产犯罪，司法实践表明：“行为人利用信息网络，诱骗他人点击虚假链接而实际通过预先植入的计算机程序窃取财物构成犯罪的，以盗窃罪定罪处罚；虚构可供交易的商品或者服务，欺骗他人点击付款链接而骗取财物构成犯罪的，以诈骗罪定罪处罚。”

4.4.2.3 妨害网络业务、网络秩序的犯罪

妨害网络业务犯罪的侵害客体主要是网络经营活动，具有破坏经济秩序的性质。而妨害网络秩序犯罪的侵害客体主要是网络空间的公共秩序，具有妨害社会管理秩序的性质。

(1) 妨害网络业务犯罪

当网络空间成为交易场所以后，大量的经济活动发生在网络空间。尤其是各种网络电商的大力发展，线下交易逐渐被线上交易所取代。在这种情况下，以交易为核心的网络业务活动成为一种经济活动的样态，更加复杂，也更加活跃。

由此也出现了各种妨害网络业务的犯罪活动。例如，刷单炒信用就是一种典型的妨碍网络业务活动的行为，对于这种行为，在司法实践中往往以破坏生产经营罪论处。例如在董某等恶意刷单案中，检察机关指控：在网上经营论文相似度检测业务的董某为了打击竞争对手，雇佣并指使谢某多次以同一账号在竞争对手的网店恶意刷单1500笔，使对手被电商平台经营者做出“商品搜索降权”的处罚，其订单交易额损失10余万元。对于本案，法院判决董某、谢某构成破坏生产经营罪。因此，要特别提醒同学们，网络刷单就是违法，勿因一时贪心而酿成大错。

(2) 妨害网络秩序犯罪

网络作为一种现实空间，也具有对秩序的内在需求。利用互联网妨害社会秩序的行为，可以归属于利用计算机实施传统犯罪的类型。对此，我国《刑法》或者司法解释都有明文规定。例如，《刑法》第303条规定的赌博罪，包括网络聚众赌博行为；开设赌场罪，包括开设网络赌场。此外，《刑法》第291条之一规定的编造、故意传播虚假恐怖信息罪，编造、故意传播虚假信息罪，这里的传播都包括在互联网上传播。

互联网正在以方兴未艾之势发展，并不断改造着社会构造，而网络犯罪也会以层出不穷之形态呈现。一位社会学家曾说：“互联网是一个自由且身份隐蔽的地方，网络犯罪的隐秘性非一般犯罪可比，而人类一旦冲破了某种束缚，其行为可能近乎疯狂，潜伏于人心深处的邪念便会无拘无束地发泄。”但是，我们一定要清醒地认识到，网络绝不是法外之地。

作为一名遨游在网络中的当代大学生，应当知法懂法，遵守法律法规，并以身作则文明上网，传播正确的知识和良好的社会风尚。

4.5 安全素质拓展

阅读下列真实案例，分析案例中的当事人被骗原因，思考新时代大学生应如何更好地保障自身信息网络安全。本节图片由常州市反诈骗中心提供。

【素质拓展 4-1】

2011 年，成都一位母亲因儿子获奖，为“晒幸福”在微博中发布了一张带有儿子小磊(化名)学校班级信息的照片，不料该信息被一居住在附近的游手好闲男子看到，将小磊绑架。

2013 年，沈阳一 23 岁女孩因微信中“附近的人”功能泄露了自己的位置信息，遭歹徒尾随并杀害。

案件分析：

这两起案件均为典型的因个人信息泄露致使人身安全受到伤害。网络技术的发展畅通了人与人、人与物之间的互联，随着互联网渗透到生活的方方面面，个人信息“裸奔”的安全风险也日益凸显，频频发生的个人信息遭泄露事件，不仅侵犯了公民的隐私权，个人的人身安全也受到了极大的威胁。

网上有一篇关于某王姓女明星的文章叫作《我是如何推理出王某住址》，该文章中详细描述了作者通过某搜索引擎搜索到了王某的博客和微博，对其中的照片等信息进行筛选，再通过地区卫星图片等通过近 1h 的分析推理搜索出了王某的住址。无独有偶，一位名叫佐藤响的日本宅男，因疯狂迷恋一日本 21 岁女明星，通过女明星在网上发布的自拍中的瞳孔倒影找到了女明星的家庭地址，后因猥亵被警方逮捕。

除电话、住址等物理信息外，随着数字技术的发展，人脸、指纹、虹膜等生物信息正成为隐私泄露的又一个“高危地带”。2019 年国家网络安全宣传周上海地区活动中，上海信息安全行业协会副主任张威表示，拍照时如果镜头距离够近，“剪刀手”照片通过照片放大技术和人工智能增强技术，就能将照片中人物的指纹信息还原出来。指纹被提取后通过专业材料制作成指纹膜，可被不法分子用于各种通过指纹技术来识别身份的渠道，指纹门锁、指纹支付等都能轻松破解。这类个人生物特征数据具有唯一性和不可再生性，且广泛应用于银行业务办理、移动支付、车站检票等领域，一旦被窃取，无法追回并变更，将对个人隐私保护带来极大的、不可逆的风险。

该如何尽量避免个人信息泄露呢？

(1) 在处理快递单等含有个人信息资料的文件时，先抹掉个人信息再丢弃；

(2) 在外使用公共网络，下线要先清理痕迹，或者开启隐私模式；

(3) 在使用互联网的过程中，不要随意留下个人信息；

(4) 网上留电话号码，数字间用“-”隔开避免被搜索到；

(5) 晒照片，一定要谨慎，尽量不晒包含个人信息的照片；

(6) 一般情况下，简历只提供必要信息，家庭信息、身份证号码等不要过于详细；

(7) 注册各类社交平台、网购平台等尽量使用较复杂的密码；

(8) 及时关闭手机 Wifi 功能，在公共场所不要随便使用免费 Wifi。

总之，时刻要提高警惕，心中要始终绷紧个人信息安全这根弦。

【素质拓展 4-2】

2007 年，“人肉搜索第一案”中，姜某因丈夫王某出轨心灰意冷，遂在自杀前两个月在微博中写下“自杀日记”，并配有丈夫及另一女子照片。姜某死后该日记被其姐姐曝光，致使王某被网友“人肉搜索”。王某的个人信息，包括家庭住址、单位地址等都被网友“搜索”并曝光，网友不仅在网络中对该事件“添油加醋”，还对王某进行人身攻击，甚至在现实生活中，也不断对王某及其父母进行谩骂和骚扰。此案中，王某及其父母的人格权就受到了严重侵害。

2020 年 8 月 1 日，35 岁女医生在泳池遭 13 岁男童冒犯，女医生的丈夫对男童进行教育，数日后，女医生全家被人肉搜索，女医生不堪精神压力，吞 500 片安眠药自杀，8 月 5 日，该医生自杀案开庭审理，3 人被告侵犯隐私。

案件分析：

本案件涉及当事人人格权受到侵害。人肉搜索是指行为未经权利人同意，通过网络等途径将其身份、照片、生活细节等个人信息公布于众。个人网络信息的搜集、使用和处理直接关系到信息主体的人格权和人格尊严。

我国《刑法》规定，违规向他人出售或提供公民个人信息，情节严重的处三年以下有期徒刑或拘役，并处或单处罚金；情节特别严重的处三年以上七年以下有期徒刑并处罚金。2017 年 6 月 1 日起，《中华人民共和国网络安全法》《最高人民法院与最高人民检察院关于办理侵犯公民个人信息刑事案件适用法律若干问题的解释》等法律相继实施，明确人肉搜索泄露他人信息是违法刑事犯罪行为。2020 年 3 月 1 日起，《网络信息内容生态治理规定》开始实行，明确规定，网络信息内容服务使用者和生产者、平台，不得开展网络暴力、人肉搜索等违法行为。根据我国《计算机信息网络国际联网安全保护管理办法》第七条规定“任何单位和个人不得违反法律规定，利用国际联网侵犯用户的通信自由和通信秘密”。

网络时代，每个人都可能是网络暴力的受害者，也可能是网络暴力的参与者，大学生要明白网络言论并非自由发挥，在平台发表言论时一定要认真仔细，对于相关信息的评论也要多一些积极正能量的言语，少一些无知的行为，不信谣、不传谣、不造谣，做一个知法守法好公民好网民。

【素质拓展 4-3】

2021 年 5 月 26 日，大学生李某在网上看到一则兼职刷单广告，后点击广告链接了解详情，客服通过QQ加好友的方式向李某介绍了刷单的流程及返利方式，李某在首笔刷单成功后逐步增加刷单金额，后对方以任务超时为由冻结资金，并诱导其继续刷单，李某发现被骗后向警方报案，合计被骗9万余元。

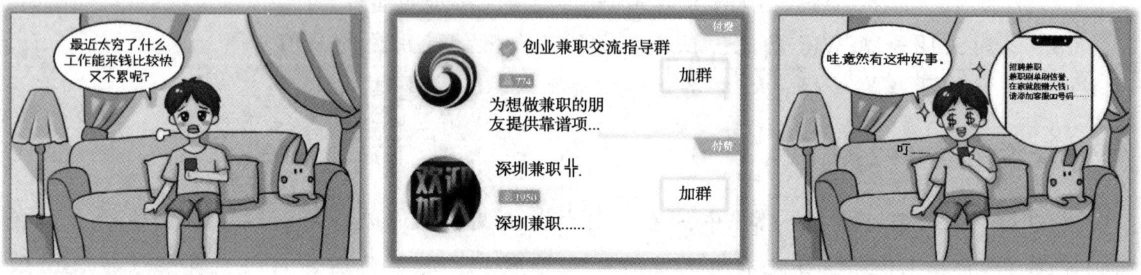

案件分析：

首先来看一下诈骗分子的套路步骤。第一步：诈骗分子利用网络平台散布“高薪兼职”刷单广告，诱导被害人添加好友，加群。李某点击链接进群后，客服向其介绍了刷单及返利的具体流程，网友在群内发布成功刷单账单，李某便按照客服的指导试刷收单，并立即收到返现。第二步：进群后，群内其他诈骗分子冒充其他“刷客”在群内分享成功“刷单账单”，获取被害人信任，诱导其进行刷单。李某在刷单成功后，放松警惕，在诈骗分子“多刷多赚”的诱导下进行了多单连刷。第三步：诈骗分子在获取被害人信任后，逐步增加刷单次数和金额。李某连续刷单后，诈骗分子以“刷单超时”为由冻结账户，并谎称重复刷单即可解冻账户，诱导李某继续刷单，李某在诈骗分子的诱导下共支付9万余元后被对方拉黑。第四步：诈骗分子在被害人大额刷单后设置障碍，诱导重复刷单，骗取更多资金。

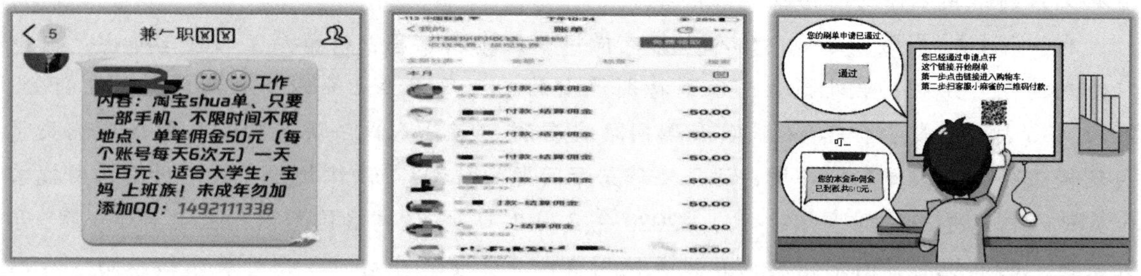

本案例为网络诈骗中最为常见且在高校中最易发生的刷单返利类诈骗。这类诈骗源于部分电商平台为吸引客户，采用虚构交易方式提升信誉与销量。随后衍生出灰色产业——刷单服务：诈骗分子以高额回报为诱饵，诱骗被害人刷单，在被害人支付大额资金后，以各种资金冻结、任务未完成等理由拒绝返还本、佣金。通常来说，刷单返利类诈骗手法(流程)为：散布广告——添加QQ、微信——虚假刷单数据——诱导刷单——小额返利——诱导大额刷单——设置障碍——结束诈骗。

近几年，公安部门破获的刷单返利类诈骗案件中，犯罪分子的诈骗方式又进一步迭代升级，目标群体范围更广，手法更为多样，可分为：点对点(广告撒网、开门见山、直接刷单)，群聊(抖音点赞、虚假证件、群聊诈骗)，会员制(会员制度、刷单代理、发展下线)

和复合型(刷单+网贷、刷单+理财、刷单+博彩)四类，在复合型诈骗类型中，犯罪分子往往会通过返点或是免费约炮等方式诱惑到受害人后以三方合作的名义引入博彩平台进行“刷单+赌博”。

【素质拓展 4-4】

2021 年 6 月 2 日，王某手机收到一条“正规平台、手续简单、高额度、低利息”的短信，由于王某近期急需用钱，便点击链接添加客服 QQ 好友后进行了解，王某根据对方诱导，下载并注册了贷款 APP，后平台向其收取 3000 元手续费，再以银行卡填写错误等理由先后向王某收取激活费、保证金等共计 10 万余元。

案件分析：

套路步骤如下，王某因急需用钱，浏览网贷平台，后收到虚假贷款广告，点击链接后，诈骗分子冒充平台客服与诱导其填写个人信息。第一步：引流链接，诈骗分子在获取浏览“贷款”类广告人群数据后，定向推送虚假广告链接，骗取个人信息。王某在骗子提供的平台填写了贷款信息后，骗子谎称审核通过，并索要保证金 3000 元。第二步：收取费用，诈骗分子以平台需要保证金、手续费等为由，向被害人收取费用。骗子在收取了王某保证金后，又以银行卡号填写信息有误，账户被冻结向王某收取了“解冻费”再以王某个人信誉有瑕疵，需要以“刷流水”的形式消除不良记录，诱导王某向其提供的账户转账，后王某因一直未能成功贷款发现被骗，合计被骗金额 10 万余元。第三步：设置障碍，诈骗分子在高额低息的贷款诱惑下，通过设置“信息填写错误”“征信瑕疵”等障碍实施诈骗。

本案为网络贷款类诈骗典型案例。诈骗分子以急需用钱人员为目标对象，利用“低利息、高额度”等虚假贷款广告诱导被害人缴纳“保证金”“手续费”等实施诈骗。这类诈骗可分为：主动型，诈骗分子在非法获取被害人贷款信息后主动电话实施诈骗；被动型，诈骗分子散布虚假广告，诱导被害人上钩。诈骗手法(流程)为：散布广告——添加QQ、微信——虚假贷款平台——导注册——收取保证金——设置障碍——收取解冻费——结束诈骗。

【素质拓展4-5】

2021年6月30日，应届毕业生王某接到自称某平台客服的电话，称其在其平台借的校园贷，现因国家政策原因要进行注销，否则将影响个人征信。王某信以为真，在骗子的诱导下，向其他网贷平台借款1万元进行“清除流水”“贷款注销”。

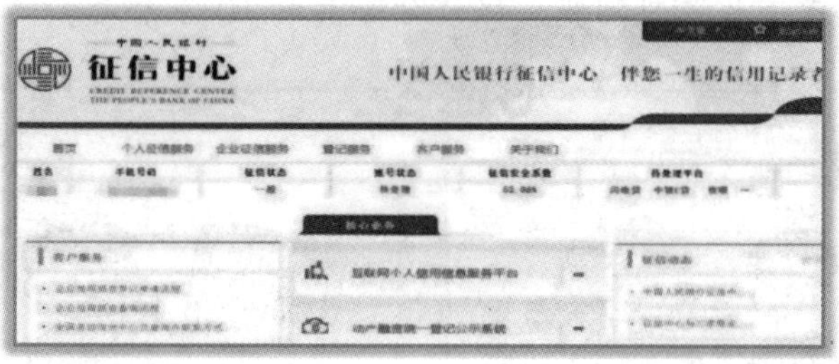

案件分析：

本案为近年兴起的网络贷款类诈骗衍生手法——注销“校园贷”。什么是校园贷？这是一种在校生仅需向非法借贷平台提供学生证、身份证、联系电话、家属身份信息等就可以从平台借到几千乃至上万的贷款。这类贷款“零门槛、无抵押、无利息、一秒到账、先消费后付款!”甚至可以“裸贷”，并设计出“手机贷”“整容贷”“培训贷”“求职贷”“创业贷”等五花八门的形式，引诱涉世未深的在校学生过度消费。一旦学生违约无法偿还贷款和利息，不法分子就会通过暴力催收、骚扰父母亲友等各种手段追债，让一些大学生深陷其中。为防控风险，2016年4月，教育部、银监会和人力资源部联合印发规范校园贷款管理的文件，明确取缔校园贷款这项业务，任何网络贷款机构不得向在校大学生发放贷款。但一些不法分子竟然据此规定着手编写出了“注销网贷账号”这一诈骗剧本。

套路步骤如下：第一步，诈骗分子通过非法途径获取大学生个人信息后，冒用网贷平台客服身份，恐吓被害人配合注销“校园贷”否则影响个人征信；第二步，诈骗分子在获取被害人信任后，以“清除流水”“贷款注销”等为由收取费用，遇到资金短缺被害人，诱导其至网贷平台贷款转账。最终，受害大学生不仅原网贷款项不变，又背负了新的网贷。

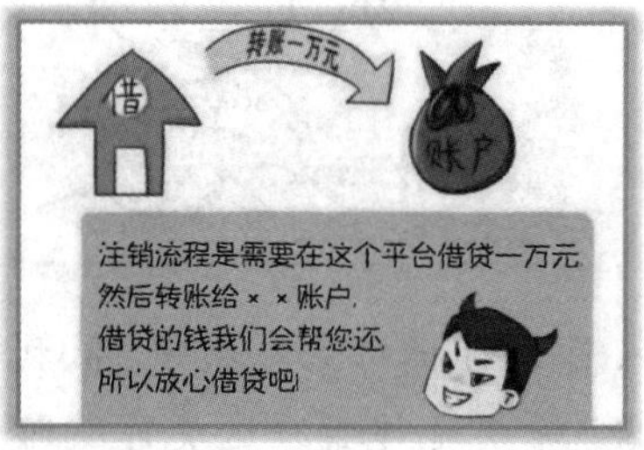

【素质拓展 4-6】

2021 年 6 月 18 日，红姐在网络平台看到某手机品牌在搞促销的广告，低于市场价 2000 元，点击链接后，客服称促销商品只能线下交易，于是红姐通过微信向对方提供的账号转账 6000 元。后一直未收到商品，发现被骗后向警方报案。

案件分析：

本案属网络购物类诈骗案件中的虚假购物诈骗。诈骗分子以网购人群为目标对象，发布虚假、低价商品信息，诱导被害人付款，或冒充电商、物流平台客服谎称退赔，实施诈骗。一般分两种类型：有去无回型——诈骗分子以低价商品诱导被害人转账后不发货；无中生有型——诈骗分子冒充客服以"商品质量问题"主动要求退赔，或以误将其注册为 VIP，需要交管理费等，后以"手续费""账户错误"等为由实施诈骗。这类案件的诈骗手法（流程）有如下三种方式：

（1）发布虚假广告——诱导线下支付——钱财有去无回——结束诈骗；

（2）冒充物流客服——主动退赔——设置障碍——结束诈骗；

（3）冒充电商客服——注销 VIP——设置障碍——结束诈骗。

本案中，红姐点击链接后，被平台虚假交易记录及评论迷惑，而客服以促销商品，系统问题，只能微信支付，并开始不停催促 1 分钟内不付款将关闭交易，红姐未能冷静思考，按照对方提示向对方微信转账 6000 元，数天后未收到商品，微信已被对方拉黑，红姐发现被骗。这些都是典型套路，第一步，诈骗分子通过网购平台、二手交易平台发布促销、低价商品信息，引诱被害人上钩；第二步，诈骗分子利用虚假交易记录、评论骗取被害人信任后，以各种理由将交易转移至线下支付，诱导其线下转账后消失。

【素质拓展 4-7】

2021 年 4 月 11 日，张阿姨接到自称某电商平台客服的电话，称其在平台购买的衣服因质量问题要求主动退赔，张阿姨根据对方提示加了 QQ 后，在收到的链接中填写了个人信息及银行卡信息，客服以“信息填写错误”“账户冻结”等理由向张阿姨收取“解冻费”等 1 万余元，后又以“屏幕共享”操作，将其卡内余额 5 万元转出，发现被骗后张阿姨向警方报案。

案件分析：

本案为网络购物类诈骗案件中的冒充客服退赔类。

第一步：诈骗分子通过非法途径获得被害人网购信息，并冒用电商客服联系被害人，主动要求大额退赔。在张阿姨接到电话自称淘宝平台客服，称其在网店购买的衣服存在质量问题，现要进行退赔，张阿姨根据对方的提示，加了 QQ 号好友。

第二步：诈骗分子通过以退赔的名义发送链接获取被害人个人信息，设置“信息填写错误”“账户冻结”等障碍收取费用，并再次谎称费用会退还。张阿姨按照对方的要求，填写了个人资料(姓名、身份证、手机号、银行卡等)，后对方称信息填写错误，账户被冻结，需要缴纳解冻费 1 万元(称会退还)。

第三步：诈骗分子以索要验证码、屏幕共享等方式将被害人卡内资金转出。张阿姨根据对方要求，将手机验证码告知对方，后对方要求张阿姨下载“腾讯会议”，开启了屏幕共享，后发现其卡内余额5万元被转出，再次跟客服联系时已被对方拉黑。

【素质拓展4-8】

2021年4月17日，小王接到自称某电商平台客服的电话，告知因操作失误，将其开通过VIP会员，享受折扣同时每月需缴纳600元会员费。后引导小王通过“银行客服”进行取消会员操作，“银行客服”以资金核实为由，诱导小王将资金转至对方提供的“安全账户”，并承诺24小时内全部退还，24小时后小王并未发现资金退还，致电“银行客服”已被对方拉黑，发现被骗后报警，合计被骗金额12万元。

案件分析：

此案为网络购物类诈骗中的冒充客服取消会员诈骗。

第一步：诈骗分子在非法获取被害人购物信息后，冒用平台客服联系被害人，谎称因操作失误将其注册为VIP会员，每月需缴纳会员费，并诱导其至银行客户端办理会员取消。

第二步：诈骗分子用角色扮演的形式迷惑被害人，并通过链接获取其个人信息。在本案中，小王向“银行客服”提出取消会员申请，并按照对方提供的平台填写了个人信息(姓名、身份证、手机号码、银行卡等)。

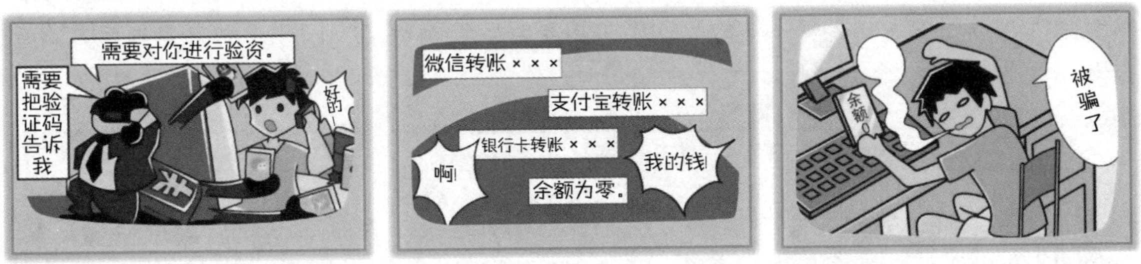

第三步：诈骗分子以取消会员需“验资”为由，诱导被害人将全部资金转至指定账户，最终成功实施诈骗。本案中，小王按照“银行客服”的要求，将所有资金转至对方提供的“安全账户”进行“验资”，并将手机银行支付密码及验证码告知对方，后发现全部资金被转出且并未返还，遂报警。

在案例4~案例6这三个真实案例的教训中，要记牢三点：第一，一定不要随意直接转账，包括但不仅限于银行、微信、支付宝、QQ转账等，线上交易一定要在常见的交易平台，某东、某宝、某鱼、某当等，其他不常听说的交易平台不要随意交易；第二，任何验证码都不要随意告诉他人，尤其是陌生人，很多时候验证码是你资金安全的最后一道屏障；第三，一定要记住，没有什么“安全账号”！

【素质拓展 4–9】

2021 年 1 月 20 日，张某在社交软件上认识自称空姐“丽丽”的女性，后与其建立网恋男女朋友关系，对方很快提出见面，在见面当天称家里临时出事，需要处理一下，后称爷爷山上采茶摔倒住院，需代为打理爷爷的茶叶店，“丽丽”主动向张某推销茶叶，催促其购买，张某先后向其支付了 1 万余元购买茶叶，但却始终未收到茶叶，向“丽丽”索要茶叶时被其拉黑。

案件分析：

本案为网络交友类诈骗，这类诈骗以情感为媒介，利用网络平台隐蔽性，诈骗他人钱财。分为传统类型(网恋要红包、博取同情)和升级类型(杀猪盘)，这起案件属于博取同情类。此类案件的诈骗手法(流程)为：构建人设——添加 QQ、微信——获取信任——建立恋爱关系——索要红包——导入博彩——无法取现——结束诈骗。

本案中，第一步：诈骗分子在社交平台构建高大上人设后，主动加好友，主动关心，骗取信任后建立恋爱关系，并主动提出见面，获得对方信任。单身汉小张在某社交软件上被一个叫“丽丽”的女性搭讪，很快两人建立了男女恋爱关系，“丽丽”主动提出因工作出差上海，可以见个面。

第二步：诈骗分子获取信任后，编造突发状况，博取同情心，为后续骗钱做准备。随后，“丽丽”称突发情况不能见面，告知其爷爷上山采茶期间不慎摔倒住院，需要回去照顾爷爷及爷爷的茶厂。

第三步：诈骗分子以情感绑架诈骗对象，通过索要红包、购买虚假物品的形式实施诈骗。“丽丽”在朋友圈分享低落情绪，小张为安抚情绪，主动购买茶叶，先后共支付1万余元，但“丽丽”却未发货，后主动问及情况，被“丽丽”拉黑。

【素质拓展4-10】

2021年6月20日，小刘微信收到添加好友申请，同意后，双方开始联系，对方主动示好，并建立网络恋爱关系，该女子自称“高级理财师”，后将小刘拉进高级理财群，后该女子以知道博彩平台漏洞，要请小刘一起加入博彩，在投资50万元后小刘发现平台不能取现，后其微信也被该女子拉黑，遂报警。

案件分析：

本案为网络交友类诈骗中的典型案例——杀猪盘(博彩)。第一步：寻猪，诈骗分子在社交平台、网恋平台主动添加好友方式，通过主动关心、言语诱惑等方式与目标对象建立情感关系。小刘的微信被陌生人添加好友，后对方主动关心，经过一段时间的相处，两人确立了恋爱关系。

第二步：诱猪，诈骗分子用虚假人设蒙蔽被害人，并谎称知道博彩平台内幕，诱导其试水。女子以“拼单名媛”朋友圈构建白富美人设，并自称“高级理财师”，知道内幕消息，小刘信以为真，并在其推荐的博彩平台试水成功。

第三步：杀猪，诈骗分子在取得被害人信任后，通过后台操纵数据，诱导其大额投入。在成功试水后，小刘充分信任该女子，并在其诱导下投入50万元，后平台无法登陆、无法取现发现被骗。

【素质拓展 4-11】

2021 年 4 月 20 日，张女士接到自称银行工作人员电话，称其银行卡涉嫌犯罪，并将电话转接至“公安机关”，后向其发送涉案“法律文书”，并要求接受审查，最终被骗 600 万余元。

案件分析：

冒充身份类诈骗是一种最为常见的以假冒身份骗取信任后索要钱财的“短平快”的诈骗手法，可分为冒充公检法(威胁恐吓、涉嫌犯罪、洗脱罪名)和冒充领导、熟人(紧急资金周转)两类。本案为典型的冒充公检法诈骗。一般诈骗手法(流程)为：电话告知犯罪——转接警方——虚假法律文书——威胁恐吓——洗脱罪名——植入木马——资金审查——结束诈骗。

第一步：诈骗分子利用非法获取的个人信息，冒充网信、银行等部门工作人员电话被害人告知其涉嫌犯罪，并通过角色扮演，将电话转至公安机关。张女士接到自称银行工作人员电话(008517283391)，告知其银行卡涉嫌犯罪，要对其资金进行冻结，并将其电话转接至北京警方。“民警”向其发送虚假涉案法律文书。

第二步：通过发送真身身份信息的虚假文书，达到威慑、恐吓的目的，并告知其案件涉密，不得泄露。张女士信以为真，并按照对方的指示，开了宾馆、办了新银行卡，一步步将资金转移到新卡上接受审查。

第三步：诈骗分子在成功恐吓后，以案件涉密为由要求被害人断绝外界联系，并以“帮其洗脱罪名”为由，将资金集中到新办的银行卡内。

第四步：诈骗分子诱导被害人在手机里下载木马软件，方便拦截验证码，后将资金全部转出。张女士按照对方的提示在手机里下载了“安全防护”，并将验证码告知对方，后发现卡内金额全部被转出，后报警。

针对这类案件，向同学们再次强调，一是公、检、法办理案件不可能电话办案；二是一定没有“安全账号”“安全资金”等一说；三是验证码一定不要告诉其他人！

思考题

(1) 你如何保护自己的个人信息安全不受侵害？

(2) 高校常见的电信网络诈骗类型有哪些？若你遇到了应该怎么办？

(3) 日常生活中，你在网络上是否做过或遇到过不当行为或是违法行为？相对应的法律法规知识你掌握多少？

(4) 你认为应该养成哪些良好的上网习惯？

(5) 请你从社会–学校–家庭–个人这四个角度谈一谈应该如何加强网络信息安全？

第5章 防火防爆与化学品安全

火灾爆炸、化学品中毒、触电均是生产生活中常见的事故，易造成重大人员伤亡和财产损失，因此，掌握防火防爆知识、防化学品毒害知识以及防触电知识，积极防止火灾、爆炸、中毒、触电等事故的发生，是保障自身健康生活与社会安全生产的重要任务。本章阐述了防火防爆安全、化学品安全以及电气安全等基本知识，针对火灾爆炸事故、化学品毒害事故、触电事故等事故发生后的应急处置技术进行系统介绍。

本章的重点是防火防爆技术措施、危险化学品及其危险性、触电及预防、火灾爆炸事故、触电事故以及中毒事故的应急处置。

5.1 防火防爆基本知识

5.1.1 火灾爆炸事故的特征和原因

5.1.1.1 火灾和爆炸事故的主要特点

(1) 严重性：火灾和爆炸引起的损失和伤亡往往都比较严重。不仅带来财物方面的经济损失，严重的还会导致人员伤亡。

(2) 复杂性：发生火灾和爆炸事故的原因往往比较复杂。如物体形态、数量、浓度、温度、密度、沸点、着火能量、明火、电火花、化学反应热、物质的分解、自燃、热辐射、高温表面、撞击、摩擦、静电火花等都可能是引发火灾爆炸的因素，因此事故成因复杂。

(3) 突发性：火灾、爆炸事故的发生往往是人们意想不到的，特别是爆炸事故，很难知道在何时、何地会发生，往往在我们放松警惕、麻痹大意的时候发生，或在我们工作疏漏时发生。

5.1.1.2 火灾、爆炸事故发生的一般原因

经大量的事故调查和分析，火灾、爆炸事故发生的原因基本有以下五个方面：

(1) 人为因素：由于操作人员缺乏业务知识；事故发生前思想麻痹、漫不经心、存在侥幸心理、不负责任、违章作业，埋下隐患；事故发生时惊慌失措、不冷静处理，导致事故扩大。

(2) 设备因素：由于设备陈旧、老化，设计、安装不规范，质量差以及安全附件缺损、失效等原因。

(3) 物料因素：由于使用的危险化学物品性质、特性、危害性不一样，反应条件、结果和危险程度也不一样。

(4) 环境因素：同样的生产工艺和条件，由于生产环境不同结果有可能就会不一样。如厂房的通风、照明、噪声等环境条件的不同，都有可能产生不同的后果。

(5) 管理因素：由于管理不善、有章不循或无章可循、违章作业等也是很重要的原因。

以上五个因素，也可归纳为人、设备、环境三个因素。管理因素可认为是人为因素，物料因素可认为是设备因素。

5.1.2 物质的燃烧与爆炸

燃烧是一种放热、发光、生成新物质的化学反应。生成新物质是燃烧与一般物理加热的根本区别，如电流通过灯丝时放热、发光，但不产生新物质，所以不是燃烧。火灾是失去控制并对人、物造成损害的燃烧，化学爆炸是高速进行的燃烧。因此要预防、控制火灾和爆炸，就必须了解燃烧是如何形成的。

5.1.2.1 燃烧的必须条件和其他影响燃烧的条件

(1) 燃烧三要素：可燃物、助燃物(氧化剂)和温度(火源或点火源)，这三个要素就是燃烧反应中必须同时具备的三个条件，三者缺一不可；如果在燃烧过程中，用人为的方法和手段消除其中一个条件，燃烧反应就会终止，这就是灭火的基本原理，如图5-1所示。

① 可燃物：凡能与空气和氧化剂起剧烈反应的物质称为可燃物。按形态，可燃物可分为固体可燃物、液体可燃物和气体可燃物三种。

② 助燃物：凡能帮助和维持燃烧的物质，均称为助燃物。常见的助燃物有空气和氧气，还有氯气、氯酸钾、高锰酸钾等氧化性物质也是助燃物。

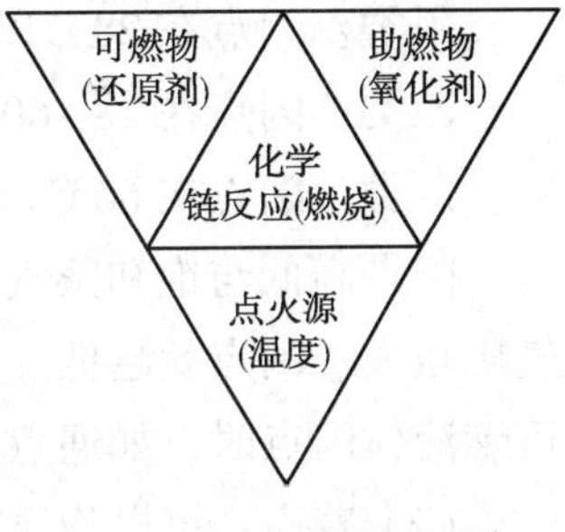

图5-1 物质燃烧的三要素

③ 火源：凡能引起可燃物质燃烧的能源，统称为火源。火源主要有以下五种。明火：明火炉灶、柴火、煤气炉(灯)火、喷灯火、酒精炉火、香烟火、打火机火等开放性火焰等；火花和电弧：火花包括电气焊接和切割的火花、砂轮切割的火花、摩擦、撞击产生的火花、烟囱中飞出的火花、机动车辆排出火花、电气开关、短路时产生的火花和电弧火花等；危险温度：一般指80℃以上的温度，如电热炉、烙铁、熔融金属、热沥青、砂浴、油浴、蒸汽管裸露表面、白炽灯等；化学反应热：化合(特别是氧化)、分解、硝化和聚合等放热化学反应热量等；其他热量：辐射热，传导热，绝热压缩热等。

(2) 燃烧的充分条件：一定的可燃物浓度、一定的氧气含量、一定的点火能量、未受抑制的链式反应。可燃物能否发生着火燃烧，又与点火源温度高低(热量大小)和可燃物的最低点火能量有关。

要发生着火燃烧，必须同时具备可燃物、助燃物、点火源三个基本条件，缺少任何一个条件，就不可能发生燃烧。但是，三个条件都具备，也不一定就会燃烧，还必须满足其他燃烧条件，如温度、压力、浓度(组分)、表面积大小、点火能量等方面都必须达到一定的极限范围，才能发生着火燃烧反应。如果在某个区域范围内，已同时具备了可燃物、助燃物、点火源三个条件，由于可燃物的温度过低或可燃物的浓度不足或助燃物中氧化物浓度低或者火源能量不足等时，燃烧反应就不能进行。如当某种物质遇到火源时，由于火源能量不足，燃烧反应也不能发生。

5.1.2.2 燃烧的类型

燃烧类型可分为闪燃、着火、自燃、爆炸四种。

(1) 闪燃：可燃液体的蒸气与空气混合遇到火源(明火)而发生一闪即灭的燃烧称为闪燃。可燃液体能发生闪燃的最低温度，称为该液体的闪点。可燃液体的闪点越低越容易着火，发生火灾、爆炸危险性就越大。从消防角度而言，“闪点”在防火工作的应用是十分重要的，它是评价液体火灾危险性大小的重要依据；“闪燃”是发生火警的先兆。闪点越低的液体，发生火灾危险性就越大。

① 低闪点液体：闪点<-18℃的液体；

② 中闪点液体：闪点-18℃≤闪点<23℃的液体；

③ 高闪点液体：闪点 23℃≤闪点≤61℃的液体。

根据可燃液体的闪点，我们将液体火灾危险性分为甲、乙、丙三类。

甲类：闪点在 28℃以下的液体；

乙类：闪点在 28~60℃以内的液体；

丙类：闪点在 60℃以上的液体。

闪点高低与饱和蒸气压及温度有关，饱和蒸气压越大、闪点越低；温度越高则饱和蒸气压越大、闪点就越低。所以，同一可燃液体的温度越高，则闪点就越低，当温度高于该可燃液体闪点时，如遇点火源就有被点燃的危险。

(2) 着火：可燃物质(在有足够助燃物情况下)与火源接触而能引起持续燃烧的现象(即火源移开后仍能继续燃烧)称为着火。使可燃物质发生持续燃烧的最低温度称为燃点或着火点。燃点越低的物质，越容易着火。

在防火防爆工作中，严格控制可燃物质的温度在闪点、燃点以下是预防发生爆炸、火灾的有效措施。用冷却法灭火，其道理就是将可燃物质的温度降到燃点以下，使燃烧反应终止而熄灭。

(3) 自燃：可燃物质在没有外部火花、火焰等火源的作用下，因受热或自身发热积热不散引起的燃烧。自燃因能量(热量)来源不同可分为受热自燃和本身自燃(自热燃烧)两种。

① 受热自燃：可燃物质受外界加热，温度上升至自燃点而能自行着火燃烧的现象，称为受热自燃。

② 本身自燃：可燃物质在没有外来热源作用下，由于本身的化学反应、物理或生物的

作用而产生热量，使物质逐渐升高至自燃点而发生自行燃烧的现象。

可燃物质在无明火作用下而自行着火的最低温度，称为自燃点。自燃点越低的物质，发生火灾的危险性就越大。

在化工生产中，可燃物质靠近蒸汽管、油管等高温烘烤过度，一旦可燃物质温度达到自燃点以上时，在有足够氧气条件下，没有明火作用就会发生燃烧；可燃物质在密闭容器加热过程中温度高于自燃点以上时，一旦泄漏出或空气漏入，没有明火作用也会发生燃烧。

(4) 爆炸：物质由一种状态迅速地转变成另一种状态，并在瞬间以机械功的形式放出大量能量的现象。

5.1.2.3 爆炸的形成及分类

(1) 爆炸的形成

爆炸发生破坏作用的根本原因是构成相对封闭的爆炸体系内存在或形成大量气体和大量热量，气体在热量的作用下膨胀却受阻，形成高压气体。一般来说，气体可来源于：①化学反应；②液体的蒸发；③本身就是压缩气体或液化气体。热量可来自：①化学反应；②外部受热等。

反应速度高、产生大量气体和热量，是爆炸的三个基本要素。而形成爆炸破坏力需要一定的条件：①一定浓度或数量的可燃物；②一定浓度或数量的助燃物(对于分解爆炸，则不需要助燃物的存在)；③可燃物和助燃物预先混合(对于分解爆炸，则不需要助燃物的存在)；④一定温度和热量的火源(对于分解爆炸则需要一定的压力)；⑤在一个相对封闭的空间。这五个条件常用爆炸破坏五边形表示，如图5-2所示。

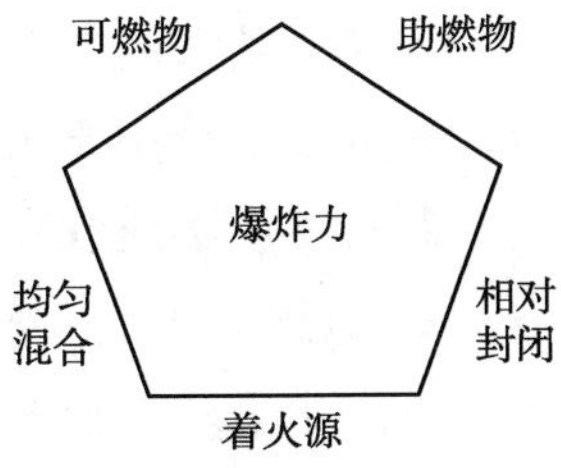

图5-2 爆炸破坏五边形

(2) 爆炸的分类

爆炸可分为物理性爆炸、化学性爆炸和核爆炸三类。化学性爆炸按爆炸时所发生的化学变化又可分为简单分解爆炸、复杂分解爆炸和爆炸性混合物爆炸三种。化工企业发生爆炸，绝大部分是混合物爆炸。

① 爆炸性混合物。可燃气体、蒸气、薄雾、粉尘或纤维状物质与空气混合后达到一定浓度，遇火源能发生爆炸，这样的混合物称为爆炸性混合物。可燃性气体、易燃液体蒸气或粉尘等与空气组成的混合物并不是在任何浓度下都会发生爆炸和燃烧，而必须在一定的浓度范围内，遇火源，才会发生爆炸。

② 爆炸极限。可燃气体、蒸气或粉尘(含纤维状物质)与空气混合后，达到一定的浓度，遇火源即能发生爆炸，这种能够发生爆炸的浓度范围，称为爆炸极限。能够发生爆炸的最低浓度称为该气体、蒸气或粉尘的爆炸下限。同样，能够发生爆炸的最高浓度，称为爆炸上限。

③ 影响爆炸极限的因素。影响气体混合物爆炸极限的主要因素有混合物的原始温度、含氧量、原始压力、惰性介质、火源、容器尺寸和材质等。

5.1.3 防火防爆技术措施

对于火灾爆炸的控制，必须按照“预防为主，防消结合”的原则，牢固树立“隐患险于明火，防范胜于救灾”的观念，针对“火灾爆炸源—传播途径—接受者(人或结构)”的灾害体系，采取预防、灭火、限制等综合对策。

预防技术对策就是防止火灾、爆炸的发生，这是从火灾爆炸源着手。根据物质燃烧爆炸原理，一定浓度或数量的可燃物、一定浓度或数量的助燃物和一定温度和热量的火源同时存在并且相互作用，燃烧才能发生，才会形成火灾或爆炸源。采取措施防止燃烧爆炸这三个基本条件的同时存在或者避免它们的相互作用，燃烧爆炸就不能形成，这是防火防爆技术的基本原理。

5.1.3.1 灭火技术措施

(1) 常用灭火剂及其适用性

灭火剂是能够有效地破坏燃烧条件、中止燃烧的物质。选择灭火剂的基本要求是灭火效率高，使用方便，资源丰富，成本低廉，对人和环境基本无害。常用灭火剂有以下几种。

① 水(或水蒸气)。水是最常用的灭火剂，主要作用是冷却降温，也有隔离窒息的作用。它可以单独用于灭火，也可以与其他不同的化学添加剂组成混合物使用。除了带电物质、遇水燃烧物质和非水溶性燃烧液体的火灾外，一般都可以用水(或水蒸气)进行灭火。

② 泡沫灭火剂。泡沫灭火剂分为化学泡沫灭火剂和空气灭火剂两大类。化学泡沫灭火剂主要由化学药剂混合发生化学反应产生，一般是二氧化碳，它可以覆盖易燃液面，起隔离和窒息的作用。空气泡沫灭火剂是由一定比例的泡沫液、水在泡沫发生器内进行机械混合搅拌而生产的气泡，泡内一般是空气。泡沫灭火剂主要用于扑救各种不溶于水的可燃、易燃液体的火灾，也可用来扑救木材、纤维、橡胶等固体的火灾。

③ 干粉灭火剂。常用的干粉灭火剂是由碳酸氢钠、细砂、硅藻土或石粉等组成的细颗粒固体混合物。它依靠压缩氮气的压力被喷射到燃烧物表面上，起到覆盖、隔离和窒息的作用。干粉灭火剂的灭火效率比较高，用途非常广泛，可用于可燃气体、易燃液体、电气设备、油类、遇水燃烧物质等物品的火灾。

④ 二氧化碳灭火剂。二氧化碳灭火剂是将二氧化碳以液态的形式加压充装于灭火器中，灭火时二氧化碳从钢瓶喷出时迅速汽化，不燃也不助燃。二氧化碳灭火剂可用于扑救电气设备和部分忌水性物质的火灾，也可用于扑救精密仪器、机械设备、图书、档案等的火灾。

⑤ 7150 灭火剂。7150 灭火剂是一种无色透明液体，主要成分是三甲氧基硼氧六环，是扑救镁铝合金等轻金属火灾的有效灭火剂。

⑥ 其他灭火剂。除了以上几种灭火剂外，惰性气体、卤代烷也可作灭火剂。另外，用沙土覆盖物来灭火也很广泛。

发生火灾时，要根据火灾的类别和具体情况选择适当的灭火剂，以达到最好的效果。

5.1.3.2 防火防爆安全装置

(1) 阻火装置

阻火装置的作用是防止火焰窜入设备、容器与管道内，或阻止火焰在设备和管道内扩展。常见的阻火装置包括安全液(水)封、水封井、阻火器和单向阀。

① 安全液封。一般装设在气体管线与生产设备之间，以水作为阻火介质。其作用原理是由于液封中装有不燃液体，无论在液封的两侧中哪一侧着火，火焰至液封处即被熄灭，从而阻止火势的蔓延。

② 水封井。水封井是安全液封的一种，一般设置在含有可燃气体或油污的排污管道上，以防止燃烧爆炸沿排污管道蔓延，其高度一般在250mm以上。

③ 阻火器。燃烧开始后，火焰在管中的蔓延速度随着管径的减小而减小。当管径小到某个极限值时，管壁的热损失大于反应热，火焰就不能传播，从而使火焰熄灭，这就是阻火器的原理。在管路上连接一个内装金属网或砾石的圆筒，则可以阻止火焰从圆筒的一端蔓延到另一端。

④ 单向阀。又叫止逆阀、止回阀，是仅允许流体向一定方向窜入未燃低压部分，引起管道、容器、设备爆裂，如液化石油气气瓶上的调压阀就是一种单向阀。

(2) 火灾自动报警装置

它的作用是将感烟、感温、感光等火灾探测器接收到的火灾信号，用灯光显示出火灾发生的部位并发出报警声，唤起人们尽早采取灭火措施。火灾自动报警装置主要由检测器、探测器和探头组成，按其结构的不同，大致可分为感温报警器、感光报警器、感烟报警器和可燃气体报警器。如某个房间出现火情，既能在该层的区域报警器上显示出来，又可在总值班室的中心报警器上显示出来，以便及早采取措施，避免火势蔓延。

(3) 防爆泄压装置

防爆泄压装置包括安全阀、防爆片、防爆门和放空管等。安全阀主要用于防止物理性爆炸；防爆片和防爆门主要用于防止、减轻或降低化学性爆炸破坏程度；放空管是用来紧急排泄有超温、超压、爆聚和分解爆炸危险的物料。

① 安全阀。安全阀是为了防止非正常压力升高超过限度而引起爆炸的一种安全装置。设置安全阀时要注意安全阀应垂直安装，并应装设在容器或管道气相界面上；安全阀用于泄放易燃可燃液体时，宜将排泄管接入储槽或容器；安全阀一般可就地排放，但要考虑放空口的高度及方向的安全性；安全阀要定期进行检查。

② 防爆片。防爆片的作用是排泄设备内气体、蒸气或粉尘等发生化学性爆炸时产生的压力，以防设备、容器炸裂。防爆片的爆破压力不得超过容器的设计压力，对于易燃或有毒介质的容器，应在防爆片的排放口装设放空导管，并引至安全地点。防爆片一般装设在爆炸中心的附近效果比较好，一般6~12个月更换一次。

③ 防爆门。防爆门一般设置在使用油、气或煤粉作燃料的加热炉燃烧室外壁上，在燃烧室发生爆燃或爆炸时用于泄压，以防止加热炉的其他部分遭到破坏。

5.2 化学品安全基本知识

5.2.1 化学品的重要地位

随着科学技术的发展和人类文明的进步，无论农业、工业、交通运输、国防、文化教育、体育卫生，还是人们的日常生活，都离不开化学工业为其提供各种各样的化工产品。化学物质，现代社会中几乎所有领域都以某种方式与它相依存，人们的衣食住行都以不同程度和它相联系。因此，它的年产量以亿吨计，品种达千万种以上，而且每年还在以相当大的速度递增，现已为人知的化学品已增加到700万种，而且每年还有1000多种化学品问世。

如此品种繁多、数量巨大的化学物质，或作为基本原料、基本能源，或作为具有医药、农药、染料等种种特性的功能材料而支撑着人类社会大厦，推动着历史发展，给人们带来了无尽的财富和享受。可以毫不夸张地说，没有化学物质就没有现代的物质文明。化工产品用途之广泛，对国家经济发展和人民日常生活影响之大，是其他工业产品无可比拟的。化学工业作为国民经济的支柱产业之一，也是现代经济发展和人民物质文化生活提高的重要基础。

然而化学物质也和其他许多科技成果一样是一把“双刃剑”，既可以如上所说造福于人类，又可以给人类造成伤害。但化学物质的危险性，不像刀枪、水火那样外露、易识。有的还要经过很长时间才逐渐显现。因此，化学物质的危险性往往是潜在的。人们从追求长生不老药的炼丹术到火药的发明，从硝酸铵作为化肥到作为爆炸能源的重要组成部分经历了一个很长的历史过程，其中不乏许多人的血泪与生命教训。滴滴涕(DDT)曾作为杀虫剂在农业和军事上(第二次世界大战期间用于野战军用帐篷里灭蚊，防治疟疾)发挥过巨大的作用，并且其功能的发现者米勒在1948年获得了诺贝尔奖，而日后却逐渐暴露出了它在自然界的难分解性、生物浓缩性，因而具有毒害性，从20世纪70年代开始已被一些发达国家列入受控制的化学物质之列。人们应用化学物质的历史，似乎验证了一百多年前法国著名的保健学家贝尔纳的论断：食物、药物和有毒化合物并无本质的区别，有的只是摄取量的问题。除毒害性外，化学物质还可能有燃爆、腐蚀、放射等潜在危险性，潜伏深度可能极不相同。当它们潜在的这些危险性通过所酿成的事故或科学试验暴露、揭示出来并达到一定程度(标准)后，就把它们划归为危险性化学物质——即可以导致人身伤害、职业病、物质损失、环境与生态破坏的化学物质。

如何充分获得化学物质的“利”而抑制或避免它的“弊”，这就是对化学物质如何进行科学的管理与控制问题。遵循的公式可能有两个：

(1) 开发-利用-事故-认识-控制-淘汰(代之以新一代化学物质)。

(2) 开发-研究(试验)-控制-利用-淘汰(代之以新一代化学物质)。

显然现在人们越来越需要遵循第(2)种途径来应用化学物质。但由于化学物质的品种繁多、数量巨大、性能各异，流通遍及全球，实现第(2)种途径难度也很大。这不是一地一国可以实现，而必须动员全世界的力量，进行化学品的国际化管理。

5.2.2 危险化学品及其危险性

按照《危险化学品安全管理条例》，危险化学品是指具有毒害、腐蚀、爆炸、燃烧、助燃等性质，对人体、设施、环境具有危害的剧毒化学品和其他化学品。危险化学品具有不同程度的燃烧、爆炸、毒害、腐蚀等特性，受到摩擦撞击、震动，接触火源、日光、暴晒，遇水受潮、温度变化或遇到性质相抵触的其他物品等外界因素的影响，容易引起燃烧、爆炸、中毒、灼烧等人身伤亡或财产损失事故。

(1) 爆炸品

凡是受到摩擦撞击、震动、高温或其他外界因素的激发，能以极快的速度发生剧烈的化学反应，瞬时产生大量的气体和热量，致使周围温度迅速上升和产生巨大压力，发生爆炸，对周围环境造成破坏，同时伴有光、声、烟雾等效应的物品，均为爆炸品。

爆炸品的主要特性是爆炸性、撞击(震动)和高温的敏感度。

(2) 压缩气体和液化气体

为了便于储存、运输和使用，将气体加压、降温、压缩或液化后储存于钢瓶内。在钢瓶中处于气体状态的称为压缩气体，处于液体状态的气体称为液化气体。此外，本类还包括加压溶解的气体，如乙炔。

除气体本身的危险特性(如易燃性、助燃性、毒害性或窒息性)外，储于钢瓶内的压缩气体、液化气体或加压溶解的气体易受热膨胀，压力升高，使钢瓶爆炸，特别是液化气体充装超量时爆炸性尤其明显。

(3) 易燃液体

易燃液体是指常温下(其闭杯试验闪点等于或小于61℃)极易着火燃烧的液体、液体混合物或含有固体物质的液体。易燃液体的主要特性是具有高度易燃性(如汽油只需很微小的一点火花就可点燃)和易爆性。易燃液体的挥发性大，当盛放易燃液体的容器有某种破损或密封不严时，挥发出来的易燃蒸气扩散到存放或运载该物品的库房或车厢的整个空间，与空气混合，当浓度达到一定范围，即达到爆炸极限时，遇一定能量的点火源即能引起爆炸燃烧。

(4) 易燃固体

凡是燃点较低，在遇明火、受热、撞击、摩擦或与某些物品(如氧化剂)接触后，会引起强烈、迅速燃烧，并可能散发出有毒烟雾或有毒气体的固体物质称为易燃固体。这类物质主要是一些化工原料及其制品，不包括已列入爆炸品的物质。

(5) 自燃物品和遇湿易燃物品

自燃点较低，不需要外界明火的作用，而是由于物质本身的化学变化(通常是由于缓慢的氧化作用)或受外界热源(温度)的作用，发热并积热不散导致温度升高达到其自燃点而引起自行燃烧的物品，称为自燃物品。如浸渍油脂的棉纱、碎布等纤维材料容易发生自燃。

凡是遇水能发生剧烈反应，放出可燃气体，同时产生热量，从而引起燃烧的物质，称为遇湿易燃物品。如活泼金属、金属氢化物、硼氢化合物、磷化物等。

(6) 氧化剂和有机过氧化物

氧化剂是指处于高氧化态，具有强氧化性，易分解并放出氧和热量的物质，包括含有过氧基的无机物。其本身不一定可燃，但能导致可燃物的燃烧，与松软的粉末状可燃物能组成爆炸性混合物，对热、震动或摩擦较为敏感。分为无机氧化剂、有机氧化剂。如过氧化钠、高氯酸钠硝酸钾、高锰酸钾等为无机氧化物，过氧化苯甲酰、过氧醋酸等有机氧化剂。有机过氧化物指分子组成中含有过氧基的有机物，其本身易燃、易爆，极易分解，对热、震动或摩擦极为敏感。

(7) 有毒品和腐蚀品

凡少量进入人畜体内或与机体组织发生作用，破坏正常生理机能，引起机体暂时或永久性病变，甚至死亡的物质，称为毒害品。

凡是与人体、动植物、纤维制品、金属等能发生化学反应并造成明显损坏现象的物质，称为腐蚀品。某一危险化学品往往具有多种危险性，如毒害品，不但具有毒性，而且具有易燃、易爆、腐蚀等特性。上述分类是按照“择重入列”的原则，即根据危险化学品特性中的主要危险性，确定其归于哪一类。如毒害品因其毒性较突出则列入毒害品，也有剧毒的有机化合物(如丙烯腈)因其燃烧的危险性更大而列入易燃液体类。

5.2.3 化工事故特征

根据我国30余年的统计资料，化工厂的火灾爆炸事故死亡人数占因工死亡总人数的13.8%，占第1位，中毒窒息事故致死人数为总人数的12%，占第2位，其他为高空坠落和触电，分别占第3、第4位。

很多化工原料的易燃性、反应性和毒性本身决定了上述事故的频繁发生。反应器、压力容器的爆炸以及燃烧传播速度超过音速时的爆轰，都会造成破坏力极强的冲击波，会造成建筑物倒塌、墙壁崩裂、人员被压伤亡等严重后果。

由于管线破裂或设备损坏，大量易燃气体或液体瞬间泄放，便会迅速蒸发形成蒸气云团，并且与空气混合达到爆炸下限，随风飘移，如果进入居民区遇明火爆炸，其后果是难以想象的。据估计，50t的易燃气体泄漏，将会造成直径为700m的云团，在其覆盖下的居民，将会被爆炸火球或扩散的火焰灼伤，同时，还会因缺氧而窒息致死。

多数化学物品对人体有害，生产中由于设备密封不严，特别是，在间歇操作中泄漏的情况很多，容易造成操作人员的急性和慢性中毒。据化工部门统计，因一氧化碳、硫化氢、氮气、氮氧化物、氨、苯、二氧化碳、二氧化硫、光气、氯化钡、氯气、甲烷、氯乙烯、磷、苯酚、砷化物等16种物质造成中毒、窒息的死亡人数占中毒死亡总人数的87.9%。而这些物质在一般化工厂中都是常见的。

化工装置的大型化使大量化学物质处于工艺过程中或储存状态，一些比空气重的液化气体如氯等，在设备或管道破口处扩散，会很快致人中毒，甚至死亡。

化工生产具有易燃、易爆、易中毒、高温、高压、易腐蚀等特点，与其他行业相比，化工生产潜在的不安全因素更多，危险性和危害性更大，因此安全生产的要求也就更加严格。

(1) 安全生产是化工生产的前提。由于化工生产中易燃、易爆、有毒、有腐蚀性的物质多，高温、高压设备多，工艺复杂，操作要求严格。如果管理不当或生产中出现失误，就可能发生火灾、爆炸、中毒或灼伤等事故，影响生产的正常进行，轻则影响产品的质量、产量和成本，造成生产环境的恶化，重则造成人员伤亡和巨大的经济损失，甚至毁灭整个工厂，危及周围地区。

(2) 安全生产是化工生产的保障。要充分发挥现代化工生产的优势，必须实现安全生产，确保装置长期、连续、安全地运行。

(3) 安全生产是化工生产的关键。化工新产品的开发、新产品的试生产必须解决安全生产问题，否则便不能转化为实际生产过程。

5.2.4 化学品从业人员法定权利与义务

生产经营单位的从业人员是各项生产经营活动最直接的劳动者，他们能否安全、熟练地操作各种生产经营工具进行作业，能否得到人身安全和健康的切实保障，能否严格遵守劳动安全卫生规章制度和操作规程，往往决定了一个生产经营单位的安全水平、职业病防治水平。党和国家历来重视生产经营单位从业人员的劳动安全卫生权利，除《宪法》和《劳动法》等法律有原则性的规定外，《安全生产法》《职业病防治法》以其安全生产、职业病防治工作的基本法律地位，将从业人员的安全卫生权利义务，上升为一项基本法律制度，这对强化从业人员的权利意识和自我保护意识，提高从业人员的安全素质，改善生产经营条件，促使生产经营单位加强管理和追究侵犯从业人员安全生产权利行为的法律责任，都具有重要意义。

《安全生产法》《职业病防治法》明确了生产经营单位的各类从业人员必须享有的、有关安全生产、职业病防治和人身安全健康的最重要、最基本的权利。从业人员依法享有安全生产的权利的同时，必须承担相应的安全生产的法律义务和法律责任。

(1) 劳动安全卫生培训权和接受培训、掌握安全生产技能的义务

从业人员的安全生产意识、安全知识和安全技能的高低，直接关系到生产经营活动的安全可靠性。危险化学品生产经营单位从业人员需要具有系统的安全知识、熟练的安全生产技能，以及对不安全因素和事故隐患、突发事故的预防、处理能力和经验。为此从业人员必须经过专门的安全生产教育培训，才能上岗工作。未经安全生产教育和培训或者考核不合格的从业人员，不得上岗作业。

一般来说，从业人员安全教育的内容涉及安全生产法律法规、安全生产规章制度、安全操作规程，安全生产基本知识、作业场所和工作岗位存在的危险因素、防范措施及事故应急措施，生产设备、安全装置、劳动防护用品(用具)的性能及正确使用方法。

生产经营单位对新从业人员，应进行厂(矿)、车间(工段、区、队)、班组三级安全生产教育培训，危险化学品生产经营单位的新从业人员的教育培训时间不得少于48学时。从业人员调整工作岗位或离岗一年以上重新上岗时，应进行相应的车间(工段、区、队)安全生产教育培训。生产经营单位实施新工艺、新技术或使用新设备、新材料时，应对从业人员进行有针对性的安全生产教育培训。对在岗的从业人员应进行经常性的安全生产教育培

训。对于特殊作业人员，要经过专门的教育培训和考核，以及复训教育。

（2）危险有害因素、应急措施的知情权

生产经营单位往往存在一些对从业人员生命和健康造成影响的危险、有害因素，譬如危险化学品生产经营单位的危险化学品一般具有易燃、易爆、有毒有害、腐蚀等特性，直接接触这些有害危险因素的从业人员往往是生产安全事故、职业病的直接受害者。许多生产安全事故、职业病的教训之一，就是从业人员应获知危险有害因素以及发生事故时应该采取的应急措施。如果从业人员知道并且掌握有关职业安全卫生知识和处理办法，就可以消除许多危险、有害因素和事故隐患，避免事故、职业病发生，或减少人身伤亡。所以《安全生产法》第四十五条规定和《职业病防治法》第三十六条规定，生产经营单位的从业人员有权了解其作业场所和工作岗位存在的危险因素、防范措施及事故应急措施，有权了解工作场所产生或者可能产生的职业病危害因素、危害后果和应当采取的职业病防护措施。生产经营单位有义务事前通过岗前教育培训、劳动合同中载明等方式告知有关危险、有害因素和事故预防、应急措施，也有义务在生产经营过程中经常告知，如在有较大危险因素的生产经营场所和有关设施、设备上设置明显的安全警示标志；对产生严重职业病危害的作业岗位，应当在其醒目位置，设置警示标识和中文警示说明。警示说明应当载明产生职业病危害的种类、后果、预防以及应急救治措施等内容；危险化学品或可能产生职业病危害的化学品必须提供中文的安全技术说明书和安全标签。

（3）获得劳动防护用品权和正确佩戴、使用的义务

《安全生产法》第四十五条规定："生产经营单位必须为从业人员提供符合国家标准或者行业标准的劳动防护用品，并监督、教育从业人员按照使用规则佩戴、使用。"《职业病防治法》第二十二条规定，用人单位必须采用有效的职业病防护设施，并为劳动者提供个人使用的职业病防护用品。生产经营单位(用人单位)为从业人员提供必要的、符合国家或行业标准的劳动防护用品，可避免或者减轻作业和事故中的人身伤害。但在实际中由于一些从业人员缺乏安全知识，认为佩戴劳动防护用品没有必要，往往不按规定佩戴或者不能正确佩戴和使用劳动防护用品，由此引发事故，造成不必要的伤害。因此《安全生产法》第五十七条规定从业人员在作业过程中，应当严格落实岗位安全责任，遵守本单位的安全生产规章制度和操作规程，服从管理，正确佩戴和使用劳动防护用品。

按用途(或使用性质)可将劳动防护用品分为用于防止工伤事故的安全防护用具和用于预防职业病的劳动卫生防护用具。根据防护用品的具体用途，可进一步划分为各种用途的用品(见表 5-1)，实际中可根据用途要求进行配置。

表 5-1　个体劳动防护用品用途类型

防护用品用途	防护用品举例
防尘用品	各种防尘口罩、防尘面罩、防尘衣、防尘安全头盔等
防毒用品	防毒面具、防毒口罩、氧气呼吸器、防毒衣、防毒手套、防毒油膏等
防酸、碱制品	耐酸碱手套、防酸面罩和口罩、耐酸碱服、耐酸碱靴、耐酸套裤连靴等
耐油制品	耐油胶布制品、耐油鞋和靴、塑料薄膜制品、聚氨酯制品、耐油手套等

续表

防护用品用途	防护用品举例
绝缘用品	绝缘橡胶板、绝缘鞋和靴、绝缘手套等
耐高温辐射用品	石棉制品、防辐射隔热面罩、隔热防火服、电焊手套、有机防护眼镜等
防噪声用品	耳塞、耳罩、耳帽、防声棉等
防冲击用品	安全帽、防击伤眼镜及眼罩、防砸鞋和竹板护腿等
防放射性用品	防放射性服装、有机玻璃操作箱、有机玻璃面罩及眼镜、铅玻璃眼镜等
防水用品	胶制工作服、雨衣、长筒和半筒靴及鞋、防水保险套等
涉水作业用品	救生衣、救生圈、下水衣及裤等
高处作业用品	安全绳、带、网、登高板、铁脚扣等
防辐射用品	眼镜、面罩和屏蔽服装等
防寒用品	防寒服、防寒鞋、防寒帽、防寒手套等

5.3 电气安全

随着国民经济的迅速发展及人民生活水平和生活质量的不断提高，电能已成为生产、科研和人民生活中不可缺少的能源。人们对日常安全用电问题也越来越重视，特别是现代社会，大量地使用大功率电气以及住宅用电负荷的大幅度增长，用电安全的问题愈来愈突出，在生产和使用过程中，若不注意用电安全，则会造成人身伤亡事故和国家财产的巨大损失。因此，安全用电在生产领域和生活领域具有重要意义。

电气安全不仅已成为各国电气操作与维护人员消除安全生产隐患、防止伤亡事故、保障职工健康及顺利完成各项任务的重要工作内容，同时也是电气专业工作者面临并着力解决的重要课题之一。

5.3.1 电气安全的任务及特点

5.3.1.1 电气安全的任务

电气安全主要是研究安全用电方面的措施，目的是建立安全用电规则，注意安全用电事项，也提出预防电气危害的措施及电气事故产生后的处理办法等。在工程技术方面，电气安全的任务是进一步完善传统的电气安全技术方法，目的是建立完整的电气安全体系，并注重与其他现代科学技术的结合，不断提高其他技术在电气安全方面的应用。在管理科学方面，电气安全的主要任务是逐步提高相关人员的电气安全水平，逐步实现电气安全标准化，并引进其他方法，不断提高电气安全管理的科学性。

(1) 电能与电气安全

电能是一种现代化的能源，广泛应用于工农业生产和人民群众生活的各个方面，电能的重要性在现代社会不言而喻。一个国家经济越发达，人民生活水平越高，现代化程度越高，对电能的需要就越大，电能的广泛应用，改变了科技的状况，加速了科技的发展。人们在用电的同时，必然会遇到安全问题。如果用电方法不当，可能对人造成伤害，严重的会危及人的生命。因此，在用电的同时，必须重视安全问题，要充分考虑电气的安全问题。

(2) 电气安全的内容

电气安全技术是一项涉及面很广的技术，各种类型的电在使用过程中，都会遇到电气安全问题。电气安全问题的研究对象不是单一的，有针对各种不同类型电的安全问题，导致了电气安全技术的综合性和复杂性，也使得该技术与其他领域有密切的关系。

电气安全主要包括两方面的任务：一方面是研究各种电气事故，研究各种电气事故的机理、原因、构成、规律、特点和防治措施等；另一方面是研究用电的方法以解决安全生产的问题，主要研究采用电气检测、电气检查和电气控制的方法来评价系统的安全性、可靠性或解决生产中的安全问题。

在安全生产领域，电气安全工作是一项极为重要的工作，随着社会的不断发展，也要求电能在生产生活中的应用一定要有一个大幅度的发展，为了防止各类用电事故的发生，保护劳动者的安全与健康，电气安全技术也必须有一个与之相适应的大发展和大进步。目前，我国的电气问题还存在很多不足，电气安全工作者必须做更多的工作，要认真研究电气安全标准、规程，要认真落实各项电气安全管理制度。

5.3.1.2 电气安全的特点

(1) 广泛性

现代社会中，电的应用极为广泛，生产和生活的现代化是离不开电的，平时使用电的频率越高，就越容易产生电气危害和伤害，也就是说，在人们的生产和生活中，处处要用电，处处会遇到电气安全问题。另外，电气安全与其他各种学科涉及面广，研究电气安全问题，必然要涉及其他学科领域。所以说电气安全问题具有广泛性的特点。

(2) 综合性

电气安全技术是一项综合性的工作。有组织管理的一面，也有工程技术的一面。组织管理工作和工程技术工作是相辅相成，有着十分密切的联系。在管理组织方面需要做很多工作，要研究电气安全在管理方面的新措施。在工程技术方面，电气安全技术的任务是完善传统的安全技术措施，研究和解决新的安全技术和自动防护技术等电气安全问题。

(3) 抽象性

由于电是看不见、听不到、嗅不着，比较抽象，所以电气事故常常带有某种程度的神秘性，人们一下子难以理解，甚至感觉电气事故莫名其妙。特别是电磁辐射更是平时感觉不到的，存在潜伏期，平时可能根本无法察觉，也不知道什么时候就会产生危害。正因为电存在抽象性，无疑会增加用电的危害严重性，因为平时察觉不到，到危害发生时，电已经构成了对人的伤害，来不及防范。

(4) 严重性

电力工业的又好又快发展必将促进安全用电工作的快速发展，电气事故的严重性决定了电气安全技术的迫切性。用电一旦不当，危害很严重，将会损坏电气设备、危及人身安全，严重的则会造成大面积停电，危及供电可靠性，不仅影响电力系统本身，还会影响其他行业，对社会造成极大的影响。因此，电气事故的严重性必须引起电气作业人员和电气安全管理人员的高度重视。

5.3.2 电气危害的分类

电气事故是由电流、电磁场、雷电、静电和某些电路故障等直接或间接造成的事故，表现为建筑设施与电气设备毁坏、人与动物伤亡，以及引起火灾和爆炸等后果。电气事故是意外电能作用于人体或电能失去控制所造成的意外事件，即与电能直接关联的意外灾害。电气事故将使人们的正常活动中断，并可能造成人身伤亡和设备、设施的毁坏。管理、规划、设计、安装、试验、运行、维修、操作中的失误都可能导致电气事故。电气事故是电气安全工程主要研究和管理的对象。掌握电气事故的特点和分类情况，对做好电气安全工作具有重要的意义。

电气危害是电气安全首先要研究的问题。按产生电气危害的源头分类，可将电气危害分为自然因素产生和人为因素产生两大类。自然因素有如雷电、静电等，人为因素主要是各种电气系统和设备，产生诸如电击、电弧灼伤、电气火灾等危害。按电气危害发生的特征分类，可将电气危害划分为电气事故和电磁污染两大类。电气事故具有偶然性与突发性的特征，而电磁污染具有必然性和持续性的特征。表 5-2 列出了电气危害的主要种类及原因。

表 5-2 电气危害的种类及原因

类型			原因及举例说明
电气事故	故障型	电击	绝缘损坏，造成非带电部分带电
			爬电距离或电气间隙被导电物短接，造成非带电部分带电
			机械性原因，如线路断落，带电部件滑出等
			雷击
			各种因素造成的系统中性点电位升高，使 PE 或 PEN 线带高电位
		电气火灾和电气引爆	过电流产生高温引燃
			非正常电火花、电弧引燃、引爆
			雷电引燃、引爆
		设备损坏	过载或缺相运行
			电解和电蚀作用
			静电或雷击
			过电压或电涌
	非故障型	电气	直接事故：误入带电区、人为超越安全屏障、携带过长金属工具等
			间接事故：因触碰感应电或低压电等非致命带电体引起的惊吓、坠落或摔倒等
		电气火灾	高温：溶液、溶渣的滴落、流淌、积聚使附近的物体燃烧、爆炸
		设备损坏和质量事故	长期电蚀作用使设备、线路受损
			工业静电引起的吸附作用、影响产品质量
电磁污染	电磁干扰		工作产生的电磁场对别的设备或系统产生的干扰等
	职业病		强电磁场对人体器官的损伤(如微波)，或使人体某一部分功能失调等

5.3.3 触电及预防

5.3.3.1 电流对人体的伤害作用

随着社会的发展，电在人们的日常工作与生活中应用极其广泛，但如果使用不当，小则损坏机器设备，大则危及人身安全。因为当人们一不小心碰到电，电流就能立即通过人体，使人体造成不同程度的伤害。电流对人体的伤害分为电击和电伤两种。

（1）电击

所谓电击就是指当电流通过人体内部器官，使其受到伤害。如电流作用于人体中枢神经，使心脑和呼吸机能的正常工作受到破坏，人体发生抽搐和痉挛，失去知觉；电流也可能使人体呼吸功能紊乱，血液循环系统活动大大减弱而造成假死。如救护不及时，则会造成死亡。电击是人体触电较危险的情况。

（2）电伤

所谓电伤就是指人体外器官受到电流的伤害。如电弧造成的灼伤、电的烙印、由电流的化学效应而造成的皮肤金属化、电磁场的辐射作用等。电伤是人体触电事故较为轻微的一种情况。

5.3.3.2 影响人体触电伤害程度的因素

（1）电流大小的影响

电流的大小直接影响人体触电的伤害程度。不同的电流会引起人体不同的反应。根据人体对电流的反应，习惯上将触电电流分为感知电流、反应电流、摆脱电流和心室纤颤电流。

（2）电流持续时间的影响

人体触电时间越长，电流对人体产生的热伤害、化学伤害及生理伤害愈严重。一般情况下，工频电流 15~20mA 以下及直流电流 50mA 以下，对人体是安全的。但如果触电时间很长，即使工频电流小到 8~10mA，也可能使人致命。

（3）电流流经途径的影响

电流流过人体途径，也是影响人体触电严重程度的重要因素之一。当电流通过人体心脏、脊椎或中枢神经系统时，危险性最大。电流通过人体心脏，引起心室颤动，甚至使心脏停止跳动。电流通过背脊椎或中枢神经，会引起生理机能失调，造成窒息致死。电流通过脊髓，可能导致截瘫。电流通过人体头部，会造成昏迷等。

（4）人体电阻的影响

在一定电压作用下，流过人体的电流与人体电阻成反比。因此，人体电阻是影响人体触电后果的另一因素。人体电阻由表面电阻和体积电阻构成。表面电阻即人体皮肤电阻，对人体电阻起主要作用。有关研究结果表明，人体电阻一般在 1000~3000Ω 范围。

人体皮肤电阻与皮肤状态有关，随条件不同在很大范围内变化。如皮肤在干燥、洁净、无破损的情况下，可高达几十千欧姆，而潮湿的皮肤，其电阻可能在 1000Ω 以下。同时，人体电阻还与皮肤的粗糙程度有关。

（5）电流频率的影响

研究表明，人体触电的危害程度与触电电流频率有关。一般来说，频率在25~300Hz的电流对人体触电的伤害程度最为严重。低于或高于此频率段的电流对人体触电的伤害程度明显减轻，如在高频情况下，人体能够承受更大的电流作用。目前，医疗上有采用20kHz以上的高频电流对人体进行治疗。

（6）人体状况的影响

电流对人体的伤害作用与性别、年龄、身体及精神状态等有很大的关系。一般地说，女性比男性对电流敏感；小孩比大人敏感。

5.3.3.3 触电事故的分布规律

大量的统计资料表明，触电事故的分布具有规律性。触电事故的规律性为制定安全措施、最大限度地减少触电事故发生率提供了有效依据。根据国内的触电事故统计资料分析，触电事故的分布具有如下规律：

（1）触电事故季节性明显。一年之中，二、三季度是事故多发期，尤其在6~9月份最为集中。其原因主要是这段时间正值炎热季节，人体穿着单薄且皮肤多汗，相应增大了触电的危险性。另外，这段时间潮湿多雨，电气设备的绝缘性能有所降低。同时，这段时间许多地区处于农忙季节，用电量增加，农村触电事故也随之增加。

（2）低压设备触电事故多。低压触电事故远多于高压触电事故，原因主要是低压设备远多于高压设备，而且，缺乏电气安全知识的人员多是与低压设备接触。因此，应当将低压电气设备作为防止触电事故的重点。

（3）携带式设备和移动式设备触电事故多。这主要是因为这些设备经常移动，工作条件较差，容易发生故障。另外，在使用时往往需用手紧握进行操作。

（4）电气连接部位触电事故多。在电气连接部位机械牢固性较差，电气可靠性也较低，是电气系统的薄弱环节，较易出现故障。

（5）农村触电事故多。这主要是因为农村用电条件较差，设备简陋，技术水平较低，管理不严，电气安全知识缺乏等。

（6）冶金、矿业、建筑、机械行业触电事故多。这些行业存在工作现场环境复杂，潮湿、高温，移动式设备和携带式设备多，现场金属设备多等不利因素，使触电事故相对较多。

（7）青年、中年人以及非电工人员触电事故多。这主要是因为这些人员是设备操作人员的主体，他们直接接触电气设备，部分人还缺乏电气安全的知识。

（8）误操作事故多。这主要是由于防止误操作的技术措施和管理措施不完备造成的。

触电事故的分布规律并不是一成不变的，在一定的条件下，也会发生变化。例如，对电气操作人员来说，高压触电事故反而比低压触电事故多。而且，通过在低压系统推广漏电保护装置，使低压触电事故大大降低，可使低压触电事故与高压触电事故的比例发生变化。上述规律对于电气安全检查、制订电气安全工作计划、实施电气安全措施以及电气设备的设计、安装和管理等工作提供了重要的依据。

5.3.3.4 触电预防

（1）不要带电操作。应尽量不进行带电操作。特别是在危险的场所应禁止带电作业。若必须带电操作，应采取必要的安全措施，如有专人监护及采取相应的绝缘措施等。

（2）对电气设备应采取必要的安全措施。电气设备的金属外壳可采用保护接零或保护接地等安全措施，但绝不允许在同一电力系统中一部分设备采取保护接零，另一部分设备采取保护接地。

（3）应建立一套完善的安全检查制度。安全检查是发现设备缺陷，及时消除事故隐患的重要措施。安全检查一般应每季度进行一次。特别要加强雨季前和雨季中的安全检查。各种电气，尤其是移动式电气应建立经常的与定期的检查制度，若发现安全隐患，应及时加以处理。

（4）严格执行安全操作规程。安全操作规程是为了保证安全操作而制定的有关规定。根据不同工种、不同操作项目，制订的各项不同安全操作规程。如《电气设备维修安全操作规程》《电工试验室安全操作规程》等等。另外，在停电检修电气设备时必须悬挂“有人工作，不准合闸!”的警示牌。电工操作应严格遵守操作规程和制度。

（5）建立电气安全资料。电气安全资料是做好电气安全工作的重要依据之一，应注意收集和保存。为了工作和检查的方便，应建立高压系统图、低压布线图、架空线路及电缆布置和建立电气设备安全档案(包括生产厂家、设备规格、型号、容量、安装试验记录等)，以便于查对。

（6）加强电气安全教育。加强电气安全教育和培训是提高电气工作人员的业务素质，加强安全意识的重要途径，也是对一般职工和学生进行安全用电教育的途径之一。对电气设备的操作者还要加强用电安全规程的学习；对从事电工工作的人员除应熟悉电气安全操作规程，同时还应掌握电气设备的安装、使用、管理、维护及检修工作的安全要求，以及电气火灾的灭火常识和触电急救的基本操作技能。

5.3.4 电动车用电安全

近年来，电动车以经济实用、绿色环保等优势，成为不少人的代步和运输工具，但其暴露出来的安全问题也日益增多，尤其是电动车不当充电频频诱发火灾事故。电动车发生火灾的6种诱因如下：

（1）私拉乱接电线，一旦线路出现故障，极易引发火灾；

（2）私自改动车内电气线路，私自更换大容量电池，容易导致电线超负荷、短路等；

（3）购买劣质充电器或与原厂电池不匹配的充电器，容易引发电气故障；

（4）老化电池继续使用、不同容量电池混用，容易导致火灾；

（5）电动车围挡、坐垫、灯具采用高分子材料制作，这些材料燃烧速度快，并产生大量有毒烟气；

（6）一些不具备生产条件的个体户私自装配电动车销售，随意挑选线路和电池，加之不合理的装配工艺，缺乏质量控制。

学校及居民小区等人员密集场所应统一设置电动车充电桩，规范充电。电动车充电应注意“四个不要”：不要长时间给电动车充电，电池老化要及时更换；不要私自改装电池、改动电气线路、拆除限速装置；不要贪图便宜购买劣质充电器，要选择正规厂家的电动车和充电器；不要在楼梯间、过道或房间室内充电。

根据以往案例，超过一半的电动车火灾都发生在夜间充电过程中。电动车火灾导致人员死亡的事故，超过九成是因为电动车在楼道停放充电、楼内人员从楼道慌忙逃生时被烟熏致死。电动车燃烧实验证明，电动车燃烧起来，毒烟迅速向上蔓延，楼道很快就会陷入毒烟密布的状态，把逃生通道切断。此时，受困人员不要盲目逃生，正确的方式是把房门关闭，如有烟气窜入可以将毛巾打湿，堵住门缝，并打开外窗排出烟气，及时报警、等待救援。

5.4 事故应急处置

5.4.1 火灾爆炸事故的应急处置

5.4.1.1 正确的灭火方法

火灾扑救的首要对策就是采用正确的灭火剂和灭火方法。灭火的基本方法就是为了破坏燃烧必备的基本条件所采取的基本措施。灭火的基本方法有四种，即冷却法、隔离法、窒息法和抑制灭火法。

(1) 冷却灭火法。是根据可燃物质发生燃烧时必须达到一定的温度这个条件，将灭火剂喷射于燃烧物上，通过吸热使其温度降低到燃点以下，从而使火熄灭的一种方法。常用的灭火剂是水和二氧化碳。

(2) 隔离灭火法。是根据发生燃烧必须具备可燃物质这个条件，把着火的物质与周围的可燃物隔离开，或把可燃物从燃烧区移开，燃烧会因缺少可燃物而停止。

(3) 窒息灭火法。是根据可燃物质发生燃烧需要足够的空气(氧)这个条件，采取适当措施来阻止空气流入燃烧区域，或用不燃物质冲淡空气，使燃烧物得不到足够的氧气而熄灭。如用石棉毯、湿麻袋、湿棉被等覆盖燃烧物来灭火。

(4) 抑制灭火法。是使灭火剂参与燃烧的链式反应，使燃烧过程中产生的游离基消失，形成稳定分子或低活性的游离基，从而使燃烧反应停止。

以上各种灭火方法，宜根据燃烧物质的性质、燃烧特点和火场的具体情况选用，多数情况下，都是几种灭火方法结合起来使用。

5.4.1.2 灭火器的正确使用方法

火灾在初期燃烧时范围小、火势弱，是人们用灭火器灭火的最佳时机。因此，正确合理地使用灭火器灭火显得非常重要。下面是常用的灭火器及消火栓使用方法。

(1) 二氧化碳灭火器的使用方法

这种灭火器主要针对各种易燃、可燃液体、可燃气体火灾，也可扑救仪器仪表、图书档案、工艺品和低压电气设备等初期火灾。把灭火器提到或扛到火场附近，在距离燃烧物5m左右，放下灭火器拔出保险销，一手握住喇叭筒根部的手柄，另一只手紧握启闭阀的压把。对没有喷射软管的二氧化碳灭火器，应把喇叭筒往上扳70°~90°。使用时，不能直接用手抓住喇叭筒外壁或金属连线管，防止手被冻伤。灭火时，当可燃液体呈流淌状燃烧时，使用者将二氧化碳灭火剂的喷流由近而远向火焰喷射。如果可燃液体在容器内燃烧时，使用者应将喇叭筒提起，从容器的一侧上部向燃烧的容器中喷射，但不能将二氧化碳射流直接冲击可燃液面，以防止将可燃液体冲出容器而扩大火势，造成灭火困难。

在室外使用二氧化碳灭火器，应选择在上风方向喷射。在室内窄小空间使用时，灭火后操作者应迅速离开，以防窒息。

（2）手提式干粉灭火器的使用方法

这种灭火器主要针对各种易燃、可燃液体和气体火灾，以及电气设备火灾。灭火时，可手提或肩扛灭火器快速奔赴火场，在距离燃烧处5 m左右，放下灭火器。如在室外，应选择站在上风方向喷射。

使用的干粉灭火器若是储气瓶式，操作者应一手紧握喷枪，另一手提起储气瓶上的开启提环。如果储气瓶的开启是手轮式的，则向逆时针方向旋开，并旋到最高位置，随即提起灭火器。当干粉喷出后，迅速对准火焰的根部扫射灭火。

使用的干粉灭火器若是储压式，操作者应先将开启把上的保险销拔下，然后握住喷射软管前端喷嘴部，另一只手将开启压把压下，打开灭火器进行灭火。灭火器在使用时，一手应始终压下压把，不能放开，否则会中断喷射。

干粉灭火器扑救可燃、易燃液体火灾时，应对准火焰根部扫射，如果被扑救的液体火灾呈流淌燃烧时，应对准火焰根部由近而远，并左右扫射，直至把火焰全部扑灭。如果可燃液体在容器内燃烧，使用者应对准火焰根部左右晃动扫射，使喷射出的干粉流覆盖整个容器开口表面；当火焰被赶出容器时，使用者仍应继续喷射，直至将火焰全部扑灭。在扑救容器内可燃液体火灾时，应注意不能将喷嘴直接对准液面喷射，防止喷流的冲击力使可燃液体溅出而扩大火势，造成灭火困难。如果当可燃液体在金属容器中燃烧时间过长，容器的壁温已高于扑救可燃液体的自燃点时，极易造成灭火后再复燃的现象，若与泡沫类灭火器联用，则灭火效果更佳。

使用磷酸铵盐干粉灭火器扑救固体可燃物火灾时，应对准燃烧最猛烈处喷射，并从上、下、左、右扫射。如条件许可，使用者可提着灭火器沿着燃烧物的四周边走边喷，使干粉灭火剂均匀地喷在燃烧物的表面，直至将火焰全部扑灭。

5.4.1.3　火灾事故现场自救的基本方法

（1）要保持良好的心态

在事故突然发生的异常情况下，特别是火灾发生时烟气及火的出现，多数人心理恐慌，这是最致命的弱点，保持冷静的头脑对防止惨剧的发生是至关重要的。如在以往的火灾中，有些人盲目逃生，跳楼、惊慌失措找不到疏散通道和安全出口等，失去逃生时机而死亡。在发生事故时，保持心理稳定是逃生的前提，若能临危不乱，先观察事故发展态势，再决定逃生方式，运用学到的应急自救常识和人类的聪明才智就会化险为夷，把灾难损失降到最低限度。

（2）利用疏散通道和安全出口自救逃生

发生事故时，不要惊慌失措，应及时向疏散通道和安全出口方向逃生，疏散时要听从工作人员的疏导和指挥，分流疏散，避免争先逃生，朝一个出口拥挤，堵塞出口。盲目逃生，往往欲速则不达。

（3）自制器材逃生

发生火灾等事故时，要学会利用现场一切可以利用的物质逃生，要学会随机应变，如将毛巾、口罩用水浇湿当成防烟工具捂住口、鼻；把被褥、窗帘用水浇湿后，堵住门口阻止火势蔓延；利用绳索或布匹、床单、地毯、窗帘结绳自救。

（4）寻找避难所逃生

在无路可逃的情况下，应积极寻找避难处所，如到阳台、楼层平顶等待救援；选择火势、烟雾难以蔓延的房间，如厕所、保安室等；关好门窗，堵塞间隙，房间如有水源要立即将门窗和各种可燃物浇湿，以阻止或减缓火势和烟雾的蔓延速度。无论白天或者夜晚，被困者都应大声呼救，不断发出各种呼救信号以引起救援人员的注意，帮助自己脱离险境。

（5）在逃生过程中要防止中毒

火灾发生后，往往会产生大量有毒气体。在逃生过程中应用水浇湿毛巾或衣服捂住口鼻，采用低姿行走，以减小烟气的伤害。匍匐爬行是避免毒气伤害的最科学的逃生方法。火灾中如果站着走，走不了多远便会窒息。

（6）火灾事故几种自救方法

① 绳索自救法。家中有绳索的，可直接将其一端拴在门、窗户或重物上沿另一端爬下。在此过程中，脚要成绞状夹紧绳子，双手交替往下爬，并尽量采用手套、毛巾将手保护好。

② 匍匐前进法。由于火灾发生时烟气大多聚集在上部空间，因此在逃生过程中应尽量将身体贴近地面匍匐或弯腰前进。

③ 毛巾捂鼻法。火灾烟气具有温度高、毒性大的特点，一旦吸入后很容易引起呼吸系统烫伤或中毒，因此疏散中应用湿毛巾捂住口鼻，以起到降温及过滤的作用。

④ 棉被护身法。用浸泡过的棉被或毛毯、棉大衣盖在身上，确定逃生路线后用最快的速度钻过火场并冲到安全区域。如果身上的衣物不慎起火，应迅速将衣服脱下或撕下，或就地滚翻将火压灭。千万不能身穿着火的衣服跑动。如果有水可迅速用水浇灭，但人体被火烧伤时一定不能用水浇，以防感染。

⑤ 毛毯隔火法。将毛毯等织物钉或夹在门上，并不断往上浇水冷却，以防止外部火焰及烟气侵入，从而达到抑制火势蔓延速度、增加逃生时间的目的。

⑥ 被单拧结法。把床单、被罩或窗帘等撕成条或拧成麻花状，按绳索逃生的方式沿外墙爬下。

⑦ 跳楼求生法。**火场切勿轻易跳楼！**在万不得已的情况下，住在低楼层的居民可采取跳楼的方法进行逃生。但要选择较低的地面作为落脚点，并将席梦思床垫、沙发垫、厚棉被等抛下做缓冲物。

⑧ 管线下滑法。当建筑物外墙或阳台边上有落水管、电线杆、避雷针引线等竖直管线时，可借助其下滑至地面，同时应注意一次下滑时人数不宜过多，以防止逃生途中因管线损坏而致人坠落。

⑨ 竹竿插地法。将结实的晾衣竿直接从阳台或窗台斜插到室外地面或下一层平台，两头固定好以后顺杆滑下。

⑩ 攀爬避火法。通过攀爬阳台、窗口的外沿及建筑周围的脚手架、雨棚等突出物以躲避火势。

⑪ 楼梯转移法。当火势自下而上迅速蔓延而将楼梯封死时，住在上部楼层的居民可通过老虎窗、天窗等迅速爬到屋顶，转移到另一家或另一单元的楼梯进行疏散。

⑫ 卫生间避难法。当实在无路可逃时，可利用卫生间进行避难，用毛巾紧塞门缝，把水泼在地上降温，也可躺在放满水的浴缸里躲避。但千万不要钻到床底、阁楼、大橱等处避难，因为这些地方可燃物多，且容易聚集烟气。

⑬ 火场求救法。发生火灾时，可在窗口、阳台或屋顶处向外大声呼叫、敲击金属物品或投掷软物品，白天应挥动鲜艳布条发出求救信号，晚上可挥动手电筒或白布条引起救援人员的注意。

⑭ 逆风疏散法。应根据火灾发生时的风向来确定疏散方向，迅速逃到火场上风处躲避火焰和烟气。

⑮ “搭桥”逃生法。可在阳台、窗台、屋顶平台处用木板、竹竿等较坚固的物体搭在相邻建筑上，以此作为跳板过渡到相对安全的区域。

5.4.2　中毒事故应急处置

5.4.2.1　毒害的途径

毒害品的主要危险性是毒害性，毒害性主要表现为对人体及其他动物的伤害。但伤害是有一定途径的，引起人体及其他动物中毒的主要途径是呼吸道、消化道和皮肤三个方面。

（1）呼吸中毒

在毒害品中，挥发性液体的蒸气和固体的粉尘最容易通过呼吸器官进入人体。尤其在火场上和抢救疏散毒害品过程中，接触毒害品的时间较长，消防人员呼吸量大，很容易引起呼吸中毒。如氢氰酸、溴甲烷、苯胺、西力生、赛力散、三氧化二砷等的蒸气和粉尘，都能经过人的呼吸道进入肺部，被肺泡表面所吸收，随着血液循环引起中毒。此外，呼吸道的鼻、喉、气管黏膜等，也具有相当大的吸收能力，极易吸收毒害品而引起中毒。呼吸中毒比较快，而且严重，因此，扑救毒害品火灾的人员，应佩戴必要的防毒器具，以免引起中毒。

(2) 消化中毒

指毒害品侵入人体消化器官引起的中毒。此种中毒通常是在进行毒品操作后，未经漱口、洗手就饮食、吸烟，或在操作中误将毒品服入消化器官，进入胃肠引起中毒。由于人的肝脏对某些毒物具有解毒功能，所以消化中毒较呼吸中毒缓慢。有些毒害品如砷和它的化合物，在水中不溶或溶解度很低，但通过胃液后会变为可溶物被人体吸收而引起中毒。

(3) 皮肤中毒

一些能溶于水或脂肪的毒物接触皮肤后，易侵入皮肤引起中毒。如芳香族的衍生物，硝基苯、苯胺、联苯胺，农药中的有机磷、有机汞、西力生、赛力散等毒物，能通过皮肤破裂的地方侵入人体，并随着血液循环而迅速扩散。特别是氰化物的血液中毒，能极其迅速地导致死亡。此外，氯苯乙酮等毒物对眼角膜等人体的组织有较大的危害。

常见职业中毒危害表现见表5-3。

表5-3 常见职业中毒危害表现

毒害部分	职业中毒症状及表现		中毒毒物
	症状	表现	
神经系统	神经衰弱症	无力，易疲劳，记忆力减退. 头昏	砷、铅中毒
	多发性神经炎	损害周围神经，动作不灵活	二硫化碳、铅、砷中毒
	神经症状	狂躁、欣快、忧郁、消沉、健谈	二硫化碳、汞中毒
血液造血系统	血细胞减少	头昏、无力、牙龈出血、鼻出血等	慢性苯中毒、放射病
	血红蛋白变性	出现胸闷、气急、紫钳等	苯胺、一氧化碳中毒
	溶血性贫血	胸闷、气急	急性砷化氯中毒
呼吸系统	窒息	咳嗽、胸痛、胸闷、气急	有机磷
	中毒性水肿	改变了肺泡壁毛细血管的通透性	氮氧化物、光气等
	支气管、肺炎	气体作用于气管、肺泡引起炎症	汽油
	支气管哮喘	多为过敏性反应	苯二胺、乙二胺
	肺纤维化	某些毒物慢性作用	铍中毒
消化系统	直接刺激腐蚀	恶心、呕吐、食欲不振等症状	四氯化碳、硝基苯、砷、磷中毒
肾脏	肾脏损害	蛋白尿、血尿、管型尿、浮肿等	砷化氢、四氯化碳、汞
皮肤	刺激变态反应	瘙痒、刺痛、瘫丘疹、皮炎和湿疹	沥青、石油、铭酸雾等

5.4.2.2 生产性毒物的防治措施

(1) 有毒物的基本防治措施

常用的控制措施有：

① 密闭、自动化。这是解决毒物危害的根本途径。

② 采用无毒、低毒物质代替剧毒物质。这是从根本上解决毒物危害的首选方法。

③ 通风。这是使作业场所空气中有毒有害物质浓度保持在国家规定的最高容许浓度以下的常用、有效措施。

④ 排出气体的净化。所谓净化，就是利用一定的物理或化学方法分离含毒空气中的有毒物质，降低空气中的有毒有害物质浓度。常用的净化方法有冷凝法、燃烧法、吸收法、吸附法和催化法等。有时必须要对排出室外的空气进行净化，才能达到国家规定的排放标准。

⑤ 个体防护。接触毒物作业人员应遵守个人卫生制度和操作规程，如不准在作业场所吸烟、进食，作业时采用个体防护用品。

(2) 个人防毒用品

包括皮肤防护和呼吸防护，前者如使用防毒面具、胶靴、手套、防护眼镜、耳塞、工作帽，或在皮肤暴露部位涂以防护油膏，避免有毒物质与人体皮肤的接触。一旦皮肤被有毒物质污染，必须立即清洗。后者主要采用呼吸器防护，又可分为过滤式呼吸器和隔离式呼吸器两大类。

过滤式防毒呼吸器主要由呼吸面具或口罩和滤毒罐组成。过滤材料由滤网和吸收剂或吸附剂组成，它们的净化过程是，吸入空气中的有害颗粒粉尘等被阻留在滤网外，粗过滤后的含毒空气经滤毒罐进行化学或物理吸附(吸收)，将有毒物从空气中分离出来。滤毒罐中使用的吸收(附)剂可分为下列几类：活性炭、化学吸收剂、催化剂、纺织品等。滤毒罐内装填不同的活性吸附(收)剂，就可有选择性地处理不同的有毒物，因此，使用中应根据所要过滤有毒物的性质选用相应的吸附(收)剂。根据具体的呼吸器具不同，过滤式呼吸器主要分为过滤式防毒面具和过滤式防毒口罩两种。

使用过滤式呼吸器时应注意，滤毒罐的有效期一般为 2 年，所以使用前要检查是否已失效，滤毒罐的进出气口平时应盖严，以免受潮或与岗位低浓度有毒气体作用而失效。当空气中有毒气体浓度超过 1%或者空气含氧量低于 18%时，不能使用。

隔离式呼吸器所使用的供人呼吸的空气不是从作业环境中获取的，因而可以在浓度较高的环境中使用。隔离式呼吸器主要分为各种氧气呼吸器和各种蛇管式防毒面具。

氧气呼吸器因供氧方式的不同，可分为氧气瓶呼吸器和隔绝式生氧面具。前者由氧气瓶的氧供人呼吸；后者是依靠人呼出的 CO_2 和 H_2O 与面具中的生氧剂发生化学反应，产生的氧气供人呼吸。氧气瓶呼吸器使用安全可靠，可用于检修设备或处理事故，但较为笨重。生氧面具不携带高压气瓶，因而可以在高温场所或火灾现场使用。

蛇管式防毒面具是通过长管将较远地点的新鲜空气经过滤处理后供人呼吸，这种面具又分为自吸式和送风式两种。前者是依靠使用人员自己吸入清洁空气，因此要求保证面罩的气密性好，软管不能过长，更不能发生吸气受阻现象，适用于新鲜空气源较近的场所。后者是将过滤后的压缩空气经减压再送入呼吸面盔，使盔内保持正压状态，以供人呼吸。送风面盔常用于目前尚无法采取防毒措施的地方，如工人到油罐或反应釜中工作，或在船舱内油漆而又无法通风时。

(3) 使用化学毒品的作业场所的防治措施

根据《使用有毒物品作业场所劳动保护条例》，使用化学毒品的生产经营单位的作业场所，除应当符合有关法律法规要求外，还必须符合下列要求：

① 作业场所与生活场所分开，作业场所不得住人。

② 有害作业与无害作业分开，高毒作业场所与其他作业场所隔离。

③ 设置有效的通风装置；可能突然泄漏大量有毒物品或者易造成急性中毒的作业场所，设置自动报警装置和事故通风设施。

④ 高毒作业场所设置应急撤离通道和必要的泄险区。

⑤ 使用化学毒品作业场所应当设置黄色区域警示线、警示标识和中文警示说明。警示说明应当载明产生职业中毒危害的种类、后果、预防以及应急救治措施等内容。高毒作业场所应当设置红色区域警示线、警示标识和中文警示说明，并设置通信报警设备。

⑥ 从事使用高毒物品作业的用人单位应当设置淋浴间和更衣室，并设置清洗、存放或者处理从事使用高毒物品作业劳动者的工作服、工作鞋帽等物品的专用间。设备、容器内部或者狭窄封闭场所由于通风条件受到限制，空气中经常存在有毒有害气体或者氧气浓度过低，因而经常发生中毒事故，为此，《使用有毒物品作业场所劳动保护条例》规定，在维护、检修存在高毒物品的生产装置时，必须事先制订维护、检修方案，明确职业中毒危害防护措施，确保维护、检修人员的生命安全和身体健康。维护、检修工作必须严格按照维护、检修方案和操作规程进行，维护、检修现场应当有专人监护，并设置警示标志。需要进入存在高毒物品的设备、容器或者狭窄封闭场所作业时，应当事先采取下列措施：

- 保持作业场所良好的通风状态，确保作业场所职业中毒危害因素浓度符合国家职业卫生标准；
- 为劳动者配备符合国家职业卫生标准的防护用品；
- 设置现场监护人员和现场救援设备。

5.4.2.3 现场急救措施

在生产过程中或在检修现场，由于事故的突然发生，造成设备损坏严重泄漏，致使大量毒物外逸(溢)而引起急性中毒，为此，必须及时、正确地进行抢救，以挽救中毒者的生命，减轻中毒的程度和防止并发症的产生。

急性中毒抢救的原则：

① 救护人员在进行抢救之前，首先做好个人呼吸系统和皮肤的防护，佩戴防毒面具和穿上防护服。切忌不采取任何措施，凭想象盲目施救，扩大事故后果。

② 切断毒物来源，降低毒物在空气中的含量。

③ 抢救人员进入事故现场后，除对中毒者进行抢救外，还应侦查毒物来源，采取有效措施，如关闭阀门，加强通风等。

④ 采取有效措施，防止毒物继续侵入中毒者人体。一方面是将中毒者迅速移至通风良好、空气新鲜的地方，并立即松开患者颈、胸部的纽扣和腰带；以保持呼吸畅通。同时，注意保暖和安静。在搬运过程中，切勿强拉硬拖，弯曲身体以防造成内伤、外伤，加重病情。另一方面是清除毒物，防止沾染皮肤和黏膜。当患者皮肤受到腐蚀性毒物灼烧时，应

迅速脱去污染的衣服、鞋袜、手套等，并用大量的冲洗剂(中和剂或水)，冲洗被污染的皮肤，尤其应注意冲洗皮肤皱褶、毛发和指甲等处的毒物。冲洗时间应在15~30min，此间防着凉、感冒。若毒物经口引起人体中毒，则应立即用催吐或洗胃等方法清除毒物。

⑤ 促进生命器官功能的恢复。

⑥ 中毒者若停止呼吸，则要立即进行人工呼吸。人工呼吸的方法有仰卧压背法、仰卧压胸法和口对口吹气法三种。口对口吹气法效果最好，但是，若是毒物经口引起中毒，应禁用此法。

⑦ 及时解毒和促进毒物排泄。发生急性中毒，应及时采取各种有效措施，降低或消除毒物对机体的作用。如采用各种金属络合剂与毒物的金属离子络合成稳定的有机化合物，随尿液排出体外；采用中和毒物及其分解产物的措施，降低毒物的危害；采用利尿、换血疗法以及腹膜透析等方法，促进毒物尽快排泄。

5.4.3 触电事故应急处置

触电急救的要点是动作迅速，救护得法，切不可惊慌失措，束手无策。要贯彻“迅速、就地、正确、坚持”的触电急救八字方针。发现有人触电，首先要尽快使触电者脱离电源，然后根据触电者的具体症状进行对症施救。

5.4.3.1 脱离电源

电流对人体的作用时间愈长，对生命的威胁愈大。所以在发生触电事故后，应采取一切安全、可靠的手段迅速切断电源以解救触电者。可根据具体情况，选用以下几种方法。救护人员既要救人也要注意保护自己。

脱离低压电源的常用方法可用“拉”“切”“挑”“拽”和“垫”五个字来概括：

“拉”是指就近拉开电源开关，拔出插销或瓷插熔断器。

“切”是指用带有绝缘柄或干燥木柄切断电源。切断时应注意防止带电导线断落碰触周围人体。对多芯绞合导线也应分相切断，以防短路伤害人。

“挑”是指如果导线搭落在触电人身上或压在身下，这时可用干燥木棍或竹竿等挑开导线，使之脱离开电源。

“拽”是救护人戴上手套或在手上包缠干燥衣服、围巾、帽子等绝缘物拖拽触电人，使他脱离开电源导线。

“垫”是指如果触电人由于痉挛，手指紧握导线或导线绕在身上，这时救护人可先用干燥的木板或橡胶绝缘垫塞进触电人身下使其与大地绝缘，隔断电源的通路，然后再采取其他办法把电源线路切断。

在使触电人脱离开电源时应注意的事项：

(1) 救护人不得采用金属和其他潮湿的物品作为救护工具。

(2) 在未采取绝缘措施前，救护人不得直接接触触电者的皮肤和潮湿的衣服及鞋。

(3) 在拉拽触电人脱离开电源线路的过程中，救护人宜用单手操作。这样做对救护人比较安全。

(4) 当触电人在高处时，应采取预防措施预防触电人在解脱电源时从高处坠落摔伤或摔死。

(5) 夜间发生触电事故时，在切断电源时会同时使照明失电，应考虑切断后的临时照明，如应急灯等，以利于救护。

5.4.3.2　脱离电源后的处理

将触电者脱离电源以后，立即移到通风处，并将其仰卧，应迅速对触电者的伤情进行判断，根据触电者神智是否清醒、有无意识、有无呼吸、有无心跳(脉搏)等伤情对症抢救。同时设法联系医疗救护中心(医疗部门)的医生到现场接替救治。

(1) 若触电者神志清醒，但感到全身无力、四肢发麻、心悸、出冷汗、恶心，或一度昏迷，但未失去知觉，应将触电者抬到空气新鲜、通风良好的地方舒适地躺下休息，让其慢慢地恢复正常。要时刻注意保温和观察。若发现呼吸与心跳不规则，应立刻设法抢救。

(2) 触电者呼吸停止但有心跳，应用口对口人工呼吸法抢救。

(3) 若触电者心跳停止但有呼吸，应用胸外心脏挤压法与口对口人工呼吸法抢救。

(4) 若触电者呼吸、心脏均已停止跳动，需同时进行胸外心脏挤压法与口对口人工呼吸法抢救。

(5) 千万不要给触电者打强心针或拼命摇动触电者，也不要用木板石来压，以及强行挟持触电者，以使触电者的情况更加恶化。

对不同状态下触电者的救治措施见表5-4。

表5-4　不同状态下的触电者的措施

神志	心跳	呼吸	对症救治措施
清醒	存在	存在	静卧、保暖、严密观察
昏迷	停止	存在	胸外心脏按压术
昏迷	存在	停止	口对口(鼻)人工呼吸
昏迷	停止	停止	同时做胸外心脏按压和口对口(鼻)人工呼吸

抢救过程要不停地进行。在送往医院的途中也不能停止抢救。当抢救者出现面色好转、嘴唇逐渐红润、瞳孔缩小、心跳和呼吸迅速恢复正常，即为抢救有效的特征。

5.4.3.3　现场心肺复苏

进行心肺复苏(CPR)并反复循环进行，其间用看、听、试的方法对伤员呼吸和心跳是否恢复进行判定，并口诉瞳孔、脉搏和呼吸情况，直到触电者心肺恢复或专业医务人员到来交接。方法如下：

(1) 通畅气道。第一，清除口中异物。使触电者仰面躺在平硬的地方迅速解开其领扣、围巾、紧身衣和裤带。如发现触电者口内有食物、假牙、血块等异物，可将其身体及头部同时侧转，迅速用一只手指或两只手指交叉从口角处插入，从口中取出异物，操作中要注意防止将异物推到咽喉深处。第二，采用仰头抬颏法畅通气道。操作时，救护人用一只手放在触电者前额，另一只手的手指将其颏颌骨向上抬起，两手协同将头部推向后仰，舌根自然随之抬起、气道即可畅通。为使触电者头部后仰，可于其颈部下方垫适量厚度的物品，但严禁用枕头或其他物品垫在触电者头下。

(2) 口对口(鼻)人工呼吸。使病人仰卧，松解衣扣和腰带，清除伤者口腔内痰液、呕吐物、血块、泥土等，救护人员一手将伤者下颌托起，使其头尽量后仰，另一只手捏住伤者的鼻孔，深吸一口气，对住伤者的口用力吹气，然后立即离开伤者口，同时松开捏鼻孔的手。吹气要适中，次数以每分钟16~18次为宜。

(3) 胸外心脏按压。将伤者仰卧在地上或硬板床上，救护人员跪或站于伤者一侧，面对伤者，将右手掌置于伤者胸骨下段及剑突部，左手置于右手之上，以上身的重量用力把胸骨下段向后压向脊柱，随后将手腕放松，每分钟挤压60~80次。在进行胸外心脏按压时，宜将伤者头放低以利静脉回流。若伤者同时伴有呼吸停止，在进行胸外心脏按压时，还应进行人工呼吸。一般做四次胸外心脏按压，做一次人工呼吸。

5.5 素质拓展

【素质拓展5-1】 火灾爆炸事故案例

大学实验室近年来火灾爆炸事故频发，这也是以大学生为事故主体的事故类型，应当引起所有大学生的重视。以下列举出几个典型实验室事故案例。

(1) 2021年7月13日下午，位于深圳的某高校一间化学实验室在实验时发生火情，事故造成一名博士后实验人员烧伤。

(2) 2021年3月31日，中国科学院某研究所发生实验室安全事故，一名研究生当场死亡。事故的原因是反应釜高温高压爆炸，导致该学生当场去世。

(3) 2018年12月26日，北京某高校校区2号楼起火，经核实，现场为2号楼实验室内学生进行垃圾渗滤液污水处理科研实验时发生爆炸，事故造成3名参与实验的学生死亡。事故原因是因为在使用搅拌机对镁粉和磷酸搅拌、反应过程中，料斗内产生的氢气被搅拌机转轴处金属摩擦、碰撞产生的火花点燃爆炸，继而引发镁粉粉尘云爆炸，爆炸引起周边镁粉和其他可燃物燃烧。

近年来实验室事故的原因主要有以下三方面：

(1) 实验人员操作不规范；

(2) 实验室危险物品管理有疏忽；

(3) 科研项目实验室安全管理不到位。

实验室的火灾爆炸事故直接原因分析如下：

(1) 火灾事故原因：忘记关电源，致使设备或用电器具通电时间过长，温度过高，引起着火；操作不慎或使用不当，使火源接触易燃物质，引起着火；供电线路老化，超负荷运行，导致线路发热，引起着火；乱扔烟头，接触易燃物质，引起着火等。这类事故的发生具有普遍性。

(2) 爆炸事故原因：违反操作规程，引燃易燃物品，进而导致爆炸；设备老化，存在故障或缺陷，造成易燃易爆物品泄漏，遇火花而引起爆炸。这类事故多发生在有易燃易爆物品和压力容器的实验室。

实验室事故防范措施：

(1) 熟悉消防器材的使用；

(2) 确保消防通道畅通；

(3) 知晓实验室避难方向；

(4) 熟练使用个人防护装备；

(5) 熟悉仪器设备的使用；

(6) 确保室内空气流通；

(7) 熟读实验注意事项。

【素质拓展5-2】 化学品中毒事故案例

(1) 事故基本情况及原因

2019年3月3日5时10分左右，某化工公司物流部磷酸灌装区内发生一起硫化氢气体中毒事故，造成3人死亡，3人受伤。

事故直接原因是该化工公司的运输服务商的运输车在运输液态硫化钠卸车后仍有残液，运输车押运员在使用低压蒸汽对运输车罐体内进行蒸罐吹扫清洗作业时，车内残留的硫化钠随蒸罐污水流入地沟，与地沟内残留的磷酸发生化学反应，产生硫化氢气体，造成附近人员吸入中毒。

(2) 硫化氢毒害性

硫化氢是强烈的神经毒物，当空气中硫化氢浓度达到1000mg/m^{3}时，人体吸入可发生闪电型死亡。我国规定的工作场所空气中硫化氢的最高容许浓度为10mg/m^3，而有些企业在设置硫化氢报警值时，直接把mg/m^{3}数值当作ppm数值，这将会使所设定的报警值偏高，要引起高度警戒。

硫化氢中毒后出现头痛、头晕、易激动、步态蹒跚、烦躁、意识模糊、谵妄，癫痫样抽搐可呈全身性强直阵挛发作等；可突然发生昏迷；也可发生呼吸困难或呼吸停止后心跳停止。

(3) 化学品中毒防范措施

该起事故暴露出该化工公司危化品装卸作业风险辨识不清、装卸区安全管理混乱、地沟等下水管网管理不到位等突出问题。应注意以下问题：一是要加强泄漏管理和下水管网管理，有效预防和控制易燃易爆、有毒有害危险化学品进入地沟、污水管线等下水管网；二是要加强危险化学品装卸作业环节的风险辨识和管控，危险化学品运输车辆必须在企业内清洗的，要设置单独的清洗作业场所，避免交叉作业增大安全风险；三是要充分考虑所装卸危险化学品的禁配物质，防范禁配物质混装混运引发安全事故。

涉及硫化氢作业活动，必须严格遵守《化学品生产单位特殊作业安全规范》（GB 30871—2014）及相关的规范、标准、制度，并特别注意以下几点：

① 产生硫化氢的生产设备应尽量密闭，并设置自动报警装置（不能根据臭味来判断危险场所硫化氢的浓度，硫化氢达到一定浓度时会导致嗅觉麻痹）。

② 对含有硫化氢的废水、废气、废渣，要进行净化处理，达到排放标准后方可排放。

③ 进入可能存在硫化氢的密闭容器、坑、窑、地沟等工作场所，应首先测定该场所硫化氢浓度，采取通风排毒措施，确认安全后方可操作。作业过程中应连续测定硫化氢浓度。

④ 操作时做好个人防护措施，配好防毒用具（防毒面具一般为逃生自救用），作业工人腰间缚以救护带或绳子。做好互保，要2人以上人员在场。

⑤ 患有肝炎、肾病、气管炎的人员不得从事接触硫化氢作业。

⑥ 加强员工有关专业安全知识技能的培训，提高自我防护意识和能力。

【素质拓展 5-3】 触电事故案例

（1）事故基本情况

2016年8月26日，青岛某环保科技公司与青岛某广告公司双方签订了《安装门头字确认单》。

2016年9月10日，该广告公司工人来到某小区一网点二楼南面房间开始安装制作好的门头字，当天安装完毕。

2016年9月11日上午9时许，安装人员张某华和张某国开始安装门头字LED灯变压器。张某国插上电钻电源，爬上南面窗户，站在窗台上，接过张某华递给的电钻，工具准备完毕后，张某国登上架子开始作业，在攀爬过程中，张某国右手不慎触到红色带电电线裸露部分，同时左手碰在门头铁架子形成了回路造成触电。

本次事故造成1人死亡，直接经济损失约50万元人民币。

（2）事故直接原因

① 张某国在未取得电工特种作业操作证的情况下，违章从事LED灯的变压器安装；

② 使用电钻时未按规定穿戴好相应的劳动防护用品；

③ 在未检查红色电线是否带电和线头是否存在裂缝的情况下，违章徒手接触电线，是导致此起事故发生的直接原因。

思考题

(1) 举例说明闪燃、着火和自燃有哪些特征及其危害性。
(2) 简述爆炸的特征及其分类。
(3) 简述常用灭火剂及其特点。
(4)《危险化学品安全管理条例》规定的危险化学品包括哪些类别?
(5) 试分析氰化物中毒事故的应急处置措施。
(6) 简述安全用电的意义。
(7) 什么是电伤?电伤对人体会造成哪些伤害?
(8) 在使触电者脱离电源时,应该注意哪些事项?

第6章 交通出行安全

以“增强交通安全意识，提高自我保护能力”为指导方针，加强对学生法制与交通安全的教育与管理，使学生增加法制观念，做到知法、守法，树立自护、自救观念，形成自护、自救的意识，促进学生安全、健康成长。通过本章的学习，了解交通安全概况，熟悉交通规则和交通安全常识，认识交通事故后果及事故原因。通过典型案例，探讨如何减少事故发生，充分发挥学生主动性，树立并强化学生的交通安全意识，掌握交通事故应急措施。

6.1 交通安全现状

交通安全是指在交通活动过程中，能将人身伤亡或财产损失控制在可接受水平的状态。交通安全意味着人或物遭受损失的可能性是可以接受的，若这种可能性超过了可接受的水平，即为不安全。道路交通系统作为动态的开放系统，其安全既受系统内部因素的制约，又受系统外部环境的干扰，并与人、车辆及道路环境等因素密切相关。本章所讨论的交通事故主要指道路交通事故，即车辆驾驶人员、行人、乘车人以及其他在道路上进行交通活动有关的人员，因过错或者意外造成人身伤亡和财产损失的事件。

大学生交通安全，是指大学生在校园内外道路上遵守国家交通安全法和其他道路交通法律法规行走、骑自行车(包括电动自行车)、驾驶机动车，没有危险，不受威胁，不出事故。大学生要保证交通安全最重要的就是要严格遵守国家交通安全法，掌握一定的交通安全知识，增强交通安全意识，避免交通违章，减少交通事故。大学生作为交通参与者，可以以驾驶人、行人、乘车人等身份参与其中，无论充当何种角色，都要遵循对应的交通规则，才能远离交通事故的伤害，保障自身的安全。

据公安部数据显示，2020 年中国机动车保有量为 3.72 亿辆，其中汽车保有量为 2.81 亿辆。机动车驾驶人数逐年增加，2020 年中国机动车驾驶人数为 4.56 亿人。机动车给我们生活提供方便的同时，也产生了一系列问题，例如道路交通事故、环境污染等，2020 年中国道路交通事故每万车死亡人数为 1.66 人，2019 年中国交通事故数为 24.8 万起，交通事故直接财产损失为 13.46 亿元。交通事故事件受伤人数远远大于死亡人数，2019 年中国交通事故死亡人数为 62763 人，其中机动车交通事故死亡人数为 56934 人，死亡人数占比为 90.7%，非机动车交通事故死亡人数为 6.9%；交通事故受伤人数为 256101 人，其中机动车占比 86.4%，非机动车交通事故受伤人数为 12.6%。图 6-1 为 2014~2019 年中国交通事故死亡人数及受伤人数示意图。

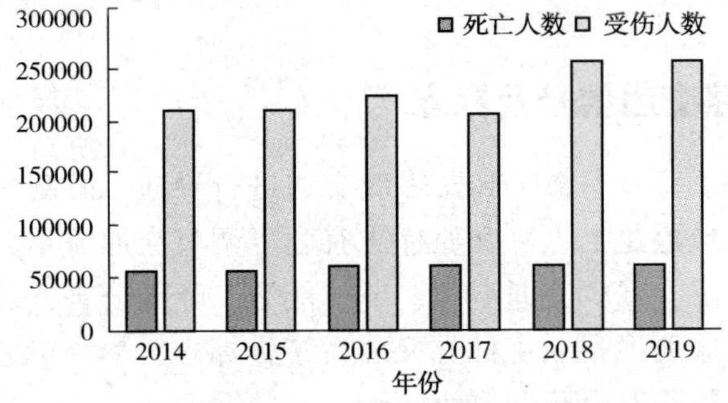

图 6-1 2014~2019 年中国交通事故死亡人数及受伤人数

随着经济发展速度加快，人们的生活节奏也越来越快，快节奏的生活使道路安全事故频发。中国交通事故中直接财产损失以机动车事故为主，2019 年中国机动车交通事故直接财产损失占 93.5%，表 6-1 汇总了 2015~2019 年中国机动车、非机动车等交通安全事故直接财产损失情况。

表 6-1 2015~2019 年中国交通安全事故直接财产损失细分表 万元

年份	机动车	非机动车	汽车	摩托车	拖拉机	自行车	行人乘车人
2015	98928.6	2922.1	89518.4	7802.7	703.4	282.7	1804.9
2016	114586.4	4248.2	102970.6	9927.2	877.6	494.5	1875.9
2017	115556.2	3973.7	103978.0	9815.1	706.9	358.9	1755.9
2018	131023.5	5466.3	118671.6	10682.8	662.3	376.6	1904.9
2019	125800.9	6212.2	111420.6	10771.5	574.8	581.2	2485.3

在 2020 年 12 月 2 日交通安全日前夕，公安部交通管理局组织对 2020 年 1~10 月全国涉及人员伤亡的道路交通事故进行统计分析，梳理出十大危险驾驶行为，如表 6-2 所示。结果显示，全国 77.7%的道路交通伤亡事故是机动车肇事导致，其中因未按规定让行而发生事故的占比居首位。

表 6-2 十大危险驾驶行为及伤亡事故占比

危险驾驶行为	事故占比/%	危险驾驶行为	事故占比/%
未按规定让行	12.24	违反交通信号	2.37
酒后醉酒驾驶	4.21	违法会车	2.13
无证驾驶	4.05	违法变更车道	1.86
与前车安全距离不足	3.97	违法超车	1.72
逆行	2.50	违法倒车	1.36

6.2 交通出行安全常识

6.2.1 常见道路交通信号及标志

交通标志是用图案、符号、数字和文字对交通进行导向、限制、警告或者指示的交通设施。一般设置在路侧或道路上方。交通标志有利于调节交通流量、疏导交通，提高道路通行能力；预示道路状况，减少交通事故；节省能源，降低公害，美化路容。道路交通标志分为主标志和辅助标志两大类。主标志又分为警告标志、禁令标志、指示标志、指路标志、旅游区标志和道路施工安全标志六种。

（1）警告标志：警告车辆、行人注意危险地点的标志。共有49种。颜色为黄底、黑边、黑图案，形状为顶角朝上的等边三角形。

（2）禁令标志：禁止或限制车辆、行人交通行为的标志。共有43种。除个别标志外，颜色为白底，红圈，红杠，黑图案，图案压杠；形状为圆形、八角形、顶角朝下的等边三角形。设置在需要禁止或限制车辆、行人交通行为的路段或交叉口附近。

（3）指示标志：指示车辆、行人行进的标志。共有29类。颜色为蓝底、白图案；形状分为圆形、长方形和正方形；设置在需要指示车辆、行人行进的路段或交叉口附近。

（4）指路标志：传递道路方向、地点、距离信息的标志。共有146种。颜色除里程碑、百米桩外，一般为蓝底、白图案；高速公路一般为绿底、白图案；形状除地点识别标志、里程碑、分合流标志外，一般为长方形和正方形。设置在需要传递道路方向、地点、距离信息的路段或交叉口附近。

（5）旅游区标志：提供旅游景点方向、距离的标志。共有17类。颜色为棕色底、白色字符图案；形状为长方形和正方形。旅游区标志又可分为指引标志和旅游符号两大类，设置在需要指示旅游景点方向、距离的路段或交叉口附近。

（6）道路施工安全标志：通告道路施工区通行的标志。用以提醒车辆驾驶人和行人注意。共有26种。其中，道路施工区标志共有20种，用以通告高速公路及一般道路交通阻断、绕行等情况。设在道路施工、养护等路段前适当位置。

辅助标志是在主标志无法完整表达或指示其内容时，为维护行车安全与交通畅通而设置的标志，为白底、黑字、黑边框，形状为长方形，附设在主标志下，起辅助说明作用。在道路的路面用线条、箭头、文字、立面标记、突起路标和轮廓标等向交通参与者传递引导、限制、警告等交通信息的标识。其作用是管制和引导交通。常见道路交通标志见图6-2。

6.2.1.1 按功能分类

（1）指示标线。指示车行道、行车方向、路面边缘、人行道等设施的标线。

（2）禁止标线。告示道路交通的遵行、禁止、限制等特殊规定，车辆驾驶员及行人需严格遵守的标线。

（3）警告标线。促使车辆驾驶员及行人了解道路特殊情况，提高警觉，准备防范或采取应变措施的标线。

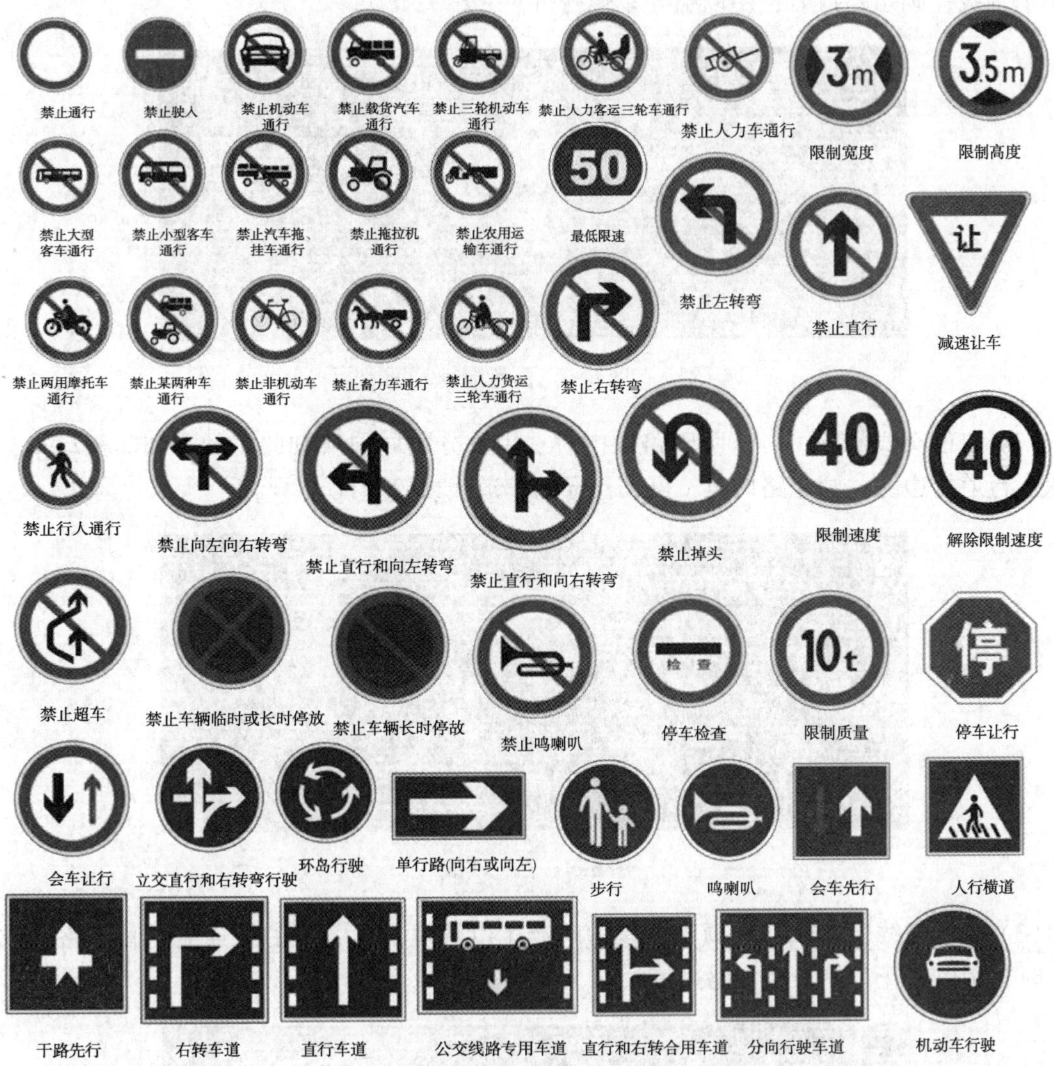

图6-2 常见的交通标识

6.2.1.2 按形态分类

（1）线条。标画于路面、缘石或立面上的实线或虚线。

（2）字符。标画于路面上的文字、数字及各种图形符号。

（3）突起路标。固定于路面上，起标线作用的突起标记块，在高速公路或其他道路上用来标记中心线、车道分界线、边缘线，也可用来标记弯道、进出口匝道、导流标线、道路变窄、路面障碍物等。

（4）轮廓标。指示道路的方向、车行道的边界，沿着公路前进的方向左、右侧对称连续设置；按设置条件，轮廓标可分为埋设于路面和附着式两种。

6.2.1.3 按交通标线的标画分类

（1）白色虚线（图 6-3）。画于路段中时，用以分隔同向行驶的交通流或作为行车安全距离识别线；画于路口时，用以引导车辆行进。

图 6-3 白色虚线

（2）白色实线（图 6-4）。画于路段中时，用以分隔同向行驶的机动车和非机动车，或指示车行道的边缘；画于路口时，可用作导向车道线或停止线。

图 6-4 白色实线

（3）黄色虚线（图 6-5）。画于路段中时，用以分隔对向行驶的交通流；画于路侧或缘石上时，用以禁止车辆长时在路边停放。

图 6-5 黄色虚线

（4）黄色实线(图 6-6)。画于路段中时，用以分隔对向行驶的交通流；画于路侧或缘石上时，用以禁止车辆长时或临时在路边停放。

图 6-6　黄色实线

（5）双白虚线(图 6-7)。画于路口时，作为减速让行线；画于路段中时，作为行车方向随时间改变之可变车道线。

图 6-7　双白虚线

（6）双黄实线(图 6-8)。画于路段中时，用以分隔对向行驶的交通流。

图 6-8　双黄实线

（7）黄色虚实线（图 6-9）。画于路段中时，用以分隔对向行驶的交通流；黄色实线一侧禁止车辆超车、跨越或回转，黄色虚线一侧在保证安全的情况下准许车辆超车、跨越或回转。

图 6-9　黄色虚实线

（8）双白实线（图 6-10）。画于路口时，作为停车让行线。

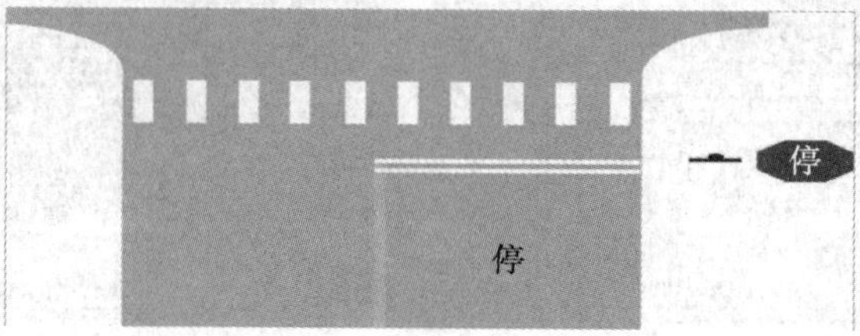

图 6-10　双白实线

6.2.2　道路通行规定

2021 年 4 月 29 日第三次修订通过的《中华人民共和国道路交通安全法》第四章“道路通行规定”明确了机动车、非机动车、行人和乘车人、高速公路等的道路通行规定。

6.2.2.1　一般规定

（1）机动车、非机动车实行右侧通行。

（2）根据道路条件和通行需要，道路划分为机动车道、非机动车道和人行道的，机动车、非机动车、行人实行分道通行。没有划分机动车道、非机动车道和人行道的，机动车在道路中间通行，非机动车和行人在道路两侧通行。

（3）道路划设专用车道的，在专用车道内，只准许规定的车辆通行，其他车辆不得进入专用车道内行驶。

(4) 车辆、行人应当按照交通信号通行；遇有交通警察现场指挥时，应当按照交通警察的指挥通行；在没有交通信号的道路上，应当在确保安全、畅通的原则下通行。

(5) 公安机关交通管理部门根据道路和交通流量的具体情况，可以对机动车、非机动车、行人，采取疏导、限制通行、禁止通行等措施。遇有大型群众性活动、大范围施工等情况，需要采取限制交通的措施，或者作出与公众的道路交通活动直接有关的决定，应当提前向社会公告。

(6) 遇有自然灾害、恶劣气象条件或者重大交通事故等严重影响交通安全的情形，采取其他措施难以保证交通安全时，公安机关交通管理部门可以实行交通管制。

6.2.2.2 机动车通行规定

(1) 机动车上道路行驶，不得超过限速标志标明的最高时速。在没有限速标志的路段，应当保持安全车速。夜间行驶或者在容易发生危险的路段行驶，以及遇有沙尘、冰雹、雨、雪、雾、结冰等气象条件时，应当降低行驶速度。

(2) 同车道行驶的机动车，后车应当与前车保持足以采取紧急制动措施的安全距离。有下列情形之一的，不得超车：a)前车正在左转弯、掉头、超车的；b)与对面来车有会车可能的；c)前车为执行紧急任务的警车、消防车、救护车、工程救险车的；d)行经铁路道口、交叉路口、窄桥、弯道、陡坡、隧道、人行横道、市区交通流量大的路段等没有超车条件的。

(3) 机动车通过交叉路口，应当按照交通信号灯、交通标志、交通标线或者交通警察的指挥通过；通过没有交通信号灯、交通标志、交通标线或者交通警察指挥的交叉路口时，应当减速慢行，并让行人和优先通行的车辆先行。

(4) 机动车遇有前方车辆停车排队等候或者缓慢行驶时，不得借道超车或者占用对面车道，不得穿插等候的车辆。在车道减少的路段、路口，或者在没有交通信号灯、交通标志、交通标线或者交通警察指挥的交叉路口遇到停车排队等候或者缓慢行驶时，机动车应当依次交替通行。

(5) 机动车通过铁路道口时，应当按照交通信号或者管理人员的指挥通行；没有交通信号或者管理人员的，应当减速或者停车，在确认安全后通过。

(6) 机动车行经人行横道时，应当减速行驶；遇行人正在通过人行横道，应当停车让行。机动车行经没有交通信号的道路时，遇行人横过道路，应当避让。

(7) 机动车载物应当符合核定的载质量，严禁超载；载物的长、宽、高不得违反装载要求，不得遗洒、飘散载运物。机动车运载超限的不可解体的物品，影响交通安全的，应当按照公安机关交通管理部门指定的时间、路线、速度行驶，悬挂明显标志。在公路上运载超限的不可解体的物品，并应当依照公路法的规定执行。机动车载运爆炸物品、易燃易爆化学物品以及剧毒、放射性等危险物品，应当经公安机关批准后，按指定的时间、路线、速度行驶，悬挂警示标志并采取必要的安全措施。

(8) 机动车载人不得超过核定的人数，客运机动车不得违反规定载货。

(9) 禁止货运机动车载客。货运机动车需要附载作业人员的，应当设置保护作业人员的安全措施。

（10）机动车行驶时，驾驶人、乘坐人员应当按规定使用安全带，摩托车驾驶人及乘坐人员应当按规定戴安全头盔。

（11）机动车在道路上发生故障，需要停车排除故障时，驾驶人应当立即开启危险报警闪光灯，将机动车移至不妨碍交通的地方停放；难以移动的，应当持续开启危险报警闪光灯，并在来车方向设置警告标志等措施扩大示警距离，必要时迅速报警。

（12）警车、消防车、救护车、工程救险车执行紧急任务时，可以使用警报器、标志灯具；在确保安全的前提下，不受行驶路线、行驶方向、行驶速度和信号灯的限制，其他车辆和行人应当让行。警车、消防车、救护车、工程救险车非执行紧急任务时，不得使用警报器、标志灯具，不享有前款规定的道路优先通行权。

（13）道路养护车辆、工程作业车进行作业时，在不影响过往车辆通行的前提下，其行驶路线和方向不受交通标志、标线限制，过往车辆和人员应当注意避让。洒水车、清扫车等机动车应当按照安全作业标准作业；在不影响其他车辆通行的情况下，可以不受车辆分道行驶的限制，但是不得逆向行驶。

（14）高速公路、大中城市中心城区内的道路，禁止拖拉机通行。其他禁止拖拉机通行的道路，由省、自治区、直辖市人民政府根据当地实际情况规定。在允许拖拉机通行的道路上，拖拉机可以从事货运，但是不得用于载人。

（15）机动车应当在规定地点停放。禁止在人行道上停放机动车；但是，依照《道路交通安全法》第三十三条规定施划的停车泊位除外。在道路上临时停车的，不得妨碍其他车辆和行人通行。

6.2.2.3　非机动车通行规定

（1）驾驶非机动车在道路上行驶应当遵守有关交通安全的规定。非机动车应当在非机动车道内行驶；在没有非机动车道的道路上，应当靠车行道的右侧行驶。

（2）残疾人机动轮椅车、电动自行车在非机动车道内行驶时，最高时速不得超过 15km。

（3）非机动车应当在规定地点停放。未设停放地点的，非机动车停放不得妨碍其他车辆和行人通行。

（4）驾驭畜力车，应当使用驯服的牲畜；驾驭畜力车横过道路时，驾驭人应当下车牵引牲畜；驾驭人离开车辆时，应当拴系牲畜。

6.2.2.4　行人和乘车人通行规定

（1）行人应当在人行道内行走，没有人行道的靠路边行走。

（2）行人通过路口或者横过道路，应当走人行横道或者过街设施；通过有交通信号灯的人行横道，应当按照交通信号灯指示通行；通过没有交通信号灯、人行横道的路口，或者在没有过街设施的路段横过道路，应当在确认安全后通过。

（3）行人不得跨越、倚坐道路隔离设施，不得扒车、强行拦车或者实施妨碍道路交通安全的其他行为。

(4) 学龄前儿童以及不能辨认或者不能控制自己行为的精神疾病患者、智力障碍者在道路上通行，应当由其监护人、监护人委托的人或者对其负有管理、保护职责的人带领。盲人在道路上通行，应当使用盲杖或者采取其他导盲手段，车辆应当避让盲人。

(5) 行人通过铁路道口时，应当按照交通信号或者管理人员的指挥通行；没有交通信号和管理人员的，应当在确认无火车驶临后，迅速通过。

(6) 乘车人不得携带易燃易爆等危险物品，不得向车外抛洒物品，不得有影响驾驶人安全驾驶的行为。

6.2.2.5 高速公路的特别规定

(1) 行人、非机动车、拖拉机、轮式专用机械车、铰接式客车、全挂拖斗车以及其他设计最高时速低于 70km 的机动车，不得进入高速公路。高速公路限速标志标明的最高时速不得超过 120km。

(2) 机动车在高速公路上发生故障时，应当依照本法第五十二条的有关规定办理；但是，警告标志应当设置在故障车来车方向 150m 以外，车上人员应当迅速转移到右侧路肩上或者应急车道内，并且迅速报警。机动车在高速公路上发生故障或者交通事故，无法正常行驶的，应当由救援车、清障车拖曳、牵引。

(3) 除公安机关的人民警察依法执行紧急公务外，任何单位、个人不得在高速公路上拦截检查行驶的车辆。

6.2.3 机动车行车安全常识

在我国因机动车导致的道路交通事故占总事故数的 80%以上，机动车驾驶人的安全驾驶不仅关乎道路交通安全，更涉及千家万户的幸福，因此要高度重视机动车交通安全知识，并在行车过程中牢记交通安全知识。

6.2.3.1 行车安全基本常识

(1) 车辆行驶保持安全车距。保持安全距离不仅可以帮助驾驶员观察其他车辆的动向，而且可以把自己的行驶意图通过信号提前传递给其他车辆；保持安全距离可以减轻驾驶员在心理上的压迫感和危机感，缓和思想上的紧张状态；大型汽车转弯时前后轮轨迹差大，转弯占地面积大，为此周围必须要留有必要的空间距离。

(2) 夜间行车视线不良，使用灯光是安全行驶的关键。因此，使用灯光应注意以下事项：汽车灯光的开启时间应与路灯相同。如果阴天、雾天或是刮风下雨，则应提前把灯打开，保证良好的视线；起步前应先开灯，看清前方道路再行驶。停车时，应先停车后关灯；时速在 30km 以内，可使用近光灯，超过 30km，则应使用远光灯；在有路灯的路面上，开启近光灯即可；通过有交警指挥或红绿灯的路口时，应在距路口 30~50m 处关闭大灯，改用小灯；在路边暂时停放，就开启小灯、尾灯和示宽灯。

(3) 超车头、会车尾。在超越同向行驶的汽车时一定要注意它的前部，因为看似慢吞吞行驶的车，其实有可能正在避让从它车头经过的行人；而与对面来车会车时则需注意它的尾部，因为那里也可能会突然蹿出横穿马路的行人。类似的情况还有很多。比如一辆正常行驶的汽车突然减速，那么你也要采取相应的举措，因为那辆车很有可能突然发现了一些情况，比如路中间的异物、大坑等，如果你此时贸然加速很可能发生险情。

(4) 不要过分依赖电子设备，车上的电子设备越来越多，但还是要提醒车主不要盲目依赖。任何电子设备都是辅助司机驾驶的，无论多先进的电子设备，都只能在一定限度内帮助我们规避危险。像ESP(车身电子稳定系统)也有它的工作极限，倒车雷达也有可能存在盲区或者有故障的时候，安全驾驶的关键还要靠你自己。

(5) 学会预见性驾车。许多驾驶员都有过这样的经历，在下山行驶时，一个看似不急的下坡弯道，却要比平时费更大的力气才能降低速度。这是由于车辆在下坡时的重力加速度会让刹车系统的负担变大，而车辆在转弯时轮胎的抓地力要比正常路面差，再加上频繁的上下坡制动也可使制动系统的力度发生衰退，因此，山路行车时一定要匀速驾驶。还要懂得对路况进行预见性判断。山路是盲区最多的路段，许多看似普通转弯其实却是连续的"S"形弯路，而一辆莽撞的汽车有可能会从弯道里冲出来。一定要多留意路边的提示标牌，通过弯道时最好鸣笛示意。

(6) 机动车驾驶员应该自觉遵守道路交通管理法规，文明开车。

6.2.3.2　交通安全法律、法规要求

(1) 机动车驾驶人应依法取得机动车驾驶证，并按照驾驶证载明的准驾车型驾驶机动车。驾驶人无证驾驶发生交通事故，对人造成伤害的，保险公司可拒绝承担赔偿责任，而由无证驾驶人自己承担全部责任。

(2) 驾驶机动车时，应随身携带机动车驾驶证和行驶证。驾驶证实行记分制度。道路交通安全违法行为累积记分周期为12个月，满分为12分，从机动车驾驶证初次领取之日起计算。根据道路交通安全违法行为的严重程度，一次记分的分值为：12分、6分、3分、2分、1分。

(3) 驾驶机动车前，应先确定车门、车厢已关好。驾驶过程中，驾驶人应系好安全带。

(4) 机动车上路行驶，不得超过限速标志标明的最高时速。在没有限速标志的路段，应当保持安全车速。夜间行驶或在容易发生危险的路段行驶，以及遇有沙尘、冰雹、雨、雪、雾、结冰等气象条件时，应降低行驶速度。

(5) 机动车行经铁路道口、交叉路口、窄桥、弯道、陡坡、隧道、市区交通流量大的路段人行横道等路段时，不能超车。

(6) 机动车遇有前方车辆停车排队等候或者缓慢行驶时，不得借道超车或者占用对面车道，不得穿插等候的车辆。在车道减少的路段、路口，或者在没有交通信号灯、交通标志、交通标线或者交通警察指挥的交叉路口，遇到停车排队等候或者缓慢行驶时，机动车应依次交替通行。

(7) 机动车行经人行横道时，应减速行驶；遇行人正在通过人行横道，应停车让行。机动车行经没有交通信号的道路时，遇行人横过道路，应当避让。

(8) 机动车载人不得超过核定的人数。

(9) 机动车驾驶过程中，驾驶人不得拨打、接听手机，抽烟、观看电视等行为都会妨碍安全驾驶。驾车时拨打接听手机、不系安全带等交通违法行为，将被扣分罚款。

(10) 驾驶人饮酒、服用国家管制的精神药品或者麻醉药品，不得驾驶机动车。酒驾一般分为饮酒驾驶和醉酒驾驶，醉酒驾驶是指车辆驾驶人员血液中的酒精含量大于或者等于80mg/100mL的驾驶行为；饮酒驾驶则是酒精含量在20~80mg/100mL。

(11) 驾驶人在驾驶过程中不得向道路上抛撒物品。不要在机动车驾驶室前后窗范围内悬挂、放置妨碍驾驶人视线的物品。

(12) 机动车在道路上临时停车，应当遵守下列规定：①在设有禁停标志、标线的路段，在机动车道与非机动车道、人行道之间设有隔离设施的路段以及人行横道、施工地段，不得停车。②交叉路口、铁路道口、急弯路、宽度不足4m的窄路、桥梁、陡坡、隧道以及距离上述地点50m以内的路段，不得停车。③公共汽车站、急救站、加油站、消防栓或者消防队(站)门前以及距离上述地点30m以内的路段，除使用上述设施的以外，不得停车。④车辆停稳前不得开车门和上下人员，开关车门不得妨碍其他车辆和行人通行。⑤路边停车应当紧靠道路右侧，机动车驾驶人不得离车，上下人员或者装卸物品后立即驶离。

6.2.3.3 驾驶行车过程中紧急情况的处理

(1) 车辆行驶中爆胎

高速行驶时若遇到轮胎爆破，车辆的行驶方向会突然向一侧倾斜或危险地摇摆。这时应紧握方向盘，全力控制住车辆的行驶方向，油门踏板不要一下放松，待将车辆驶向路肩区后，再将车停住。如果慌乱间实施制动反而会引起方向失控，导致发生事故。在路肩上将车停稳后，立即开启危险报警闪光灯，在行驶方向的后方100m处设置故障车警告标志，夜间还须开启示宽灯、示尾灯，并通过紧急电话请求援助，不要自己进行修理。因为在路肩上从事更换轮胎作业不但影响其他车辆正常行驶，也容易给自身造成危险。

(2) 车辆行驶中失火

行驶车辆因事故或违章操作等原因造成失火时，不懂得扑救方法其后果是十分严重的。一般扑救方法是：马上停车熄火，切断电源，关闭油箱开关和百叶窗，并立即设法离开驾驶室，如果驾驶室门无法打开，可以从挡风玻璃处脱离。公共汽车要及时打开车门，组织乘客迅速下车。如果着火范围较小，可用车上现有的物品进行覆盖；如果着火面积大，又无灭火器时，应用路旁的砂土、冰雪进行覆盖或堵截过往车辆索取灭火器材；如果火情危及车上货物时，应在扑救的同时，迅速把货物从车卸下。无论何种情况，都必须做好油箱的防火防爆工作。若汽车失火会危及周围群众或引起更大灾害时，在灭火的同时，应想方设法将汽车驶离失火地点。

(3) 车辆行驶中偏离路线

驾车靠右行驶时，突然一辆车迎面开来，侵占了你的车道，迫使自己不得已向右偏出车道。此时，要注意不要猛刹车，也不要试图立刻回到车道上来。必须停止加油门，握紧方向盘，控制好汽车，然后稍向左打方向，同时要轻轻地点几下刹车。在车速减慢后，再小心地把车开上原来的车道。

(4) 车辆行驶中发现相撞似乎不可避免

正常行驶时，突然有辆车或者一个预想不到的障碍物出现在面前，似乎相撞已不可避免。记住，此时千万不要向左打方向，必须始终踩住刹车并向右打方向。如有方法，应该立即开出车道，宁愿冒翻车的危险，也不要向左打方向；如果无法躲避，就把车刹死，使车速尽可能保持低速。

(5) 车辆不慎入水

要迅速解开安全带，设法从窗户爬出来。如车窗打不开，也要处乱不惊。因为尽管汽车在水里下沉，但车内仍有空气可以呼吸，等到水进入车内，车内外压力相同时，车门就可以打开。

(6) 车辆行驶中刹车失灵

此时要反复地踩刹车，并尽力把挡位换到最低速度，以利用发动机的减速作用。在车速有所减缓时，要利用手刹制动。如果车速非常快，手刹控制不住，就要找合适的目标撞击。最坏的情况下，当汽车要撞击物体时，一定要看准方向，并且要关闭发动机。宁可毁掉汽车，也不能让汽车在没有制动的情况下向前飞奔，因为那样会酿成更大的灾难。

(7) 车辆行驶中轮胎打滑

首先必须减速行驶。如果是汽车排成队行驶，你要学着前面车子后轮摆动的方向转动方向盘，一旦汽车开始向右摆动就可以加速，并把方向盘向相反方向滑动。这样就可以避免汽车再次向相反方向滑动。一旦汽车不再打滑，就要缓慢地踩刹车。如果汽车的 4 个轮子都在打滑，那就应该放开刹车，让轮子自己转动。

(8) 车辆行驶中挡风玻璃破碎

千万不要一下子把刹车踩死，要集中注意力，让车子继续向右前进；可能的话要把头探出车窗外看看，到底是什么原因引起玻璃破碎。

6.2.4 其他交通出行的安全

6.2.4.1 铁路出行安全常识

(1) 在旅途中要尊老爱幼，不可因抢占位置、争行李架而相互对骂，甚至殴斗伤人。

(2) 保持公共卫生。吸烟者要注意处理烟蒂，以防火灾，特别是睡卧铺车厢的旅客，睡前不应吸烟。

(3) 乘车过程中最好不饮酒，饮酒过量大脑皮质易失控，行动蹒跚，上下车易出现跌倒损伤；易给偷窃者造成可乘之机，发生盗窃；酒后迷迷糊糊，易导致所带物品丢失，或发生过站、下错车等。

(4) 长途旅行者在各大站停车时，常到站台上活动或购物，但注意不要走得过远过久，要注意开车时间，以免耽误旅行，造成人、物分离。

(5) 谨防意外伤害。在列车行进中不要将手、头等伸出窗外，易被信号机、隧道等刮伤。小孩不可独自在车门和车厢的连接处玩耍。行李架物品要放牢，以防物品掉下伤人。

(6) 乘车用餐完毕后，不能将酒瓶、罐头盒等杂物抛出窗外，以防误伤车外面的人。在列车行驶时向外抛扔废物是不道德的行为，也会触犯法律。

(7) 为了自身及他人的安全，一定不能将易燃品、易爆品、危险品带上火车，凡是具有燃烧、爆炸、腐蚀、有毒、有害、放射性等物品，如鞭炮、汽油、酒精、万能胶、氧化剂、压缩气体和易燃液体等，这些物品在运输过程中，不用明火点燃，只要受摩擦、撞击就可以导致燃烧、爆炸，造成人员伤亡，财产损失。

(8) 遵守铁路秩序。进站时要走车站规定的路线，不可为了抢先上车穿越铁道、钻车、跳车，以防列车启动等导致意外发生。车辆进站时，人员都要退到安全白线外，免得列车进站时速度快、风力大、离车过近，而被卷下站台，发生危险。列车不停稳，不要拥挤上车，更不可以经车窗爬进车内。

6.2.4.2 航空出行安全常识

(1) 登机后看安全须知，了解飞机上有关安全的设备、注意事项，从而更好地保护自身安全，千万不要认为自己经常坐飞机就可以置之不理，因为乘坐机型的设备和出口不一定是一样的，首次乘机的旅客更要仔细阅读、听司乘人员介绍安全设施的正确使用，以免紧急状况下因不会使用而扩大伤亡。

(2) 从关舱门开始到打开舱门手机尽量关机。因飞机在飞行过程中是利用机载无线电导航设备与地面导航台保持联系，控制飞行航线和飞机的降落的，而手机在待机状态下会发出电磁波信号，这些信号会干扰到飞机的导航系统。2018 年 1 月 17 日东航发布的《关于东航机上便携式电子设备使用规范的公告》规定，旅客可在飞行全程中使用具有飞行模式的移动电话(智能手机)和规定尺寸内(长宽高三边之和不超过 31cm)的电子书、视/音频播放机、电子游戏机等小型 PED 设备。但需将电子设备设置为飞行模式，并全程关闭蜂窝移动通信功能。不具备飞行模式的移动电话等设备，在空中仍然被禁止使用。

(3) 行李尽量不超重。一架飞机在执行航班任务时不仅要克服自身的重量，还要克服燃油的重量以及载人和载物的重量。因此会对每个出行人的行李重量进行限制，以免影响飞机的正常运行。

(4) 紧急出口座位是福利、更担责任。紧急出口的座位，主要是为了方便紧急撤离，腿部空间留得大，不是所有乘客都可以坐在紧急出口座位，一般会把这一排位置安排给那些身强力壮的人。在紧急出口旅客入座后，空乘人员第一时间会对旅客进行评估，评估分为目视评估和口头评估两种。目视评估是看旅客是否适合坐在这里，是否年满 15 岁，双手双臂是否有足够的运动能力，是否兼具体力和灵活性，视力、听力、口头传达能力如何。口头评估是为旅客介绍紧急出口座位的特殊性，介绍应急门及打开方法，告知旅客紧急情况下的职责，正常情况下千万不要触碰机门尤其是红色把手，引导其阅读紧急出口座位旅客须知和安全须知，最后观察其是否具备良好的阅读理解能力。如果旅客无法满足，即使旅客登机之后坐了这个座位，乘务员也会进行二次调换。

在飞行和降落过程中，如果发生意外事故，在机长发出指令疏散乘客时，坐在紧急出口的人，必须协助空乘人员，打开紧急出口舱门，放置好逃生滑梯或气垫，协助其他乘客逃生等。飞机上设置“紧急出口”是为了保障全体旅客的生命安全。坐在这个位置的旅客，在享受宽敞座位的同时，也要承担起“守护者”的责任。

(5) 系好安全带。飞机上的安全带是为了在碰撞时对乘员进行约束以及避免碰撞时乘员与座椅或飞机等发生二次碰撞或避免碰撞时冲出座椅外导致死伤的安全装置。安全带和座椅相连，可以根据旅客不同需求调整长短，并用卡扣加以固定。当飞机起飞、降落或遇到空中气流颠簸时，旅客都被要求系好安全带，结实的座椅和安全带对飞机上的旅客能起到很好的保护作用。2013 年 7 月 6 日，在美国旧金山一架波音 777 在降落过程中飞机尾部撞掉，机身摔在跑道上坠毁，飞机的安全带在强大的外力下变形，但飞机座椅没有飞脱，所有系着安全带的旅客全部安然无恙。

(6) 收小桌板、桌椅靠背。收小桌板是为了在紧急撤离时无障碍，保证个人能以最快的速度离开飞机；收桌椅靠背，是为了紧急撤离时您后排的旅客们能快速离开飞机。因此收好小桌板和桌椅靠背，不要让一个小桌板、桌椅靠背成为您和其他旅客生命中的绊脚石。

(7) 打开遮光板。起飞和下降时都要打开遮光板，一是为了方便乘客观察窗外有什么异常，可及时通知乘务员，二是一旦发生紧急迫降后，如果没能及时离机，乘客也可以得到救援人员的及时救助，他们将通过这个窗口看到被困人员。

(8) 禁止吸烟。禁烟标志在很多地方都有，吸烟容易引起火灾也是老话题，飞机上也不例外，国内的航班是绝对禁止吸烟的，就连机坪上也是不允许的，飞机上吸烟是违反民航法的，将以罚款和拘留进行处理。

(9) 注意客舱广播。客舱广播是为了旅客服务的，其中包括服务和安全两方面。服务方面：会通过广播让旅客了解航班的航程、时间，途经的国家、城市和山脉河流等，以及飞机上的一些服务项目等。安全方面：首先是正常的安全检查，在起飞和落地前都会广播提醒您，其次还有特殊情况和突发事件，都会通过广播让旅客了解，如果旅客不注意听，一旦出现紧急状况可能会因应对不当导致意外发生。

6.2.4.3 江海出行安全常识

乘船安全常识：

① 为了保证航运安全，凡符合安全要求的船只，有关管理部门都发有安全合格证书。外出旅行，不要乘坐无证船只。

② 不要携带易燃易爆等危险品上船，航行过程中船只晃动、碰撞易产生爆炸、起火，会直接造成旅客生命财产损伤。

③ 不乘坐超载的船只，超载船只行船安全没有保证，因而常有意外伤亡事故发生。

④ 上下船要排队按次序进行，不得拥挤、争抢，以免造成挤伤落水等事故。

⑤ 天气恶劣时，如遇大风、大浪、浓雾等，应尽量避免乘船，不乘坐冒险航行的船舶。

⑥ 不在船头、甲板等地打闹、追逐，以防落水。不拥挤在船的一侧以防船体倾斜发生事故。

⑦ 船上的许多设备都与保证行船安全有关，不要乱动，以免影响正常航行。

⑧ 夜间航行，不要用手电筒向水面、岸边乱照，以免引起误会或使驾驶员产生错觉而发生危险。

⑨ 一旦发生意外，要保持镇静，听从有关人员指挥。一旦落水，要坚定获救信心，很多时候意志品质的耐力往往比体力耐力更为重要。

2014 年 4 月 16 日，载有 476 人的“岁月号”客轮在韩国西南海域发生浸水事故下沉，事故导致 296 人遇难，8 人下落不明。但在 2020 年 11 月 19 日，日本一艘观光船在香川县坂出市附近海域行进途中撞上不明物体，随后船舱进水。学生们都穿上救生衣跳入海中，之后被救起。船上共 62 人，包括 52 名小学生，无人在事故中身亡。因此掌握航船过程中意外事故的紧急处置方法在紧急时刻具有重要意义。

（1）船上起火

一旦发现船上起火，首先要尽快通知其他人员，采取应急措施。如果船正在航行中，最好停下来。切记不要在慌乱中向燃烧的汽油或燃气上泼水，以防火势快速蔓延，甚至引起爆炸。若是甲板下面着火，船上的人必须立即撤离甲板，关闭舱门、舱盖和气窗，阻止空气进入，找个相对安全的位置扑灭火。如已经无法迅速灭火时，应尽快撤离火场，甚至弃船逃生。

（2）海上落水求生的自护自救

① 弃船后，首先脱去笨重的鞋或靴子，掏除口袋里的重物，切记不可以脱掉衣服，衣着虽然湿透，但也能保存身体的热量，使自己不至于很快冻僵。不要试图去追船舶，因为穿着衣服游不出多远的距离，很快就会精疲力竭。要大声呼救，并举起一臂，让别人发现自己，有助于寻找你。为了节省体力，可仰面浮于水面上，必要时可用双手划水，或用脚踩水，呼吸要慢，尽量少动，以保持体力和体温。

② 如果水不太冷，可以用衣服自制浮囊，脱下裤子，将两裤腿末端分别打结，双手拉着裤腰，并张开裤子，从背后越过头顶，使裤子充气，迅速按在水里。将临时浮囊的两裤管夹在腋下，裤裆托浮身体。空气会慢慢溢出去，必要时可再度充气。用套头运动衫等，也可以做成临时的浮囊。

③ 如果有人抛来救生圈，不要潜水从水下钻入救生圈，因为这样会消耗宝贵的体力和热能。应浮在水面，将救生圈靠近自己的一边竖起来，低下头，将头和一只手伸进去，然后另一只手也伸进救生圈，用救生圈顶住双臂和胸部等待救援。

④ 在寒冷的水中，由于体温丧失过快，人很快进入低体温状态。身体热能的消耗速度取决于水温。落入冷水初期，人体为避免热量过分消耗，皮肤表面毛细血管收缩，人体发抖以产生较多的热量。随着时间的延长，人体就不能保持和产生足够的热量，体温便开始下降，当下降到 35℃ 以下时，人就会出现低体温昏迷；体温达 31℃ 以下时，人将失去意识，肌肉不再发抖而开始僵硬，心跳减弱，心律失常，瞳孔散大。随着时间的延长，生命越来越受到威胁，但无论如何要保持镇定情绪，寻找机会，千万不能入睡。咬紧牙关坚持获救信心，坚持时间越长，获救的机会越大。

⑤ 在水中漂浮消耗能量多，常常是又饿又渴，没有淡水供饮，也不可以饮海水。因为

人的肾脏所能承受的盐浓度不超过 2%，而海水的含盐量可达 5%，为了排除过多的盐类，会更加口渴。同时还会出现腹胀、神志不清、精神错乱等。在这种情况下，也不可以饮用自身的尿。因为身体失水，尿液浓缩，尿中含有较多的毒性废物，喝了后对身体有害。但有的资料认为求生时偶尔饮用尿是可以的。

⑥ 在漂浮过程中如果遇到荒岛，登上陆地时要小心。应在白天登陆，要注意有没有伤害人的动物。登陆后，设法获得继续维持生命的食物和淡水。

（3）船只发生沉没

① 要服从船上工作人员的指挥，做好弃船逃生的准备工作。

② 应尽可能地多穿衣服，戴上手套、围巾，穿好鞋袜，保温保暖，最好穿不透水的衣服。一定要穿好救生衣。如果时间允许，尽可能带些淡水、食物等。

③ 按照疏散路线迅速到指定位置集合。需撤离船只时，要按先后顺序进入救生艇，妇女和儿童优先。

④ 在船只即将沉没、又无法登上救生艇或救生筏离开大船时，就不得不跳水求生，这时需要注意：

a. 应尽量选择靠近水面的位置跳水。跳水时，左手应紧紧握住右侧救生衣，夹紧下拉，右手拢捂口鼻；双脚并拢伸展，身体保持垂直，头朝上，脚向下起跳。

b. 要查看水面，避开水面上的漂浮物。应尽量从船舷跳下，如船体左右倾斜时应从船头或船尾跳下。入水后要游离船体，在水中的位置要离沉船远一些，以免船下沉卷起旋涡吸入落水者。

c. 如果穿救生衣或持有救生圈，在水中采取蜷身屈腿的姿势以减少体热散失。除非离岸较近，或是为了靠近船只及其他落水者，一般不要无目的游动，以保存体力。

d. 要想办法发出声响（例如吹救生衣上配备的哨笛）或者摇动色彩鲜艳的衣物等，以便岸上或其他船只上的人发现。

e. 冬季落水后，不要把衣服脱掉，以免冻伤，在不会游泳的情况下，最好不要穿鞋。

6.3 交通事故原因及预防

《中华人民共和国道路交通安全法》中对“交通事故”的定义：车辆在道路上因过错或者意外造成的人身伤亡或者财产损失的事件。其中的“道路”，是指公路、城市道路和虽在单位管辖范围但允许社会机动车通行的地方，包括广场、公共停车场等用于公众通行的场所。车辆在道路以外通行时发生的事故，参照《中华人民共和国道路交通安全法》处理。

近年来，全国的交通运输领域安全生产形势持续向好，事故总量大幅下降，但我国每年交通运输事故总量仍居高位，事故起数、死亡人数约占全国总量的 70%和 80%，重特大事故仍未根本遏制。如 2018 年 10 月 28 日重庆市万州区 22 路公交车乘客与司机激烈争执互殴致车辆失控，在万州长江二桥坠入江中，事故导致 13 人遇难，2 人失联。2019 年 5 月 12 日，一辆农用车违法搭载 22 人，行驶至浙江省温岭市松门镇甘岙山半山腰时侧翻，坠至路侧约 3 米深的山坡下，事故共造成 12 人死亡 11 人受伤。

6.3.1 常见交通事故的原因

机动车增多给人们出行带来快捷、方便，但同时也带来了潜在的危险。因为驾驶员素质、嗜好和不良习惯在一定程度上都会给行车安全带来一定安全隐患，特别是超载、超速驾驶、酒后驾驶、疲劳驾驶和无证驾驶是交通事故发生的五种常见原因。

(1) 超速驾驶

追求刺激或许是人类的天性。无论是自身的体验，还是从电视上看汽车比赛，高速驾驶所带给人们的刺激难以言表。很多司机在驾驶汽车时总是跃跃欲试，殊不知危险正在一步一步地靠近。超速驾驶肇事导致的死亡人数占交通事故总死亡人数的10.2%。超速驾驶已成为导致交通事故发生的主要原因之一，并成为名副其实的“马路杀手”。

我国《道路交通安全法实施条例》第78条规定：高速公路应当标明车道行驶速度，最高车速不得超过120km/h，最低车速不得低于60km/h。同向有两条车道的，左侧车道最低车速为100km/h；同向有3条以上车道的，最左侧车道最低车速为110km/h，中间车道的最低车速为90km/h。道路限速标志标明的车速与上述车道行驶车速规定不一致的，按道路限速标志标明车速行驶。

超速驾驶会带来哪些危害？

① 据测算，一辆时速为50km的汽车每秒的行程为14m，时速提高一倍则每秒的行程将达28m。对于车辆来说，速度越快，在拐弯时的离心力就会越大，被甩出马路的危险也就会越大。同时，车辆的高速也意味着需要较长的刹车距离。如果汽车以时速50km的速度行驶，只需要10m的刹车距离，而时速提到100km后，需要40~60m的刹车距离，刹车距离增加了4~6倍。此外，汽车的速度越快，车体碰撞变形和人员损伤将越大。

② 驾驶员在行车中的视力随车速的变化而变化。检测显示，当车速达到72km/h时，视力为1.2的驾驶员，此时会下降到0.7。此外，眼睛至焦点的视认距离也随车速而变，当行驶速度为60km/h时，视认距离为240m，速度为80km/h时，视认距离则为160m。可见，随着车速的提高驾驶员视认距离会减小。驾驶员的视野与车速密切相关，正常静止状态下，人的双眼视野可达160°。车速越快，视野就越小，注意点向远伸展，周围景物就难以看清。车速为40km/h时，视野缩小为100°；车速为70km/h时，视野为65°；车速为100km/h时，视野仅为40°。因此车速过快将严重影响驾驶员判断的准确性。

(2) 酒后驾驶

研究发现，驾驶员在未饮酒时行车，当发现前方有危险情况，从视觉感知到踩制动器的动作中间的反应时间为0.75s，饮酒后尚能驾车的情况下反应时间要减慢2~3倍，同速行驶下的制动距离也要相应延长，人呈微醉状态开车，其发生事故的可能性为未饮酒下开车的16倍。因此酒后开车将提升交通事故发生的可能性。因此我国《道路交通安全法》中严禁酒后开车。酒后驾车的危害主要有以下表现：

① 触觉能力降低。饮酒后驾车，由于乙醇的麻醉作用，人的手、脚的触觉较平时降低，往往无法正常控制油门、刹车及方向盘。

② 判断能力和操作能力降低。饮酒后，对光、声刺激反应时间延长，本能反射动作的时间也相应延长，感觉器官和运动器官如眼、手、脚之间的配合功能发生障碍，因此，无法正确判断距离、速度。

③ 视觉障碍。饮酒后可使视力暂时受损，视像不稳，辨色能力下降，因此不能发现和正确领会交通信号、标志和标线。同时饮酒后视野大大缩小，视线模糊，眼睛只盯着前方目标，对处于视野边缘的危险隐患难以发现，易发生事故。

④ 心理变化。在乙醇的刺激下，人有时会过高地估计自己，对周围人的劝告常不予理睬，往往会作出一些力不从心的事。

⑤ 疲劳。饮酒后易困倦，表现为行驶不规律、空间视觉差等疲劳驾驶的行为。

喝酒不开车，开车不喝酒，但现实生活中因为酒后驾车引起的惨痛教训却并不少见。2021 年 1 月 4 日 23 时 10 分，郑州市经开区第五大街与经南三路交叉口处有一起涉酒交通事故。经查，梁某酒后驾驶豫 AB××4M 白色起亚车沿经南四路由东往西到五大街，再沿五大街往北到经南三路，与豫 A5××9T 宝马迎头相撞，梁某儿子在后排坐，因受到冲击受伤，经检测，梁某血液中乙醇含量为 339. 79mg/100mL，涉嫌危险驾驶罪被刑事拘留。2020 年河南省交管部门查处酒驾醉驾 12. 5 万余起，醉驾占 22. 37%，酒驾、醉驾人员近六成是 30～50 岁。吉林省交管部门在 2018 至 2020 年共查处酒驾醉驾违法犯罪行为 12. 7 万起，其中醉驾占比 17. 7%，涉酒交通事故导致 345 人死亡。

涉酒交通事故隐患不容忽视，国家为遏制酒驾、醉驾上升势头也颁布有关规定。根据《道路交通安全法》第九十一条：饮酒后驾驶机动车的，处暂扣 6 个月机动车驾驶证，并处 1000 元以上 2000 元以下罚款。因饮酒后驾驶机动车被处罚，再次饮酒后驾驶机动车的，处 10 日以下拘留，并处 1000 元以上 2000 元以下罚款，吊销机动车驾驶证。醉酒驾驶机动车的，由公安机关交通管理部门约束至酒醒，吊销机动车驾驶证，依法追究刑事责任；5 年内不得重新取得机动车驾驶证。

（3）疲劳驾驶

驾驶疲劳是指驾驶员在长时间连续行车后，产生心理机能和生理机能的失调，出现视线模糊、腰酸背疼、反应迟钝、动作呆板，使驾驶机能下降的现象。驾驶疲劳将使驾驶员的注意、感觉、知觉、思维、判断、意志、决定和运动诸方面受到影响。过度驾驶、疲劳驾驶机动车辆，极易发生交通事故。2019 年 8 月 26 日 0 时许，一辆大巴车在广东省阳江市境内的沈海高速发生侧翻事故，造成 7 人死亡、11 人受伤。按疲劳的性质，可分为生理疲劳和心理疲劳两种。生理疲劳是由于人体连续不断地活动，或短时间内剧烈活动，肌肉内产生超过负荷能力的乳酸引起的刺激反应。心理疲劳是由于长期集中于重复的单调驾驶引起的抑制反应。在驾驶过程中，生理疲劳和心理疲劳并不一定同时产生，有时身体并不感到疲倦，但单调的驾驶环境使其心理疲劳；有时长时间驾驶，虽身体感到十分疲倦，但却由于多变的紧张驾驶环境，又使其心理上仍能坚持驾驶。二者既有区别，又有一定联系并相互制约。

如果驾驶员出现生理疲劳，由于某种动机的刺激或意志的努力，还可以继续驾驶一段时间，但绝不可能维持过久。若超过限度勉强驾驶，必然引起过度疲劳，不仅有碍于驾驶员的身心健康，还极易酿成本不会发生的交通事故。2020 年 9 月 16 日下午 14 时许，在 327 省道淮安市涟水县保滩镇，一辆水泥工程车因司机疲劳驾驶，将一辆同向行驶的三轮车顶出去。三轮车与工程车相撞后，又向前撞上路边的电线杆，驾驶人和车遭到严重挤压，后因伤势过重，抢救无效死亡。

根据《道路交通安全法实施条例》第十四条：用于公路营运的载客汽车、重型载货汽车、半挂牵引车应当安装、使用符合国家标准的行驶记录仪。交通警察可以对机动车行驶速度、连续驾驶时间以及其他行驶状态信息进行检查。第六十二条第七款规定，连续驾驶机动车超过 4h 应停车休息，休息时间不少于 20min。

疲劳驾驶的常见危害主要有：

① 疲劳驾驶往往会感到精神疲倦，视线逐渐变得模糊，思维变得迟钝，尤其是夏季午后和深夜行车极易瞌睡，甚至会出现驾驶人瞬间失去记忆的现象。

② 驾驶人疲劳时判断能力下降、反应迟钝和操作失误增加。驾驶人处于轻微疲劳时会出现换挡不及时、不准确；驾驶人处于中度疲劳时，操作动作呆滞，有时甚至会忘记操作；驾驶人处于重度疲劳时，往往会下意识操作或出现短时间睡眠现象，严重时会失去对车辆的控制能力。

③ 驾驶人疲劳时，会出现视线模糊、腰酸背疼、动作呆板、手脚发胀或精力不集中反应迟钝、思考不周全、精神涣散、焦虑、急躁，缺乏对路况的预见性等现象。如果仍勉强驾驶车辆，则可能导致交通事故的发生。

6.3.2 常见交通事故的预防

防止交通事故发生，预防是关键，驾驶员在驾驶机动车辆时，应当做到以下几点：

（1）保持车辆状况良好。车辆技术性能完好，是保障行车安全的基础和前提。要勤检查，勤保养，使车辆时刻处于良好的技术状态，而不能因工作繁忙对车辆疏于检查、保养，更不能让故障车带“病”运行。因此车上道之前应进行例行检查。

（2）控制车速。俗话说：“十次车祸九次快，中速行驶保安全。”超速行驶是安全行车大忌。司机在驾车时必须控制车速，特别是在驶经弯道、坡道、桥梁、窄路或视线不良、交通流量大的路段，或遇到下雪、大雾等恶劣天气时更要严格控制车速，否则极易发生交通事故。

（3）按规定装载，严禁超载。驾驶员不能产生多拉快跑、急功近利的思想，而应该从行车安全和长期效益着眼，严格按规定装载，切勿超载营运。

（4）注意劳逸结合。有些驾驶员为经济利益所驱使，往往不惜体力“连轴转”，这种要钱不要命的做法极其不可取。驾驶员一定要注意睡眠和休息。只有劳逸结合，时刻保持充沛的精力，才能保证行车安全，实现长期安全行车以获取更大的经济效益。

（5）注意职业道德的修养。驾驶员行车时难免碰到这样或那样的不顺心、不愉快的事，在这种情况下，不可情绪激动，莽撞行事，要心胸放宽，讲究礼让，切勿争强斗胜，开“霸道车”“怄气车”“路怒”是职业道德差的突出表现，也极易引发交通事故。

（6）严禁酒后开车。俗话说：“司机一滴酒，亲人两行泪”。酒是车祸帮凶，驾驶员一定要做到喝酒不开车，开车不喝酒。

6.3.3 校园交通事故的原因

校园交通安全是指大学生在校园内道路行走、乘坐交通工具时的人身安全。随着高校改革的不断深入，高校与社会的交流越来越频繁，使校园内人流量、车流量急剧增加。校园内的交通虽然不如校外那样拥挤，但是随着高校的发展、扩大，教师、学生拥有车辆数不断增加，而且校园内的交通有其特殊的现象，如：一般校园道路都比较狭窄，交叉路口没有信号灯管制，也无专职交通管理人员管理；校园内人员居住较集中，人口密度大，上、下课时间交通流量大，再加上校内道路四通八达，汽车、自行车、电动自行车、滑板车等来回在校园穿梭等原因，致使高校的交通环境日益复杂，只要稍有疏忽，就会造成人员伤亡的交通事故。2012 年 9 月 22 日某高校两名学生骑电动车出校门时与一辆机动车相撞，因电瓶车速度过快，导致一死一伤。

在校园交通事故中，绝大多数是机动车撞骑车人和行人，从而导致骑车人和行人伤亡。因此在交通过程中，与机动车相比较，骑行的人、行人总是处于交通弱者的地位。大学生非正常死亡人数中，因校园交通事故死亡的占有一定比例。校园内易发生交通事故的主要原因是思想麻痹和安全意识淡薄。许多大学生刚刚离开父母和家庭，缺乏社会生活经验，交通安全意识比较淡薄。有的同学在思想上还存在校园内骑车和行走肯定比公路上安全的错误认识，一旦遇到意外，发生交通事故就在所难免。大学生交通安全事故常见原因的主要表现形式如下：

（1）注意力不集中。这是最主要的形式，表现为行人在走路时边走路边看手机、边听音乐，或者左顾右盼、心不在焉。如广东某高校李某，虽然眼睛近视，可他却最喜欢戴着耳塞边听音乐、边走路、边看书，有时候车到了他跟前才发觉。同学提醒他要注意而他却当作耳边风。2019 年 11 月的一天下午，他像往常一样一边听着音乐、看着书回宿舍，经过一个十字路口时，一辆桑塔纳轿车从他左侧开过来，汽车鸣笛，他丝毫没有避让的意思，结果汽车刹车不及将其撞倒。幸好车速不太快，否则性命难保。

（2）在路上进行球类等体育活动。大学生精力旺盛、活泼好动，即使在路上行走也是蹦蹦跳跳、嬉戏打闹，甚至有时还在路上进行球类等体育活动，这增加了发生事故的风险。如 2019 年 5 月，湖南某高校两位男同学在操场踢完足球后，在回宿舍的路上还余兴未尽，在路上边跑边传球，此时身后正好驶来一辆两轮摩托车，驾驶员因经验不足，在躲闪他们传递的足球时，不幸摔倒在路上，造成摩托车驾驶员脸部、腿部严重挫伤。

（3）骑自行车或电瓶车速度过快。一般高校校园面积都比较大，宿舍与教室、图书馆等之间的距离比较远，所以不少大学生利用自行车、电动自行车出行。课间或下课时骑行在人海中穿行是大学的一道风景线。但部分学生骑车时与汽车比快慢，有时候还双手离开车把；还有一些学生没有驾驶证，却购买来历不明的二手摩托车，在学校里“兜风”，由此埋下了祸根。如2019年，某高校学生张某，前天晚上在网吧里上网，到第二天凌晨四点多才回宿舍休息。一觉醒来已到上课时间了，他起床后顾不得梳洗匆匆下楼，骑上自行车朝教室飞奔。当他骑到一个下坡向右转弯的路段时，本来车速已很快，但他还觉得慢，又猛踩了几下，就在这时迎面来了一辆小轿车，因车速太快避让不及，连人带车掉进了路旁的水沟里，致使右胳膊骨折，自行车摔坏。

6.3.4 校园交通事故的预防

遵守交通法规是对一名大学生最起码的要求。大学生预防校园交通事故，最好的办法是提高大学生的交通安全意识、掌握基本的交通安全常识，同时还必须自觉遵守交通法规，才能更好地避免交通意外的发生。以下几点是必须掌握并要在日常生活中严格遵守的。

（1）在道路上行走，应走人行道，无人行道时靠右边行走。走路时要集中精力，“眼观六路，耳听八方”；不与机动车抢道，不突然横穿马路、翻越护栏，过街走人行横道；不闯红灯等。

（2）要树立交通安全观念，切莫错误地认为校内无事，不能超过校园规定速度，不要飙车，时时记住安全第一。

（3）在道路上不得打球、溜冰、追逐嬉戏或有其他妨碍交通的行为。熟悉校内路线、地形，记住易出事的地段。

（4）在使用共享交通工具时，一定要遵守设备租赁公司的相关章程，遵守校园交通规章，服从安保人员指挥。

6.4 交通事故应急处置

6.4.1 交通事故处理

根据《道路交通安全法》第七十条规定，在道路上发生交通事故，车辆驾驶人应当立即停车，保护现场；造成人身伤亡的，车辆驾驶人应当立即抢救受伤人员，并迅速报告执勤的交通警察或者公安机关交通管理部门。因抢救受伤人员变动现场的，应当标明位置。乘车人、过往车辆驾驶人、过往行人应当予以协助。

在道路上发生交通事故，未造成人身伤亡，当事人对事实及成因无争议的，可以即行撤离现场，恢复交通，自行协商处理损害赔偿事宜；不即行撤离现场的，应当迅速报告执勤的交通警察或者公安机关交通管理部门。在道路上发生交通事故，仅造成轻微财产损失，并且基本事实清楚的，当事人应当先撤离现场再进行协商处理。

根据《道路交通事故处理程序规定》第五章“简易程序”第二十四条规定：交通警察适用简易程序处理道路交通事故时，应当在固定现场取证后，责令当事人撤离现场，恢复交通。拒不撤离现场的，予以强制撤离。当事人无法及时移动车辆影响通行和交通安全的，交通警察应当将车辆移至不妨碍交通的地点。

发生死亡事故、伤人事故的，或者发生财产损失事故且有下列情形之一的，当事人应当保护现场并立即报警：(a)驾驶人无有效机动车驾驶证或者驾驶的机动车与驾驶证载明的准驾车型不符的；(b)驾驶人有饮酒、服用国家管制的精神药品或者麻醉药品嫌疑的。如无其他机动车驾驶人即时替代驾驶的，公安机关交通管理部门除依法给予处罚外，可将其驾驶的机动车移至不妨碍交通的地点或者有关部门指定的地点停放。

撤离现场后，交通警察应当根据现场固定的证据和当事人、证人陈述等，认定并记录道路交通事故发生的时间、地点、天气、当事人姓名、驾驶证号或者身份证号、联系方式、机动车类和号牌号码、保险公司、保险凭证号、道路交通事故形态、碰撞部位等，并根据当事人的行为对发生道路交通事故所起的作用以及过错的严重程度，确定当事人的责任，当场制作道路交通事故认定书。不具备当场制作条件的，交通警察应当在 3 日内制作道路交通事故认定书。

发生交通事故时，一般要遵循以下流程进行处理。

（1）立即停车。停车后按规定拉紧手制动，切断电源，开启危险报警闪光灯。如在夜间，需开示宽灯、尾灯。若在高速公路上，需按规定在车后设置危险警告标志。

（2）及时报案。当事人应及时将事故发生的时间、地点、肇事车辆及伤亡情况，打电话或委托过往车辆、行人向附近的公安机关或执勤民警报案。同时也可向附近的医疗单位、急救中心呼救或求救。如现场发生火灾，还应向消防部门报告，同时已参加保险的车辆和人员还要在 48h 之内向保险公司报案。交通事故处理紧急电话见表 6–3。

表 6–3　交通事故处理紧急电话

交通事故报警电话	高速公路报警电话	公安机关报警电话	医疗急救求助电话	火灾救援急救电话
122	12122	110	120	119

（3）保护现场。保护现场的原始状态，其中的车辆、人员、牲畜和遗留的痕迹、散落物不能随意挪动位置。为抢救伤者，应在其原始位置做好标记，不得故意破坏、伪造现场。在警察到来之前，当事人可用绳索等设置警戒线，保护好现场。

（4）抢救伤者或财物。当确认受伤者的伤情后，能采取紧急抢救措施的应尽最大努力抢救，设法送附近医院抢救治疗。除未受伤或虽有轻伤但本人拒绝去医院诊断的之外，一般可以拦搭过往车辆或通知急救部门、医院派救护车前来抢救。应妥善保管现场物品或被害人的钱财，防止被盗、被抢。

（5）协助现场调查取证。当事人必须如实向公安交通管理机关陈述事发经过，不得隐瞒交通事故的真实情况。应积极配合、协助警察做好善后处理工作，并听候处理。

（6）肇事者接受交通管理部门的处罚。

6.4.2 车辆遇险处理

（1）遇到交通事故的应急处理

大部分交通事故在发生的瞬间，驾驶员均可做出些避让的动作，这些动作有的可以起到减轻事故损失的作用，有的则适得其反。所以，在车辆遇到紧急情况时，要做到以下五点：

① 不要惊慌失措。有关资料显示，当发现紧急情况，尤其是知道事故已不可避免的一刹那，几乎所有的驾驶员都会出现一种极度紧张的状态，全身颤抖、四肢发麻。此时如果驾驶员能保持清醒的头脑，及时判明情况，采取正确的紧急避让动作，会避免交通事故的发生或将损害降到最小。

② 要先顾人后顾物。驾驶员在做紧急避让时，首先要考虑到避让车辆与物资相撞会不会伤害到人。如果避让会伤害到人，那么即使会损坏车辆或物资也不能躲让。车辆避让要向有物资的一侧，不能向有人的一侧，宁让物资受损失，也要保证人员不受伤害。

③ 要避重就轻。许多司机在前方突然出现障碍时，习惯性地向左打方向盘，这是不可取的。正确的做法是选择损失或危害较轻的一方避让，尽可能地躲开损失较重和危害较大的一方。

④ 要先稳方向后制动。在出现险情时，往往车速较高，如果先采取制动，容易延误时机或造成车辆跑偏、侧滑等情况；而先转动方向盘，可以使车辆避开事故的中心位置有时甚至能避免事故的发生。对于需要短制动距离的事故，最好是在打方向盘的同时采取紧急制动。

⑤ 要先他人后自己。在事故发生后，应首先抢救处在危险中的乘客和受伤的群众，不能为保自身安全而弃车离开现场。当车辆起火或有爆炸危险时，司机应将危险车辆驶离人群、工厂、村镇，尽量减少事故车辆对人民生命财产造成的损害。

（2）遇到汽车失火的应急处理

汽车失火不仅会威胁司乘人员的生命安全、毁损车辆，还会影响交通秩序。不同情形下汽车失火的应急处置要点如下：

① 汽车发动机起火。迅速停车，切断电源，用随车灭火器对准火的根部灭火。

② 车厢货物起火。立即将汽车驶离重点要害地区或人员集中场所，并迅速报警。同时，用随车灭火器扑灭。周围群众应远离现场，以免发生爆炸时受到伤害。

③ 汽车加油过程中起火。立即停止加油，疏散人员，并迅速将车开出加油站，用灭火器及衣服等将油箱上的火焰扑灭。地面如有流洒的燃料着火，立即用灭火器或沙土将其扑灭。

④ 汽车被撞后起火。此时应先设法救人，再迅速使用灭火器进行灭火。

⑤ 公共汽车在运营中起火。立即开启所有车门，组织乘客有序下车。同时，迅速用随车灭火器扑灭火焰。若火焰封住车门，乘客可用衣服蒙住头部，从车门冲下；或者打碎玻

璃，从车窗逃生。因此要禁止携带易燃、易爆等危险品乘坐公共交通工具。同时驾驶机动车辆应随车配备灭火器，并会正确使用。

（3）遇到汽车落水的应急处理

汽车落水后不会立即下沉，可把握下沉前的一分半钟从车门或车窗及时逃生。即使汽车沉下水底，也有办法逃生，因为车厢注水可能需半小时。确切的时间视车窗是否打开、车身是否密封及水深程度而定。汽车下沉越深水压越大，注水也就越快。

① 一旦落水，不能惊慌失措，应双手抓紧扶手或椅背，让身体后仰，紧贴着靠背随着车体翻滚。避免汽车在翻滚入水之前，车内人员被撞击昏迷，以致入水后，无法自救而死亡。

② 坠落过程中，应紧闭嘴唇，咬紧牙齿，以防咬伤舌头。汽车有一定闭水性能的，汽车入水后，不要急于打开车窗和车门，而应该关闭车门和所有车窗，阻止水涌进。如有时间，开亮前灯和车厢照明灯，既能看清四周，也便于救援人员搜索。争取时间关上车窗和通风管道，以保留车厢内的空气。

③ 逐渐下沉中，车身孔隙不断进水，到内外压力相等时，车厢内水位才不再上升。这段时间要保持镇定，耐心等待。内外压力不等时，欲强行打开车门反而会方寸大乱，减少逃生机会。

④ 当水位不再上升时，做一个深呼吸，然后打开车门或车窗跳出。外衣需要先脱下，假如车门打不开，可用修车工具或在手上缠上衣服后打碎车窗玻璃。

⑤ 假如车里不止一人，应手牵手一起出来，要确定没有留下任何人。

6.4.3 校园交通事故处理

校园内发生的各类交通事故均由辖区公安交通管理部门负责处理，学校保卫部门配合公安交警部门工作。校园内发生交通事故时，有关车辆必须立即停车，如果有人身伤害情形的，首先应积极抢救伤者(移动时必须设标志)，并及时报案或向学校保卫部门报告，听候处理。如遇交通事故，肇事车辆准备逃离现场时，应记住车牌，车辆颜色、型号以及驾驶员体貌特征和衣着颜色和现场目击证人 必要时应向在场师生求助。

校园内发生交通事故的处理方法主要有以下三种：

（1）及时报案。无论在校外还是在校内，一旦发生交通事故后，首先想到的是及时报案，有利于事故的公正处理，切不可与肇事者“私了”。若在校外发生交通事故除及时报案外，还应该及时与学校取得联系，由学校出面处理有关事宜。

（2）保护现场。事故现场的勘查结论是划分事故责任的依据之一，若现场没有保护好会给交通事故的处理带来困难，造成有理说不清的情况。切记，发生交通事故后要保护好事故现场。

（3）控制肇事者。若肇事者想逃脱一定要设法控制，自己不能控制可以发动周围的人帮忙控制，若实在无法控制也要记住肇事车辆的车辆牌号等特征。

6.5 安全素质拓展

【素质拓展 6-1】

2020年6月2日上午10时，李某产驾驶陕AM××××小型越野客车从西安市某校园内教学楼东侧通道离开时，适逢党某然(小学生)课间休息步行于此，因李某产启动车辆后操作不当，车辆失控，将党某然撞倒，党某然因伤势严重不幸身亡，造成重大交通事故。当事人李某产操作车辆不当是造成事故的重要原因。

【素质拓展 6-2】

2020年6月29日下午，当事人汪某驾驶川CW××××小型普通客车从板桥镇方向出发沿邓泥路往宜宾市孔滩镇方向行驶。17时05分，当车行驶至邓泥路30km+50m处，该车在超车过程中超速行驶，车头左侧与其行驶方向从左往右突然横穿道路的小孩甘某涵相撞，造成车辆受损，甘某涵经抢救无效死亡的道路交通事故。

案例分析：当事人甘某涵在车辆临近时突然加速横穿道路是造成事故的重要原因，当事人汪某驾车超限超速行驶也是造成事故的原因之一。

【素质拓展 6-3】

2020年6月21日，杨某驾驶无号牌二轮摩托车(搭乘毛某俊)从自流井区三八路方向沿东盐都大道往成自泸赤高速路方向行驶，5时许，行驶至东盐都大道东环路立交桥下时，与同向前面由刘某富驾驶的无号牌三轮摩托车发生碰撞，造成刘某富、杨某二人当场死亡、毛某俊受伤和两车受损的道路交通事故。

案例分析：当事人杨某醉酒后(血液中酒精含量304mg/100mL)超速(限速60km/h，实际车速121~130km/h)驾驶无号牌普通二轮摩托车行驶，且未佩戴安全头盔，未与前车保持必要的安全距离，其过错行为是导致事故的直接原因。

【素质拓展 6-4】

2020年7月9日晚，当事人肖某全驾驶川C6××××小型轿车从富世镇金山路方向沿邓泥路往邓关方向行驶，22时30分，当车行驶至邓泥路3km 200m(小地名：三道桥)处时，该车车头与从左至右横过公路的行人陈某谋相撞，造成陈某谋当场死亡，车辆受损的道路交通事故。

案例分析：当事人肖某全由于夜间行车且遇天气下雨未降低行驶速度，对前方路面情况观察不够，是造成此次事故的主要原因，当事人陈某谋横过机动车道未在确认安全后通过，是造成此次事故的次要原因。

【素质拓展6–5】

2020年1月24日2时许，邓某波酒后驾驶苏F2×××7小型普通客车从沐川县向犍为县方向行驶，当该车行至国道213线2510km+500m处时，与同向在前由何某模驾驶的川LM×××7普通二轮摩托车(搭乘王某红)追尾碰撞，造成何某模、王某红当场死亡，车辆损坏的交通事故，事发后邓某波驾车逃逸。

案例分析：当事人邓某波酒后驾车、未与前车保持安全距离，是事故发生的直接原因，承担事故的全部责任；构成交通肇事罪，属于交通肇事后逃逸。

思考题

(1) 大学生交通安全存在的问题有哪些?

(2) 遇上交通事故逃逸应该如何处理?

(3) 大学生如何从自身做起学习交通安全知识?

(4) 校园交通中存在的不安全因素有哪些?

(5) 在校内遇到交通事故如何处理?

第7章 自然灾害避险

由于特有的地质构造条件和自然地理环境，我国自然灾害种类多、频度高、分布广，如地震、洪水、滑坡和泥石流、雷电、雪灾、台风、高温等。大学生时而会遇到各种自然灾害，掌握自然灾害的安全知识非常有必要。

7.1 自然灾害概述

在历史的长河中，人类社会经受了许多重大的自然灾害，遭受过严重损失。如1556年发生在陕西华县的大地震，是有记载的世界上伤亡人数最多的大地震，死亡人数近83万，超过97个县在地震中遭受损失；1988年，亚美尼亚发生强烈地震，这次地震破坏了整个国家的经济体系，损失的价值达到该国当时GDP的9倍。

20世纪以来，全球频发的自然灾害给人类社会造成了巨大的生命和财产损失。全球每年有大量的人口遭受暴雨、洪涝、干旱、台风、风暴潮、地震、火山滑坡、泥石流等自然灾害的严重威胁。近百年来，一次死亡10000人以上的致灾事件发生了数十起。根据瑞士再保险公司(Swiss Re-insurance Company)Sigma灾害数据库的统计，自20世纪70年代以来，全球的重大自然灾害数量平均每年约增加5%，由20世纪70年代的年均39起，到21世纪后的年均139起。

(1) 自然灾害分类

按照灾害的触发因素，可把自然灾害分为地震灾害、台风灾害、洪水灾害等。

按照灾害持续时间的长短，可把自然灾害分为突发灾害和渐发灾害。突发灾害是指形成和发生时间比较短、难以预测和监控的灾害，如地震、海啸、洪水、台风等。渐发灾害有时也称缓发性灾害，是指通过不断积累而逐步成灾的灾害，如干旱、厄尔尼诺、海平面上升、荒漠化等。

根据灾害造成的损失和影响的严重程度，可将自然灾害分为巨灾、大灾、小灾等类型。《国家突发公共事件总体应急预案》规定，各类突发公共事件按照其性质、严重程度、可控性和影响范围等因素，一般分为四级：Ⅰ级(特别重大)、Ⅱ级(重大)、Ⅲ级(较大)和Ⅳ级(一般)。

(2) 灾害的破坏

① 人员伤害

灾害往往造成大量的人员伤亡。中国每年因各类自然灾害死亡的人数在数千到上万人，重大灾害一次就能造成数万乃至数十万人死亡。例如，1976 年 7 月 28 日，唐山市发生 7.8 级大地震，造成 24 万多人死亡，数十万人受伤。随着社会进步和经济发展，以及科学技术在减灾中的应用，我国因灾死亡人数呈明显下降趋势。

灾害还对人们的健康产生消极的影响，食品不足、水源污染、正常生活秩序被打乱等都能影响人的健康，特别是对老年人、病弱者、残疾人和妇女儿童等群体的影响更大。

② 人类生存条件破坏

突发性灾害造成住房损毁倒塌、粮食减产甚至绝收、各种生活用品及食品被冲走或被压埋。灾害对生命线(如通信、供电、供气、上下水管网、采暖等)的破坏，会造成城市功能部分或全部丧失，甚至使城市瘫痪，并可能引起一系列的次生灾害(如火灾、有毒物质散溢等)，进一步破坏人类的生存条件，造成吃、穿、住、医等条件的全面恶化。

③ 对社会稳定和人们心理的影响

重大自然灾害使大批的灾民缺乏基本生活保障时，必将出现逃荒、乞讨及成批外流等现象；灾害过后，各种有机物及人畜尸体腐烂，造成水源污染，极易发生大规模疫病流行；严重的灾害还会导致人体的生理反应，并产生相应的心理活动，出现诸如恐惧、焦虑等状况，灾后危害社会的违法犯罪事件增多，正常的社会秩序被打乱，这一问题在比较贫困的发展中国家尤为突出。

④ 灾害可能削弱发展的势头

灾害造成巨大的经济损失，破坏了经济发展的基础设施(包括农田、各类工矿企业、通信、能源、生产设施等)，对发展造成更长远的影响。灾害对经济的影响主要表现在以下方面：农业减产乃至绝收；工矿企业或能源受损，造成工业减产或停产；原料等减产影响工业生产；通信交通等设施被破坏，从而影响生产；基础设施等遭受严重破坏；恢复重建需要增加经济投入；旅游业萧条造成对服务业的影响；购买力降低；失业等。

(3) 面对突发灾害时人的行为特征

在面临突发事件时，人们受到伤害的危险，往往心理紧张程度增加，信息处理能力降低，不能采取恰当的行为扭转局面和脱离危险。据研究，发生事故时，人在信息处理方面可能出现如下倾向：

① 接受信息能力降低。事故发生引起人的心理紧张，往往被动地接受外界信息，对周围的信息分不清轻重缓急，由于缺乏选择信息的能力而不能及时获得判断、决策所必要的信息；或者相反，把全部注意力集中于某种异常的事物而不顾其他，因而不能发觉其他危险因素的威胁。在高度紧张的情况下，可能产生幻觉或错觉，如弄错对象的颜色、形状，或弄错空间距离、运动速度等，从而导致错误的行为。

② 判断、思考能力降低。在没有任何思想准备、事故突然发生的情况下，人可能下意识地按个人习惯或经验采取行动，结果受到伤害。由于心情紧张，可能一时想不起来已经记住的知识、办法，面对危险局面束手无策；或者不能冷静地思考判断，仓促地做出决策，草率地采取行动，或盲目地追从他人。在极度恐慌时，可能对形势做出悲观的估计，采取冒险行动或绝望行动。

③ 行动能力降低。事故时人的心理紧张会引起运动器官肌肉紧张，使动作缺少反馈，往往表现出手脚不相遂、动作不协调、弄错操作方向或操作对象、动作生硬或用力过猛。作为动物的一种本能，在极度恐惧时肌肉往往强烈地收缩，使人不能正常地行动。

通过教育、训练可以提高人的应变能力，防止事故时产生心理紧张。

7.2 地　　震

地震是一种自然现象，目前人类尚不能阻止地震的发生。但是人们可以采取有效措施，最大限度地减轻地震灾害。

（1）地震相关知识

地震又称地动、地振动，是地壳快速释放能量过程中造成振动，期间会产生地震波的一种自然现象。全球每年发生地震约550万次。地震常常造成严重人员伤亡，能引起火灾、水灾、有毒气体泄漏、细菌及放射性物质扩散，还可能造成海啸、滑坡、崩塌、地裂缝等次生灾害。

① 地震的危害

地震时，最基本的现象是地面的连续振动，主要特征是明显的晃动。极震区的人在感到大的晃动之前，有时首先感到上下跳动。因为地震波从地内向地面传来，纵波首先到达。横波接着产生大振幅的水平方向的晃动，是造成地震灾害的主要原因。

地震造成的直接灾害：

a. 由建筑物的倒塌等直接导致人员伤亡、财产损失等。

b. 建筑物与构筑物的破坏，如房屋倒塌、桥梁断落、水坝开裂、铁轨变形等。

c. 地面破坏，如地面裂缝、塌陷、喷水冒沙等。

d. 山体等自然物的破坏，如山崩、滑坡等。

e. 海啸、海底地震引起的巨大海浪冲上海岸，造成沿海地区的破坏。

地震的直接灾害发生后，会引发出次生灾害。有时，次生灾害所造成的伤亡和损失，比直接灾害还大。1923年日本关东大地震，因地震直接倒塌的房屋仅1万幢，而地震时失火却烧毁了70万幢。

地震引起的主要次生灾害：

a. 火灾，由震后火源失控引起；

b. 水灾，由水坝决口或山崩壅塞河道等引起；

c. 毒气泄漏、核泄漏等，由建筑物或装置破坏等引起；

d. 瘟疫，由震后生存环境的严重破坏所引起。

② 地震类型

a. 构造地震。由于地下深处岩石破裂、错动把长期积累起来的能量急剧释放出来，以地震波的形式向四面八方传播出去，到地面引起的房摇地动称为构造地震。这类地震发生的次数最多，破坏力也最大，占全世界地震的90%以上。

b. 火山地震。由于火山作用，如岩浆活动、气体爆炸等引起的地震称为火山地震：只有在火山活动区才可能发生火山地震，这类地震只占全世界地震的7%左右。

c. 塌陷地震。由于地下岩洞或矿井顶部塌陷而引起的地震称为塌陷地震。这类地震规模比较小，次数也很少，即使有，也往往发生在溶洞密布的石灰岩地区或大规模地下开采的矿区。

d. 诱发地震。由于水库蓄水、油田注水等活动而引发的地震称为诱发地震。这类地震仅仅在某些特定的水库库区或油田地区发生。

e. 人工地震。地下核爆炸、炸药爆破等人为引起的地面振动称为人工地震。人工地震是由人为活动引起的地震，如工业爆破、地下核爆炸造成的振动；在深井中进行高压注水以及大水库蓄水后增加了地壳的压力，有时也会诱发地震。

③ 地震震级

目前衡量地震大小和破坏强烈程度的标准主要有震级和烈度。一般情况下，仅就烈度和震源、震级间的关系来说，震级越大、震源越浅、烈度也越大。

地震烈度，表示地震对地表及工程建筑物影响的强弱程度(或释为地震影响和破坏的程度)，是在没有仪器记录的情况下，凭地震时人们的感觉或地震发生后器物反应的程度，工程建筑物的损坏或破坏程度、地表的变化状况而定的一种宏观尺度。在中国地震烈度表上(表7-1)，对人的感觉、一般房屋震害程度和其他现象作了描述，可以作为确定烈度的基本依据。

表7-1 中国地震烈度表

1度	无感：仅仪器能记录到
2度	微有感：特别敏感的人在完全静止中有感
3度	少有感：室内少数人在静止中有感，悬挂物轻微摆动
4度	多有感：室内大多数人，室外少数人有感，悬挂物摆动，不稳器皿作响
5度	惊醒：室外大多数人有感，家畜不宁，门窗作响，墙壁表面出现裂纹
6度	惊慌：人站立不稳，家畜外逃，器皿翻落，简陋棚舍损坏，陡坎滑坡
7度	房屋损坏：房屋轻微损坏，牌坊、烟囱损坏，地表出现裂缝及喷水冒沙
8度	建筑物破坏：房屋多有损坏，少数破坏路基塌方，地下管道破裂
9度	建筑物普遍破坏：房屋大多数破坏，少数倾倒，牌坊、烟囱等崩塌，铁轨弯曲
10度	建筑物普遍摧毁：房屋倾倒，道路毁坏，山石大量崩塌，水面大浪扑岸
11度	毁灭：房屋大量倒塌，路基堤岸大段崩毁，地表产生很大变化
12度	山川易景：建筑物普遍毁坏，地形剧烈变化，动植物遭毁灭

地震震级是根据地震时释放的能量的大小而定的。一次地震释放的能量越多，地震级别越大。国际上一般采用里氏地震规模。里氏规模是地震波最大振幅以10为底的对数，并选择距震中100km的距离为标准。里氏规模每增强一级，释放的能量约增加32倍。

小于里氏2.5级的地震，人一般不易察觉，称为小震或微震；里氏2.5~5.0的地震，震中附近的人会有不同程度的感觉，称为有感地震，全世界每年发生十几万次；大于里氏规模5.0的地震，会造成建筑物不同程度的损坏，称为破坏性地震。里氏规模4.5以上的地震可以在全球范围内监测到。有记录以来，历史上最大的地震是发生在1960年5月22日19时11分南美洲的智利，根据美国地质调查所，里氏规模达9.5。

（2）地震的预防与应对措施

根据地震发生的过程，对于地震可以从震前、震中、震后三个阶段来预防与处置。

① 震前前兆

前兆是指地震发生前出现的异常现象，伴随地震而产生的物理、化学变化(振动、电、磁、气象、水氡含量异常等)，往往能使一些动物的某种感觉器官受到刺激而发生异常反应。

a. 地下水异常。地下水主要包括井水、泉水等。地震前出现的主要异常有发浑、翻花、冒泡、升温、变色、变味、井孔明显变形、泉眼突然枯竭或涌出等现象。人们总结了震前井水变化的谚语：井水是个宝，地震有前兆。无雨泉水浑，天干井水冒。水位升降大，翻花冒气泡。有的变颜色，有的变味道。

b. 动物异常。许多动物的某些器官感觉特别灵敏，它能比人类提前知道一些灾害事件的发生，日常中见到地震前动物反应异常表现：牛、马、驴、骡等惊慌不安，不进厩、不进食、乱闹乱叫、打群架、挣断缰绳逃跑、蹬地、刨地、行走中突然惊跑。鸡飞上树鸣叫、鸭不下水、猪不吃食、狗乱叫、大鼠叼小鼠满街跑等现象。

c. 电磁异常。电磁异常是指地震前家用电器，如收音机、电视机、日光灯等出现的失灵现象。最常见的是收音机的失灵，手机信号减弱或消失，电子闹钟失灵等现象。

② 防震准备

在已发布地震预报地区或者地震易发地区的居民须做好家庭防震准备，制订一个家庭防震计划，检查并及时消除家里不利防震的隐患。

a. 检查和加固住房，对不利于抗震的房屋要加固，不宜加固的危房要撤离。对于笨重的房屋装饰物如女儿墙、高门脸等应拆掉。

b. 合理放置家具、物品，固定好高大家具，防止倾倒砸人。牢固的家具下面要腾空，以备震时藏身；家具物品摆放做到“重在下，轻在上”，墙上的悬挂物要取下来成固定位，防止掉下来伤人；注意家具的摆放，确保安全的空间。清理好杂物，让门口、楼道畅通；阳台护墙要清理，拿掉花盆、杂物；易燃易爆和有毒物品要放在安全的地方。

c. 准备好必要的防震物品，准备一个包括食品、饮用水、应急灯、简单药品、绳索、便携式收音机等在内的家庭防震包，放在便于取到处。

d. 进行家庭防震演练进行紧急撤离与疏散练习以及“一分钟紧急避险”练习。

③ 震中应对措施

地震发生时采取正确的避险和自救互救方法，就能减少伤害和财产损失。

a. 地震时，在家中的人员的个人防护

当你感到地面或建筑物晃动时，切记，最大的危害是来自掉下来的碎片，此刻要采取动作机灵地躲避。

在房屋里，则赶快到安全的地方，如躲到书桌、工作台、床底下。单元楼内，可选择开间小的卫生间、墙角，依靠上下水管道和煤气管道的支撑，减少伤亡。对于户外开阔、住平房的职工，地震时可头顶被子、枕头或安全帽逃出户外，来不及时，最好在室内避震，要注意远离窗户，趴下时，头靠墙，使鼻子上方双眼之间凹部枕在横着的双臂上面，闭上眼和嘴，用鼻子呼吸，一般来说，不要跑出建筑物，最好就近找个安全处躲避，待地震后，如果需要疏散，再沉着离开。

地震时，门框会因变形而打不开，所以在防震期间，最好不要关门。夜间地震时，要争分夺秒向安全地方转移，不要因寻找物品和穿衣而耽误时间，如有可能，要立即拉断电源，关闭煤气，熄灭明灯。照明最好用手电筒，不要用火柴、蜡烛等明火。

地震时，如已被砸伤或埋在倒塌物下面，应先观察周围环境，寻找通道，千方百计想办法出去。若无通道，则要保存体力，不要大喊大叫，要静听外面的动静，如听到有人走过的声音，可敲击铁管或墙壁使声音传出去，以便救援。同时要在狭小的空间里，寻找食物维持生命。

b. 地震时，在室外的人员的个人防护

地震时在户外的人，千万不要冒着大地的震动进屋去救亲人，只能等地震过后，再对他们及时抢救。

如果你正行走在高楼旁的人行道上，要迅速躲到高楼的门口处，以防被掉下来的碎片砸伤。

汽车司机要就地刹车，火车司机要采取紧急制动措施，缓缓地逐渐刹车，保证列车和旅客的人身安全。

如果在山坡上感到地震发生，千万不要跟着滚石往山下跑，而应躲在山坡上隆起的小山包背后，同时要远离陡崖峭壁，防止崩塌、滑坡和泥石流的威胁。

在海边，如发现海水突然后退，比退潮更快、更低，就要注意海啸的突然袭击，尽快向高处转移。

c. 地震时，在工作岗位上的工作人员的个人防护

一旦地震发生，在工作、生产岗位上的人员，首先应关闭易燃、易爆、有毒气体的阀门，个人根据所处的环境，当机立断迅速避震。

地震时，在办公楼的工作人员，要赶紧躲在办公桌下面，震后迅速从楼梯撤离，千万不要跳楼。

在厂区上班的工人，地震时，要立即关闭机器、断掉电源。迅速躲在车床、机床及高大的设备下，绝不要慌忙乱跑。

井下作业工人，地震时，应立即停止生产，不要急于往外跑，地面下一般较地面上安全。避开巷道或竖井等危险地区，选择有支撑的巷道避震。地震过后，有组织、有秩序地向地面转移。

一些生命线工程中的在岗人员，应根据各自的专业特点、规范，立即采取措施避震。如化工厂在地震时，紧急防止易燃、易爆、有毒气体和液体外溢，立即关停各种闸门和电源，关闭运转设备，防止次生灾害的发生。

d. 地震时，在公共场所的人员的个人防护

在群众集聚的公共场所遇到地震时，最忌慌乱，否则将造成秩序混乱，相互压挤而导致人员伤亡，而应有组织地从多路口快速疏散。

如果你正在影剧院、体育馆等处遇到地震时，要沉着冷静，特别是当场内断电时，不要乱喊乱叫，更不得乱挤乱拥，应就地蹲下或躲在排椅下，注意避开吊灯、电扇等悬挂物，用皮包等物保护头部，等地震过后，听从工作人员指挥，有组织地撤离。

地震时，你正在商场、书店、展览馆等处，应选择结实的柜台、商品（如低矮家具等）或柱子边，以及内墙角处就地蹲下，用手或其他东西护头，避开玻璃门窗和玻璃橱窗，也可在通道中蹲下，等待地震平息，有秩序地撤离出去。

正在上课的学生，要在老师的指挥下迅速抱头、闭眼，躲在各自的课桌下，绝不能乱跑或跳楼，地震后，有组织地撤离教室，到就近的开阔地带避震。

正在进行比赛的体育场，应立即停止比赛，稳定观众情绪，防止混乱拥挤，有组织、有步骤地向体育场外疏散。

④ 震后自救与互救

a. 地震后的个人自救方法

一次大震发生后，到处是断垣残壁、危楼及倒房构成的瓦砾堆。在没有外来人员援救之前，自救是一项与死神争分夺秒的斗争。地震发生后，一天内扒出的人救活率可达80%，第二天则有30%~40%，时间越长，存活率越低。地震对人身的伤害，大部分是倒塌的房屋所造成的，一旦被埋压后，要做到如下几点：

被埋压在废墟下时，至关重要的是不能在精神上发生崩溃，要有勇气和毅力。强烈的求生欲望和充满信心的乐观精神，是自救过程中创造奇迹的强大动力。

被压埋后，注意用湿毛巾、衣服或其他布料等捂住口鼻和头部，避免灰尘呛闷发生窒息及意外事故，尽量活动手和脚，消除压在身上的各种物体，用周围可搬动的物品支撑身体上面的重物，避免塌落，扩大安全活动空间，保障有足够的空气。条件允许时，应尽量设法逃避险境，朝更安全宽敞、有光亮的地方移动。

被埋压后，要注意观察周围环境，寻找通道，设法爬出去，无法爬出去时，不要大声呼喊，当听到外面有人时，再呼叫，或敲击出声，向外界传信息求救。

无力脱险时，尽量减少体力消耗，寻找食物和水，并计划使用，乐观等待时机，想办法与外面援救人员取得联系。

b. 地震后群众互救方法

地震后救人，时间就是生命。因此，救人应当先从最近处救起，不论是家人、邻居，还是工作岗位上的同事，或是萍水相逢的路人，只要是近处有人被埋压，就要先救他们，这样可以争取时间，减少伤亡。

7.3 洪　　水

洪水是指一个流域内因集中大暴雨或长时间降雨，汇入河道的净流量超过其泄洪能力而漫溢两岸，或造成堤坝决口导致泛滥的灾害。

洪水的诱发因素很多，水系泛滥、风暴、地震、火山爆发、海啸等都可以引发洪水，甚至人为的因素也可以造成洪水泛滥。

（1）洪水的分类

雨洪水：在中低纬度地带，洪水的发生多由雨水形成。大江大河的流域面积大，且有河网、湖泊和水库的调蓄，不同场次的雨在不同支流所形成的洪峰，汇集到干流时，各支流的洪峰往往相互叠加，组成历时较长涨落较平缓的洪峰。小河的流域面积和河网的调蓄较小，一次雨就形成一次涨落迅猛的洪峰。

山洪：山区溪沟，由于地面和河床坡降都较陡，降雨后产流、汇流都较快，形成急剧涨落的洪峰。

融雪洪水：在高纬度严寒地区，冬季积雪较厚，春季气温大幅度升高时，积雪大量融化而形成。

冰凌洪水：中高纬度地区内，由较低纬度地区流向较高纬度地区的河流（河段），在冬春季节因上下游封冻期的差异或解冻期的差异，形成了冰塞或冰坝。

溃坝洪水：水库失事时，存蓄的大量水体突然泄放，形成下游河段的水流急剧增长甚至漫槽成为立波向下游推进的现象。冰川堵塞河道、提高水位，然后突然崩决时，地震或其他原因引起的巨大土体坍滑堵塞河流，使上游的水位急剧上涨，当堵塞坝体被水流冲开时，在下游地区也形成这类洪水。

湖泊洪水：由于河湖水量交换或湖面大风作用或两者同时作用，可发生湖泊洪水。

天文潮：海水受引潮力作用，而产生的海洋水体的长周期波动现象。海面一次涨落过程中的最高位置称高潮，最低位置称低潮，相邻高低潮间的水位差称潮差。

风潮：台风、温带气旋、冷锋的强风作用和气压骤变等强烈的天气系统引起的水面异常升降现象。它和相伴的狂风巨浪可引起水位巨涨，又称风潮增水。

海啸：是水下地震或火山爆发所引起的巨浪。

（2）洪水来临前的准备

① 根据当地电视、广播等媒体提供的洪水信息，结合自己所处的位置和条件，冷静地选择最佳路线撤离。

② 准备食物、饮品，选择便于携带、可长期保存的食品，并准备足够的饮用水和其他生活必需品。

③ 认清路标，明确撤离的路线和目的地。在避难道路上，设有指示前进方向的路标，如果避难人群不能很好地识别路标，走错路，再往回折返，便与其他人产生碰撞、拥挤，出现不必要的混乱。

④ 制作漂浮器材，根据当地条件准备木排、竹排、气垫船、救生衣、木盆、塑料盆、木材等物品，加工成救生装置以备急需。

⑤ 保管好财物，将不便携带的物品拍照，进行防水处理后埋入地下或放在高处。

⑥ 保管好通信设备，移动电话可以用于联络，穿醒目的衣服便于搜救。

⑦ 撤离之前，关掉屋里的煤气开关和电器开关，将家里贵重物品如存折之类用密封纸(布)包好，放在身上。

(3) 发生洪水时的自救

① 如果时间较充足，应按照预定路线有组织地向地势较高处转移。

② 如果来不及转移，应立即爬上屋顶、大树、高墙等暂时避险，等待救援。千万不要试图一个人游泳转移，一旦精疲力竭，就会被洪水淹没。

③ 如落入水中，应尽量抓住能承重的漂浮物，如门板、木桶、充气的轮胎等，顺水漂流。漂到岸边迅速上岸，上岸后切忌顺水跑。

④ 不要因为害怕相互拥抱在一起。这样不但不能有效脱离险境，还会“同归于尽”。

⑤ 在山区连降大雨，就容易造成山洪暴发。此时不要渡河，以免被山洪冲走，还要注意山体滑坡、滚石和泥石流的伤害。

⑥ 不要触摸或接近倾斜、倒塌的高压线塔，远离低垂或折断的电线，防止触电。

⑦ 理性求救：被洪水包围，要及时和防汛部门联络，报告位置，寻求救援。

(4) 发生山洪侵袭时的安全常识

山洪是由于暴雨、融雪、拦洪设施溃决等原因，山区(包括山地丘陵、岗地)沿河流及溪沟形成的暴涨暴落的洪水。山洪暴发时，要注意以下几点：

① 熟悉环境：无论在居住场所还是野外活动场所，都必须首先熟悉周围环境，预先选定紧急情况下躲灾避灾的地点和路线。

② 观察前兆：强降雨后发生如下异常现象，如溪水混浊，夹杂树叶草根；动植物异常，蚂蚁搬家，蛇出洞；地声回响等则表示很可能将有山洪暴发。

③ 提前转移：情况危急时，及时向主管部门和周围的人预警，将家中的老人和小孩及贵重物品提前转移到安全地带。

发生山洪时的自救方法：

① 保持冷静，尽快向山上或高处，如树上、地基牢固的房顶转移，不能沿着行洪道方向跑。不要边跑边喊，应注意保存体力。

② 及时与当地政府防汛部门联系，寻求援助。

③ 如被洪水冲走，尽可能抓住树木、树枝等固定物。

④ 在夜间，可利用手电筒、手机荧光等引起营救人员注意；在白天，可以利用手表、镜子等可以反光的物品。

(5) 常见的疾病及预防

常见的疾病有：

① 肠道传染病，如霍乱、伤寒、痢疾、甲型肝炎等。

② 人畜共患疾病和自然疫源性疾病也是洪涝期间极易发生的。如鼠媒传染病：钩端螺旋体病、流行性出血热；寄生虫病：血吸虫病；虫媒传染病：疟疾、流行性乙型脑炎、登革热等。

③ 常见皮肤病：浸渍性皮炎(民间又称“烂脚丫”“烂裤裆”)、虫咬性皮炎、尾蚴性皮炎。

④ 其他常见的意外伤害：溺水、触电、中暑、外伤、毒虫咬螫伤、毒蛇咬伤、食物中毒、农药中毒等。

洪水过后，预防疾病的方法：

① 清除积水、秽物，通风晾晒，喷洒消毒药剂，预防传染病及蚊蝇滋生。

② 服用预防药物，避免发生传染性疾病。如果发生传染病例，必须进行隔离治疗。

③ 家用生活器具要清洗、消毒，湿、霉的物件要通风、晾晒。

7.4 滑坡和泥石流

7.4.1 发生滑坡的安全常识

滑坡是指山坡在河流冲刷、降雨、地震、人工切坡等因素影响下，土层或岩层整体或分散地顺斜坡向下滑动的现象。

泥石流的特点是沿沟“流动”，而滑坡的特点是顺坡“滑动”。不论是“滑动”还是“流动”，都是在重力作用下，物质由高处向低处的一种运动形式。因此，“滑动”和“流动”的速度都受地形坡度的制约，地形坡度较陡时，滑坡、泥石流的运动速度较快。

人们通常把滑坡称为突发性地质灾害。与泥石流一样，在山地环境下，滑坡现象虽然不可避免，但通过采取积极防御措施，滑坡危害则是可以减轻的。事实上，所有滑坡都要经历一个孕育阶段，都或多或少有一些前兆显示。如果能及时捕捉到这些前兆，就为防灾、避灾赢得了时间。

(1) 滑坡有哪些征兆

① 大滑坡前，在坡脚处会可能出现堵塞多年的泉水复活现象，也可出现泉(井)水突然干枯、井水水位突变等异常现象。

② 大滑坡前，在滑坡体前缘坡脚处，土体有时会出现上隆、凸起或前部出现放射状裂缝，滑坡后缘的裂缝急剧扩张，并从裂缝中出热气或冷气。

③ 大坡体临滑前，有的岩石会发出开裂或被剪切挤压的声响。滑坡体四周岩体(土体)

还会出现小型崩塌和松弛现象。

④ 大滑坡前，也可能会出现猪、狗、牛惊恐不安、不入睡，老鼠乱窜不进洞等反常现象，一些树木会出现枯萎或歪斜等异常现象。

(2) 遇到滑坡怎么办

① 出现大滑坡征兆时，应及时将滑坡情况上报当地政府部门，由政府部门组织将险区内居民、财产及时撤离险区。

② 发生大滑坡时，逃离路线与泥石流类似，要向垂直于滑坡轴两侧山坡往上爬，爬得越快越高越安全。

③ 不要沿滑坡的方向逃避，也不要爬树躲避，更不要停留在低洼处。

④ 逃生时要抛弃一切影响奔跑速度的物品。

(3) 滑坡过后如何急救

① 抢救被滑坡掩埋的人和物时，首先要把后面的水设法排开，再从滑坡体侧面开挖，否则在开挖时后面的滑坡会影响抢救速率，甚至会再次发生滑坡。

② 抢救出被掩埋的人，搬动要细心，严禁拖拉伤员而加重伤情。

③ 清除伤员口腔、鼻腔泥沙、痰液等杂物，对呼吸困难者或呼吸停止者，做人工呼吸。

④ 大出血伤员须止血；骨折者就地固定后运送。搬运颈椎骨折者时，需一人扶住伤员头部并稍加牵引，同时头部两侧放沙袋固定，及时送往医院。

⑤ 及时清理被滑坡损坏的物品，并注意灾后卫生防疫工作。

7.4.2 发生泥石流的安全常识

泥石流是山区常见的自然地质现象，是指在降水、溃坝或冰雪融化形成的地面流水作用下，在沟谷或山坡上产生的一种挟带大量泥沙、石块等固体物质的特殊洪流，主要分布于我国中西部山区。它对城镇、铁路、公路造成严重危害，每年泥石流造成的经济损失达10多亿元，人员伤亡数百人。

泥石流往往突然暴发，浑浊的流体沿着陡峻的山沟前推后拥、奔腾咆哮而下，地面为之震动，山谷犹如雷鸣，在很短时间内将大量泥沙、石块冲出沟外，在宽阔的堆积区横冲直撞、漫流堆积，常常给人类生命财产造成很大危害。

泥石流暴发突然猛烈，持续时间不长，通常在几分钟至一两个小时结束。由于泥石流较难准确预报，易造成较大伤亡。怎样判断泥石流的发生？遭遇泥石流又如何避险、逃生呢？我们要遵循泥石流的形成、活动规律，掌握其发生过程中的特有现象，采取正确的应急措施。

(1) 怎样预防泥石流

① 当白天降雨量较多时，夜间必须密切注意降雨量，降雨量过大时，最好提前转移，避开泥石流危险地，不能存在侥幸心理在室内就寝。

② 当前3日及当天的降雨累计达到100mm左右时，处于危险区内的人员应尽快在泥石

流到来之前搬出危险地区。

③ 注意收看电视台发布的地质灾害预报。

④ 当发现河床中正常的流水突然断流或洪水突然增大并夹有较多的柴草、树木等，可确认河上游已形成泥石流；当沟谷深处昏暗并伴有轰鸣声或轻微的振动感时，则说明沟谷上游已发生泥石流，应立即撤离。

⑤ 在沟谷内逗留或活动时，一旦遭遇暴雨，要迅速转移到安全的高地，不要在低洼的谷底或陡峻的山坡下躲避、停留。

⑥ 如在野外露营，要选择高处平坦安全处驻扎，尽可能避开有滚石和易发生泥石流的坡地下方，不要在山谷及河沟底驻扎。

⑦ 在大量降雨后，途经山谷地带，留心观察周围环境情况，当听到危险区内有轰鸣声，主河洪水上涨，道路两旁植被遭严重破坏时，又突遇暴雨，应立即意识到泥石流即将到来，要迅速转移至安全的地方，切勿停留。

（2）遇到泥石流怎么办

① 遭遇泥石流，要立即选择与泥石流垂直的方向沿两侧山坡往上，爬得越快越高越安全。千万不要顺泥石流的方向往跑，也不要爬树，更不要停留在低洼处。

② 应选择较高的基岩台地、低缓山梁上等安全处修建临时避险棚。切忌建在沟床岸边、较低的阶地、台地及坡脚、河道拐弯的下游边缘地带。

③ 如不幸陷入泥石流中，不要慌张，要大声呼救，然后将身体后倾轻轻躺在沼泽地里，同时张开双臂，十指张大，平贴在地面上慢慢将陷入泥潭的双脚抽出来，切忌用力过猛过火，避免陷得更深。然后采取仰泳般的姿势向安全地带“游”过去，尽量以轻柔缓慢的动作进行，千万不要惊慌挣扎。

④ 泥石流发生后，沿河(沟)谷的道路也被掩埋破坏得无影无踪，泥沙满沟，行走时要防止跌伤、磕碰，避免发生各种外伤。

⑤ 当公路、铁路、桥梁被冲毁后，应及时采取阻止车辆通行的行动，插警示牌，以免车辆被颠覆，造成人员伤亡。

⑥ 泥石流发生时常席卷、淹浸、淤埋沿途的房屋、牲畜及杂物，泥石流结束之后应进行清理消毒，做好卫生防疫工作，防止流行病的发生和传播。

7.5 雷　电

雷电是伴有闪电和雷鸣的一种放电现象。雷电一般产生于对流发展旺盛的积雨云中，因此常伴有强烈的阵风和暴雨，有时还伴有冰雹和龙卷风。积雨云顶部一般较高，可达20km，云的上部常有冰晶。冰晶的淞附，水滴的破碎以及空气对流等过程，使云中产生电荷。云中电荷的分布较复杂，但总体而言，云的上部以正电荷为主，下部以负电荷为主。因此，云的上、下部之间形成一个电位差。当电位差达到一定程度后，就会产生放电，这就是我们常见的闪电现象。闪电平均电流是 3×10^4 A，最大电流可达 3×10^5 A。放电过程中，由于闪道中温度骤增，使空气体积急剧膨胀，从而产生冲击波，导致强烈的雷鸣。带有电荷的雷云与地面的突起物接近时，它们之间就发生激烈的放电。在雷电放电地点会出现强烈的闪光和爆炸的轰鸣声。这就是人们见到和听到的闪电雷鸣。

(1) 雷电与电磁场

雷电是带电的云层和大地之间发生的强烈放电。带电云层对大地的放电称为直击雷或地闪。雷电通过直击雷或雷击电磁脉冲等造成危害，直击雷造成的危害明显而且剧烈。

电磁脉冲产生灾害面广，设备受到电磁脉冲影响后，易造成工作失常甚至损坏，给生活和工业生产带来难以估量的损失。

(2) 雷击的危害

① 直击雷

直击雷指雷云对大地某点发生的强烈放电，它可直接击中设备。雷电击中架空线，如电力线、电话线等，闪电电流便沿着导线进入设备，从而造成损坏。

② 感应雷

感应雷可分为静电感应及电磁感应。当带电雷云(一般带负电)出现在导线上空时，由于静电感应作用，导线上束缚了大量的相反电荷。一旦雷云对某目标放电，雷云上的负电荷便瞬间消失，此时导线上的大量正电荷依然存在，并以雷电波的形式沿着导线经设备入地，引起设备损坏。当闪电电流沿着导体流入大地时，由于频率高，强度大，在导体的附近便产生很强的交变电磁场，如果设备在该磁场中，便会感应出很高的电压，以致损坏。

③ 地电位提高

均压连接的接闪装置在捕获雷电时，引下线立即升至高电位，会对防雷系统周围尚处于地电位的导体产生旁侧闪络，并使其电位升高，进而对人员和设备造成危害。为了减少闪络危险，最简单的办法是采用均压环，将处于地电位的导体等电位联结，一直到接地装置。金属设施、电气装置和电子设备如果与防雷系统的导体(特别是接闪装置)的距离达不到规定的安全要求时，则应用较粗的导线将其与防雷系统进行等电位联结。这样在闪电电流通过时，所有设施立即形成一个“等电位岛”，保证导电部件之间不产生有害的电位差，不发生旁侧闪络放电。完善的等电位联结还可防止闪电电流入地造成的地电位升高所产生的反击。等电位联结是防止雷电反击的重要技术手段。直击雷的损坏所占的比例较小，而感应雷与地电位提高的损坏所占的比例较大。

一般建筑物上的避雷针只能预防直击雷，而强大的电磁场产生的感应雷和脉冲电压却能侵入室内，危及电视、电话及联网微机等弱电设备。

(3) 防雷电措施

① 直击雷防护

对于直击雷可以采用避雷针，避雷针由 3 个部分组成：最上端为受电端，中间是导电线，下端是接地体。当雷雨云接近避雷针时，它会感应出大量的异性电荷，通过导电线和受电端向空中放电，与雷雨云中的电荷中和，减弱雷雨云的电场强度，达到防雷目的。如果受电端上为直击雷，避雷针可将雷电流引入大地，从而起到保护作用。

② 感应雷防护

为了防止感应雷对供电线路、传输电缆和架空天线及高层建筑导电线的破坏，可以在线路上安装碳化硅阀型避雷器或金属氧化物(如氧化锌)避雷器。对于高层建筑，可将建筑物内的金属设施联合接地；对于非金属屋顶，可加装金属防护网并可靠接地。这些措施虽然有效，但有时也难免遭受雷击，究其原因，关键在于存在接地电阻，雷击接地体流经接地电阻产生高电压，仍可将设备击坏，故避雷效果不理想。

随着社会的进步，特别是电子技术的迅速发展，防雷技术也在不断完善和提高，等电位避雷器就是其中之一。其目的是实现均压等电位，消除不同金属部件及导线间的闪电电流引起的高电位差，同时对闪电电流分流，通过对同一部位的不同电缆外皮、设备外壳、金属构架(构件)、管道做好电气搭接，以均衡电位。

③ 分流防护

分流的原理是在室外来的导线与接地线之间并联一种适当的避雷器。当直击雷或感应雷在线路上产生的过电压波沿着这些导线进入室内或设备时，避雷器的电阻突然降到低值，近于短路状态，将闪电电流分流入地。分流在防雷技术中发展迅猛，是防护各种电气电子设备的关键措施。由于雷电流在分流后，仍会有少部分沿导线进入设备，这对于不耐高压的微电子设备来说仍很危险，因此，对于这类设备在导线进入机壳前应进行多级分流。采用分流这一防雷措施时，应特别注意避雷器性能参数的选择。

以建筑物防雷为例，为使建筑物及其内部设施免受雷电的直接和间接危害，通常使用避雷针、避雷线、避雷带、避雷网等，对于可能出现的直击雷，靠接闪器经引下线和接地装置，或通过导电连接和接地良好的结构、金属构架，将闪电电流分流入地，而不流过被保护设备和部件。该防护措施被称作分流防护。

④ 屏蔽

采用屏蔽电缆，利用各种人工的屏蔽箱盒、法拉第屏蔽笼等与各种可以利用的自然屏蔽体来阻挡、衰减施加在系统设备上的过电压能量。屏蔽是防御电磁脉冲的有效方法。接地是疏导闪电电流能量的途径，接地电阻越小，散流越快。为避免共用接地中出现的各系统间的电磁干扰，尤其是低频干扰，应采用一点接地法。通过将所有金属构架(构件)、管道、电缆金属屏蔽层、穿线铁管连在一起，与屏蔽笼及总接地网就近连接。

合理设置和布线，可以减少感应雷通过传输线进入建筑物的可能性。

(4) 易被雷击的部位

雷电发生时产生的雷电流是主要的破坏源，其危害有直接雷击、感应雷击和由架空线引导的侵入性雷击。如各种照明、电信等设施使用的架空线都可能把雷电引入室内，所以应严加防范。容易被雷击的部位有：

① 缺少避雷设备或避雷设备不合格的高大建筑物、储罐等。

② 没有良好接地的金属屋顶。

③ 潮湿或空旷地区的建筑物、树木等。

④ 由于烟气的导电性，烟囱特别易遭雷击。

⑤ 建筑物上有无线电而又没有避雷器和没有良好接地的地方。

(5) 在室外遇雷电天气安全措施

① 应迅速躲入有防雷设施保护的建筑物内，或者很深的山洞里，汽车内是躲避雷击的理想地方。

② 雷雨时，不要躲在树下避雨，应远离树木、电线杆、烟囱等尖耸、孤立的物体。不宜进入孤立的棚屋、岗亭等低矮建筑物。远离输电线。

③ 找一块地势低洼的地方蹲下，双脚并拢，手放膝上，身体前屈。注意不要人群集中在一起或牵手靠在一起。

④ 在空旷的场地，不要打雨伞，不要把金属工具扛在肩上。

⑤ 不宜游泳或从事水上作业，应尽快离开水面及其他空旷场地。

⑥ 雷电天气不宜开摩托车、骑自行车赶路，打雷时切忌狂奔。

⑦ 尽量不要使用电话或移动电话。

(6) 室内防雷措施

① 一定要关好门窗，尽量远离门窗、阳台和外墙壁。

② 不要靠水管，更不要触摸室内的任何金属管线。

③ 最好不要使用任何家用电器，拔下所有的电源插头。

④ 在雷电天气时不要使用太阳能热水器洗澡。

⑤ 发生雷击火灾时，要尽快切断电源，不要带电泼水救火，要使用干粉灭火器等专用灭火器灭火，并迅速拨打119或110电话报警。

⑥ 雷雨天时，不要赤脚站在水泥地上；不要洗澡或淋浴；不要使用带有外接天线的收音机或电视机。

(7) 被雷电击伤后如何急救

人在遭受雷击前，会突然有头发竖起或皮肤颤动的感觉，这时应立刻躺倒在地，或选择低洼处蹲下，双脚并拢，双臂抱膝，头部下俯，尽量缩小暴露面即可。高压电线遭雷击落地时，近旁的人要保持高度警觉，当心地面“跨步电压”的电击。逃离的正确方法是：双脚并拢，跳着离开危险地带。

当人被雷电电流击伤后，如不能及时采取应急措施，将会造成严重的后果。受雷击而烧伤或严重休克的人，他的身体是不带电的，因为天空中的闪电是很短的一阵，雷电电流击中人后已经通过人体泄放到大地，所以对受伤者进行抢救是没有危险的，抢救时不要有顾虑。受伤者的身体被雷电的电火花烧伤只是表面现象，最危险的是对心脏和呼吸系统的伤害。应该迅速扑灭受伤者身上的火，实施紧急抢救。

若伤者失去知觉，但有呼吸和心跳，则有可能自行恢复。应该让他舒展平卧，安静休息后再送医院治疗。通常被雷击中的受伤者，常常会发生心脏停搏、呼吸停止，这实际上是一种雷电“假死”的现象。要立即组织现场抢救，使受伤者平躺在地，再进行口对口的人工呼吸，同时要做心外挤压或按摩。如果不及时抢救，受伤者就会因缺氧死亡。另外，要立即呼叫急救中心，由专业人员对受伤者进行有效的处置和抢救。

7.6 其他自然灾害

7.6.1 雪灾

雪灾是由于长时间大规模量降雪以至积雪成灾，影响人们正常生活的一种自然灾害现象。

(1) 雪灾类型

① 积雪的划分

根据积雪稳定程度，将我国积雪分为5种类型：

a. 永久积雪：在雪平衡线以上降雪积累量大于当年消融量，积雪终年不化。

b. 稳定积雪：又称连续积雪，空间分布和积雪时间(60天以上)都是比较连续的季节性积雪。

c. 不稳定积雪：又称不连续积雪，虽然每年都有降雪，而且气温较低，但在空间上积雪不连续，多呈斑状分布，在时间上积雪日数10~60天，且时断时续。

d. 瞬间积雪：主要发生在华南、西南地区，这些地区平均气温较高，但在季风特别强盛的年份，因寒潮或强冷空气侵袭，发生大范围降雪，但很快消融，使地表出现短时(一般不超过10天)积雪。

e. 无积雪：除个别海拔高的山岭外，多年无降雪。

雪灾主要发生在稳定积雪地区和不稳定积雪山区，偶尔出现在瞬时积雪地区。

②雪灾的划分

雪灾按其发生的气候规律可分为两类：猝发型和持续型。

a. 猝发型雪灾发生在暴风雪天气过程中或以后，在几天内保持较厚的积雪对牲畜构成威胁。本类型多见于深秋和气候多变的春季，如青海省2009年3月下旬至4月上旬和1985年10月中旬出现的罕见大雪灾，便是近年来这类雪灾典型的例子。

b. 持续型雪灾达到危害牲畜的积雪，厚度随降雪天气逐渐加厚，密度逐渐增加，稳定积雪时间长。此型可从秋末一直持续到第二年的春季，如青海省1974年10月至1975年3月的特大雪灾，持续积雪长达5个月之久，极端最低气温降至零下三四十摄氏度。

③ 雪灾的指标

人们通常用草场的积雪深度作为雪灾的首要标志。由于各地草场差异、牧草生长高度不等，因此形成雪灾的积雪深度是不一样的。内蒙古和新疆根据多年观察调查资料分析，对历年降雪量和雪灾形成的关系进行比较，得出雪灾的指标为：

a. 轻雪灾：冬春降雪量相当于常年同期降雪量的120%以上。

b. 中雪灾：冬春降雪量相当于常年同期降雪量的140%以上。

c. 重雪灾：冬春降雪量相当于常年同期降雪量的160%以上。

雪灾的指标也可以用其他物理量来表示，诸如积雪深度、密度、温度等，不过上述指标的最大优点是使用简便，且资料易于获得。

④ 暴雪预警及防御指南

暴雪预警信号分四级，分别以蓝色、黄色、橙色、红色表示。

a. 蓝色预警信号

标准：12h 内降雪量将达 4mm 以上，或者已达 4mm 以上且降雪持续，可能对交通或者农牧业有影响。

防御指南：

政府及有关部门按照职责做好防雪灾和防冻害准备工作；

交通、铁路、电力、通信等部门应当进行道路、铁路、线路巡查维护，做好道路清扫和积雪融化工作；

行人注意防寒防滑，驾驶人员小心驾驶，车辆应当采取防滑措施；

农牧区和种养殖业要储备饲料，做好防雪灾和防冻害准备，加固棚架等易被雪压的临时搭建物。

b. 黄色预警信号

标准：12h 内降雪量将达 6mm 以上，或者已达 6mm 以上且降雪持续，可能对交通或者农牧业有影响。

防御指南：

政府及相关部门按照职责落实防雪灾和防冻害措施；

交通、铁路、电力、通信等部门应当加强道路、铁路、线路巡查维护，做好道路清扫和积雪融化工作；

行人注意防寒防滑，驾驶人员小心驾驶，车辆应当采取防滑措施；

农牧区和种养殖业要备足饲料，做好防雪灾和防冻害准备；

加固棚架等易被雪压的临时搭建物。

c. 橙色预警信号

标准：6h 内降雪量将达 10mm 以上，或者已达 10mm 以上且降雪持续，可能或者已经对交通或者农牧业有较大影响。

防御指南：

政府及相关部门按照职责做好防雪灾和防冻害的应急工作；

交通、铁路、电力、通信等部门应当加强道路、铁路、线路巡查维护，做好道路清扫和积雪融化工作；

减少不必要的户外活动；

加固棚架等易被雪压的临时搭建物，将户外牲畜赶入棚圈喂养。

d. 红色预警信号

标准：6h 内降雪量将达 15mm 以上，或者已达 15mm 以上且降雪持续，可能或者已经对交通或者农牧业有较大影响。

防御指南：

政府及相关部门按照职责做好防雪灾和防冻害的应急和抢险工作；

必要时停课、停业(除特殊行业外)；

必要时飞机暂停起降，火车暂停运行，高速公路暂时封闭；

做好牧区等救灾救济工作。

(2) 雪灾防护措施

在雪灾期间，家庭要了解信息防寒保暖，提醒家人注意外出安全。要注意关于暴雪的最新预报、预警信息；要准备好融雪、扫雪工具和设备；要减少车辆外出；要了解机场、高速、公路、码头、车站的停航或者关闭信息，及时调整出行计划；要储备食物和水；要远离不结实、不安全的建筑物。

如果遭遇了暴风雪突袭，除了上述注意事项外，要特别注意远离广告牌、临时建筑物、大树、电线杆和高压线塔架；路过桥下、屋檐等处，要小心观察或者干脆绕道走，因为从上面掉落的冰凌，在重力加速度作用下很容易造成头部外伤。

雪灾一旦发生，应该积极做好道路扫雪和融雪工作，居民和商铺也要积极配合，“各人自扫门前雪”是必要的；外出时要采取防寒和保暖措施，在冰冻严重的南方，尽量别穿硬底鞋和光滑底的鞋，给鞋套上旧棉袜，是很多人在这场冰雪灾害中摸索出来的好办法；驾车出行，慢速、主动避让、保持车距、少踩刹车、服从交警指挥和注意看道路安全提示是关键；给非机动车轮胎稍许放点气，以增加轮胎与路面摩擦力，也能防滑。

7.6.2 高温

中国气象学上，气温在35℃以上时可称为“高温天气”，如果连续几天最高气温都超过35℃时，即可称作“高温热浪”天气。

一般来说，高温通常有两种情况，一种是气温高而湿度小的干热性高温；另一种是气温高、湿度大的闷热性高温，称为“桑拿天”。

(1) 中央气象台高温预警发布标准

① 橙色预警

过去48h两个及以上省(区、市)大部地区持续出现最高气温达37℃及以上，且有成片达40℃及以上高温天气，预计未来48h上述地区仍将持续出现最高气温为37℃及以上，且有成片40℃及以上的高温天气。

② 黄色预警

过去48h两个及以上省(区、市)大部地区持续出现最高气温达37℃及以上，预计未来48h上述地区仍将持续出现37℃及以上高温天气。

③ 蓝色预警

预计未来48h四个及以上省(区、市)大部地区将持续出现最高气温为35℃及以上，且有成片达37℃及以上高温天气；或者已经出现并可能持续。

(2) 高温天气对人体的损害及导致的疾病

① 高温天气对人体的损害

a. 人体水盐代谢失衡。在炎热季节，正常人每天出汗量为1L，而在高温下，排汗量会大大增加达3~8L。由于汗的主要成分为水，并含有一定量的无机盐，所以大量出汗对人体的水盐代谢产生显著的影响。

b. 消化系统紊乱。高温下，体内血液重新分配，皮肤血管扩张，腹腔内脏血管收缩，引起消化道贫血，出现消化液分泌减少，使游离盐酸、蛋白酶、淀粉酶、胆汁酸的分泌量减少，胃肠消化机能相应的减退。

c. 破坏人体循环系统。高温条件下，由于大量出汗，血液浓缩，同时高温使血管扩张，末梢血液循环的增加，肌肉的血流量也增加，这些因素都可使心跳过速，而每搏心输出量减少，加重心脏负担，血压也有所改变。

d. 影响人体神经系统。在高温和热辐射作用下，大脑皮层调节中枢的兴奋性增加，由于负诱导，使中枢神经系统运动功能受抑制，肌肉工作能力、动作的准确性、协调性、反应速度及注意力均降低，易发生工伤事故。

②高温天气导致的疾病及防治方法

高温伤害在不同人群身上有不同表现，如热抽筋和热昏厥，发展下去可能出现热衰竭、热射病，甚至导致死亡。

a. 中暑。中暑是人体在高温和热辐射的长时间作用下，机体体温调节出现障碍，水、电解质代谢紊乱及神经系统功能损害症状的总称，是热平衡机能紊乱而发生的一种急症。

夏日出门记得要备好防晒用具，最好不要在10~16时在烈日下行走，因为这个时间段的阳光最强烈，发生中暑的可能性是平时的10倍。如果此时必须外出，一定要做好防护工作，如打遮阳伞、戴遮阳帽、戴太阳镜，有条件的最好涂抹防晒霜。

在炎热的夏季，防暑降温药品，如十滴水、人丹、风油精等，一定要备在身边，以防应急之用。

外出时的衣服尽量选用棉麻、丝类的织物，应少穿化纤品类服装，以免大量出汗时不能及时散热，引起中暑。

在高温季节要尽可能地减少外出活动。

不要等口渴了才喝水，因为口渴已表示身体已经缺水了。最理想的是根据气温的高低，每天喝1.5~2L水。出汗较多时可适当补充一些盐水，弥补人体因出汗而失去的盐分。夏季人体容易缺钾，使人感到倦怠疲乏，含钾茶水是极好的消暑饮品。另外，乳制品既能补水，又能满足身体的营养之需。

夏天的时令蔬菜，如生菜、黄瓜、西红柿等的含水量较高；新鲜水果，如桃子、杏、西瓜、甜瓜等水分含量为80%~90%，都可以用来补充水分。

夏天日长夜短，气温高，人体新陈代谢旺盛，消耗也大，容易感到疲劳。充足的睡眠，可使大脑和身体各系统都得到放松，既利于工作和学习，也是预防中暑的措施。睡眠时注意不要躺在空调的出风口和电风扇下，以免患上空调病和热伤风。

b. 晒伤。炎热的夏天，毒辣的太阳，常常导致我们的皮肤受到各种的伤害，对于那些突发性的晒伤，该如何处理呢？晒伤后处理不当，会对皮肤造成严重的伤害，紫外线对肌肤的伤害绝不仅仅是晒黑和留下晒斑那么简单，它还会使肌肤变得敏感、出现幼纹、过早衰老等问题。所以说皮肤晒伤后的修复也是非常重要的。太阳晒伤后皮肤的修复方法如下。

敷晒后修复面膜。皮肤晒伤后，可以敷一些晒后的修复面膜，这样可以缓解皮肤的疼痛和伤害，起到修复皮肤的作用。

西瓜皮敷面修复。如果是太阳轻微的皮肤晒伤的话，可以选择用西瓜皮白的那一层来敷面。西瓜皮中含有丰富维生素 A、B 和 C，而这些全部是保持肌肤健康和润泽所必需的养分。而西瓜皮本身水分充足，跟黄瓜一样，符合水果面膜的基本要求。

冰敷法修复。皮肤晒伤后赶紧回到室内，使用冰水敷在晒伤部位 15min 左右，最好是不断交替敷面，直至皮肤感到冰凉恢复原来的颜色和温度为止，这样可以起到快速修复的作用。

黄瓜面膜修复。将新鲜黄瓜切成薄片，浸入牛奶，放入冰箱冻一会儿，再贴于脸上，效果非常好，可以起到消炎、镇痛、减轻日晒伤。

牛奶敷面法修复。用冰牛奶敷在晒伤的部位，可以迅速缓解晒后灼热和疼痛，等差不多的时候用凉水冲掉，再涂抹晒后修复凝露。

薰衣草精油敷面修复。先把薰衣草香熏油及底油混合在一起，早晚各一次将其涂在受伤的皮肤上。可以舒缓晒伤的疼痛，加速皮肤的康复，更可以滋润皮肤。

c. 热抽筋：喝水补盐做按摩。气温太高时，室外运动激烈，肌肉抽筋的例子并不少见。这跟出汗太多致低钠血症有关。特别是小腿肌肉神经比身体其他部位的肌肉敏感，更容易抽筋。

遇到这种情况应马上补水，有条件的喝运动饮料，或是喝点盐水，及早纠正身体因流汗过多、电解质紊乱。另外，抽筋的部位适当按摩，稍做休息，基本都可缓解。如有头晕、恶心、全身不适等中暑症状，而且持续加重，应及早到医院看病。

d. 热昏厥：阴凉处平躺喝盐水。一旦发生热昏厥，应马上将患者移到阴凉处平躺。若患者意识清醒，可喂服温盐水。绝大多数患者在阴凉处休息、补水后可恢复，但若头昏、乏力症状持续不缓解甚至反加剧，应送医院进一步救治。

e. 热衰竭、热射病：马上送医抢救。热衰竭、热射病多发于在烈日暴晒下工作的人、老年人、儿童和慢性疾病患者，可有抽筋、昏厥的表现，还可出现严重口渴，恶心、呕吐、头晕眼花，全身无力，体温急剧升高到 40℃ 以上，甚至血压下降、休克或昏迷等。如果抢救不及时，短时间内可出现生命危险。

老人和小孩在不通风的闷热环境中，身体的耐受度低，若通风降温不及时，更易受热伤害，出现抽筋、昏厥，有心脑血管病的老年人还可能出现热中风、脑梗等并发病，应引起警惕。

③ 高温天气学生的避暑常识

注意伤身的行为：

夏季天气炎热，是生活中的特殊时期，人往往不能很快适应，要想使身体不受到伤害，需要注意以下六种忌讳。

a. 忌贪凉而卧。夏季，一些人喜好晚间席地而睡，也有的人在室内睡觉时，两边门窗全部打开，睡“穿堂风”。凉风吹拂身体，当时觉得舒服痛快，也容易睡着，但醒后却常常感到不适，全身肌肉发紧，关节酸痛，精神倦怠，甚至会出现腹痛、腹泻等症状。

b. 忌坐着午睡。人们熟睡后，心率会变慢，血管也会扩张，流经各种脏器的血液速度相对减慢。若坐着睡觉，流入大脑的血液就会减少。特别是在午饭后，较多的血液要进入胃肠系统以促进消化，加之坐睡时弯着腰，两腿蜷缩着，呼吸沉闷，这便加重了脑组织的血液不足。长期坐着午睡，会对身心健康造成不可估量的危害。

c. 忌坐在木头上。俗话说：“冬不坐石，夏不坐木。”夏天的气温高、湿度大，木头尤其是久置露天的木椅凳等，风吹雨淋后含水分较多，表面看上去是干的，可太阳一晒，它便向外散发热烘烘的潮气，如在其上坐久了，对身体有害，会诱发痔疮、皮肤疾病、风湿和关节炎等。

d. 忌凉水冲脚。脚部是血管分支的末梢部位，脂肪层较薄，保温性差，脚底皮肤温度是全身中最低的，极易受凉。如果夏天经常用凉水冲脚，使脚进一步受凉遇寒，就会通过血管传导而引起周身发生一系列的复杂病理反应，最终引发各种疾病。

e. 忌贪食冷饮。有些人在夏天喜欢大量吃冷食冷饮，甚至是冰过的食物、饮料。这些东西吃起来虽然凉爽可口，但其不仅会影响食欲、不利于消化，还会因过度刺激胃肠道黏膜而引起局部血管收缩，导致消化道缺血、缺氧，发生胃肠功能紊乱。

f. 忌贪吹风扇。炎热的夏日，可以适当吹电风扇纳凉，但吹时间过长，会把皮肤吹得冰凉，导致体内水分大量耗损，次日醒来，头昏脑涨，精神萎靡，食欲不振。有时还可因鼻腔过于干燥而发生鼻出血或者引发感冒，甚至引起支气管炎、肺炎、肠胃炎等。

高温天气保健方法：

a. 多喝水。每天要喝七八杯白开水，可以在水中加入适量蜂蜜。夏天人的体能消耗特别快，蜂蜜可以快速补充人体所需的能量。水是人体不可缺少的重要组成部分，器官、肌肉、血液、头发、骨骼、牙齿都含有水分，夏季失水会比较多，若不及时补水就会严重影响健康，易使皮肤干燥，皱纹增多，加速人体衰老。像蜂蜜水、矿泉水、冷茶、牛奶、苹果汁，都是理想的解渴饮料。

b. 补钾。暑天出汗多，随汗液流失的钾离子也比较多，由此造成的低血钾现象，会引起人体倦怠无力、头昏头痛、食欲不振等症候。热天防止缺钾最有效的方法是多吃含钾食物，新鲜蔬菜和水果中含有较多的钾，可多吃些草莓、杏子、荔枝、桃子、李子等；蔬菜中有大葱、芹菜、毛豆等也富含钾。茶叶中亦含有较多的钾，热天多饮茶，既可消暑，又能补钾，可谓一举两得。

c. 补充盐分和维生素。人体夏季大量排汗，氯化钠损失比较多，故应在补充水分的同时，注意补充盐分。每天可饮用一些盐开水，以保持体内酸碱平衡和渗透压相对稳定。

营养学家还建议：高温季节最好每人每天能补充维生素 B1、B2 各 2mg，钙 1g，这样可减少体内糖类和组织蛋白的消耗，有益于人体健康。故在夏日应多吃一些富含上述营养成分的食物，如西瓜、黄瓜、番茄、豆类及其制品、动物肝脏、虾皮等，亦可饮用一些水果汁。

d. 穿浅色衣服。深色衣服会吸收阳光，使人体温升高燥热；同时蚊子有趋暗的习性，深色容易吸引蚊子，特别是黑色。

e. 注意皮肤瘙痒。夏季出游，因日晒而导致皮肤瘙痒、干疼时，可涂少量氟轻松等软膏，不要用热水烫洗，也不宜用碱性大的肥皂清洗，以免刺激皮肤，加重症状。

7.6.3 台风

台风是热带气旋的一个类别。在气象学上，按世界气象组织定义：热带气旋中心持续风速在12~13级(即32.7~41.4m/s)称为台风或飓风，飓风的名称使用在北大西洋及东太平洋；而北太平洋西部(赤道以北，国际日期线以西，东经100度以东)使用的近义字是台风。

（1）台风的气象原理及生命周期

① 气象原理

在海洋面温度超过26℃以上的热带或副热带海洋上，由于近洋面气温高，大量空气膨胀上升，使近洋面气压降低，外围空气源源不断地补充流入上升。受地转偏向力的影响，流入的空气旋转起来。而上升空气膨胀变冷，其中的水汽冷却凝结形成水滴时，要放出热量，又促使低层空气不断上升。这样近洋面气压下降得更低，空气旋转得更加猛烈，最后形成了台风。

② 生命周期

a. 孕育阶段。太阳经过一天照射，海面上形成了很强盛的积雨云，这些积雨云里的热空气上升，周围较冷空气源源不绝地补充进来，再次遇热上升，如此循环，使得上方的空气热，下方空气冷，上方的热空气里的水汽蒸发扩大了云带范围，云带的扩大使得这种运动更加剧烈。经过不断扩大的云团受到地转偏向力影响，逆时针旋转起来(在南半球是顺时针)，形成热带气旋，热带气旋里旋转的空气产生的离心力把空气都往外甩，中心的空气越来越稀薄，空气压力不断变小，形成了台风初始阶段。

b. 发展(增强)阶段。因为热带低压中心气压比外界低，所以周围空气涌向热带低压，遇热上升，供给了热带低压较多的能量，超过输出能量，此时，热带低压里空气旋转更厉害，中心最大风力升高，中心气压进一步降低。等到中心最大风力达到一定标准时，就会提升到更高的一个级别，热带低压提升到热带风暴，再提升到强热带风暴、台风，有时能提升到强台风甚至超强台风，这要看能量输入与输出比决定，输入能量大于输出能量，台风就会增强；反之就会减弱。

c. 成熟阶段。台风经过漫长的发展之路，变得强大，具有了造成灾害的能力，如果这时登陆，就会造成重大损失。

d. 消亡阶段。台风消亡路径有两个，第一个是台风登陆陆地后，受到地面摩擦和能量供应不足的共同影响，台风会迅速减弱消亡，消亡之后的残留云系可以给某地带来长时间强降雨。第二个是台风在东海北部转向，登陆韩国或穿过朝鲜海峡之后，在日本海变性为温带气旋，变性为温带气旋后，消亡较慢。

（2）台风的等级划分及特点

① 根据国际惯例，依据其中心附近最大风力，台风的等级分为：

热带低压，最大风速6~7级(10.8~17.1m/s)；

热带风暴，最大风速8~9级(17.2~24.4m/s)；

强热带风暴，最大风速10~11级(24.5~32.6m/s)；

台风，最大风速12~13级(32.7~41.4m/s)；

强台风，最大风速14~15级(41.5~50.9m/s)；

超强台风，最大风速≥16级(≥51.0m/s)。

② 根据近几年来台风发生的有关资料表明，台风发生的规律及其特点主要有以下几点：

a. 台风有季节性。台风(包括热带风暴)一般发生在夏秋之间，最早发生在5月初，最迟发生在11月。

b. 台风中心登陆地点难准确预报。台风的风向时有变化，常出人预料，台风中心登陆地点往往与预报相左。

c. 台风具有旋转性。其登陆时的风向一般先北后南。

d. 台风损毁性严重。对不坚固的建筑物架空的各种线路、树木、海上船只、海上网箱养鱼、海边农作物等破坏性很大。

e. 强台风发生常伴有大暴雨、大海潮、大海啸。

f. 强台风发生时，人力不可抗拒，易造成人员伤亡。

（3）台风灾害分析

台风是一种破坏力很强的灾害性天气系统，但是任何事物都是一把“双刃剑”，台风带来的降水有利于农业生产和水库蓄水，起到消除干旱的有益作用。台风的危害性主要有三个方面：

① 大风。热带气旋达台风级别的中心附近最大风力为12级以上。

② 暴雨。台风是带来暴雨的天气系统之一，在台风经过的地区，可能产生150~300mm降雨，少数台风能直接或间接产生1000mm以上的特大暴雨。

③ 风暴潮。一般台风能使沿岸海水产生增水，江苏省沿海最大增水可达3m。“9608”号和“9711”号台风增水，使江苏省沿江沿海出现超历史的高潮位。台风过境时常常带来狂风暴雨天气，引起海面巨浪，严重威胁航海安全。台风登陆后带来的风暴增水可能摧毁庄稼和各种建筑设施等，造成人民生命、财产的巨大损失。

（4）台风的防抗

加强台风的监测和预报是减轻台风灾害的重要的措施。对台风的探测主要是利用气象卫星。在卫星云图上能清晰地看见台风的存在和大小。利用气象卫星资料，可以确定台风中心的位置，估计台风强度，监测台风移动方向和速度，以及狂风暴雨出现的地区等，对防止和减轻台风灾害起着关键作用。

根据所得到的各种资料，分析台风的动向，登陆的地点和时间，及时发布台风预报，台风警报或紧急警报，通过电视、广播等媒介为公众服务，让沿海渔船及时避风回港，同时为各级政府提供决策依据，发布台风预报或警报是减轻台风灾害的重要措施。

市民需保持消息畅通，留意报纸、广播、电视及网络上的天气预报资讯，提前、及时做好这些防御措施，以不变应万变。

① 居民防台风注意事项

及时收听、收看或上网查阅台风预警信息，了解政府的防台风行动对策；

关紧门窗，紧固易被风吹动的搭建物；

从危旧房屋中转移至安全处；

处于可能受淹的低洼地区的人要及时转移；

检查电路、炉火、煤气等设施是否安全；

幼儿园、学校应采取暂避措施，必要时停课；

露天集体活动或室内大型集会应及时取消，并做好人员疏散工作。

② 居民防台措施

台风来临之际，由于强风的横扫，高空坠物容易伤人。强风到来前，市民应检查一下门窗是否牢固，并及时关好窗户，取下悬挂物，及时将花盆搬离阳台，及时清理日常放在防盗网上的杂物。

一些地势低洼的居民区，在台风来临之前，可以事先砌好围墙，或者备好挡水板，配备小型抽水泵及时挡水或者排水。最好将自家的排水管道检查一遍，有条件的话，最好能疏通一下。尤其是住在一楼或者底层的住户，包括一些临街的商铺，尽量把一些碰不得水的电器、货物以及衣鞋，尽可能转移到高处，离开前，要先切断电源，以免进水受损。

政府有关部门要提早对室外霓虹灯、广告牌、店招牌、室外空调机等高空物体检查和加固。对受风易倒的树木要提前做好保护措施，及时绑扎、加固，防止树倒伤人，或者影响交通。

对于需要骑自行车或者摩托车出行的市民，切勿一手把方向，一手拿雨伞。穿雨衣骑车出行的市民尽量将雨衣固定以免被强风一吹，雨衣挡住视线引发危险。对于开车出行的市民来说，要注意强降水引发的路面积水是否会导致车辆熄火。遇到积水路段时，应该放慢车速观察前方路况。通过积水时，要低挡平稳前行，尽量不要让水花溅起来；如果积水高度超过轮胎的一半，切忌贸然涉水，建议绕道通行。

高速交警提醒司机朋友，如果在高速公路行驶的过程中遭遇台风，应打开危险报警闪光灯，保持车距减速慢行。如能见度小于 50m 时，应进入服务区休息，或从最近出口驶离高速公路，听从高速公路管理部门的指挥。

③ 沿海地区注意事项

渔船应回港避风，远离台风眼。海上船只应提早回港避风，撤离船上人员并做好船只加固和防风防浪工作。台风来临前不能返港的船及时与岸上取得联系，避开台风中心，争取救援。如在海上遇到台风时，应根据台风的情况和天气预报以及现场观测的风力、风向和气压的变化情况判明本身所在位置，以便采取适当的航行方法，尽快远离台风中心。

对沿海海堤的在建企业工程、各类广告牌、沿海旅游景点设施应设置警示提醒，及时加固维护维修。如果所处位置是台风引发巨浪、高潮有危险的地带，附近人员要及时组织转移。市民千万不要无惧台风的到来，无惧海边现场警示标志在海边观潮戏水，以免被困影响个人生命安全。

a. 台风来临前，船舶应听从指挥，立即到避风场所避风。

b. 万一躲避不及或遇上台风时，应及时与岸上有关部门联系，争取救援。

c. 等待救援时，应主动采取应急措施，迅速果断地采取离开台风的措施，如停(滞航)、绕(绕航)、穿(迅速穿过)。

d. 强台风过后不久的风浪平静，可能是台风眼经过时的平静，此时泊港船主千万不能为了保护自己的财产，回去加固船只。

e. 有条件时在船舶上配备信标机、无线电通信机、卫星电话等现代设备。

f. 在没有无线电通信设备的时候，当发现过往船舶或飞机，或与陆地较近时，可以利用物件及时发出易被察觉的求救信号，如堆“SOS”字样，放烟火，发出光信号、声信号，摇动色彩鲜艳的物品等。

(5) 台风警报及防御指南

① 台风警报

台风警报根据编号热带气旋的强度、影响时间和程度可分为消息、警报和紧急警报三级。

a. 消息。台风远离或沿海尚未开始出现8级风或暴雨时，预报责任区根据需要可发布消息，报道台风的情况；警报解除时也可以消息方式发布。

b. 警报。预计未来48h内影响沿海地区或者台风登临时，发布警报。

c. 紧急警报。预计未来24h内影响沿海地区或者台风登临时，发布紧急警报。

② 四级警报

中国气象局于2004年8月16日发布了《突发气象灾害预警信号发布试行办法》，把台风预警信号分为蓝色、黄色、橙色和红色四种警报。

a. 蓝色警报。24h内可能或者已经受热带气旋影响，沿海或者陆地平均风力达6级以上，或者阵风8级以上并可能持续。

具体防御指南：

政府及相关部门按照职责做好防台风准备工作；

停止露天集体活动和高空等户外危险作业；

相关水域水上作业和过往船舶采取积极的应对措施，如回港避风或者绕道航行等；

加固门窗、围板、棚架、广告牌等易被风吹动的搭建物，切断室外电源。

b. 黄色警报。24h内可能或者已经受热带气旋影响，沿海或者陆地平均风力达8级以上，或者阵风10级以上并可能持续。

具体防御指南：

政府及相关部门按照职责做好防台风应急准备工作；

停止室内外大型集会和高空等户外危险作业；

相关水域水上作业和过往船舶采取积极的应对措施，加固港口设施，防止船舶走锚、搁浅和碰撞；

加固或者拆除易被风吹动的搭建物，人员切勿随意外出，确保老人小孩留在家中最安全的地方，危房人员及时转移。

c. 橙色警报。12h 内可能或者已经受热带气旋影响，沿海或者陆地平均风力达 10 级以上，或者阵风 12 级以上并可能持续。

具体防御指南：

政府及相关部门按照职责做好防台风抢险应急工作；

停止室内外大型集会、停课、停业(除特殊行业外)；

相关应急处置部门和抢险单位加强值班，密切监视灾情，落实应对措施；

相关水域水上作业和过往船舶应当回港避风，加固港口设施，防止船舶走锚、搁浅和碰撞；

加固或者拆除易被风吹动的搭建物，人员应当尽可能待在防风安全的地方，当台风中心经过时风力会减小或者静止一段时间，切记强风将会突然吹袭，应当继续留在安全处避风，危房人员及时转移；

相关地区应当注意防范强降水可能引发的山洪、地质灾害。

d. 红色警报。6h 内可能或者已经受热带气旋影响，沿海或者陆地平均风力达 12 级以上，或者阵风达 14 级以上并可能持续。

具体防御指南：

政府及相关部门按照职责做好防台风应急和抢险工作；

停止集会、停课、停业(除特殊行业外)；

回港避风的船舶要视情况采取积极措施，妥善安排人员留守或者转移到安全地带；

加固或者拆除易被风吹动的搭建物，人员应当待在防风安全的地方；

相关地区应当注意防范强降水可能引发的山洪、地质灾害；

台风期间尽量不要外出，“7314”号强台风(1974 年 9 月 14 日凌晨 2 点左右，在海南省琼海市登陆)，风速 73m/s，堪称恐怖；

台风中不能待在 4 层以下高度的房子里。若真的被迫在城市办公楼等高层建筑中避难，远离窗户，躲在中、上部楼层中的小隔间里，并准备好充足的水、食物。离开家时要关闭水、电、煤气。

7.6.4 冰雹

(1) 冰雹的概念

冰雹，也叫“雹”，俗称雹子，有的地区叫“冷子”，夏季或春夏之交最为常见，它是一些小如绿豆、黄豆，大似栗子、鸡蛋的冰粒，特大的冰雹比柚子还大。我国除广东、湖南、湖北、福建、江西等省冰雹较少外，各地每年都会受到不同程度的雹灾。尤其是北方的山区及丘陵地区，地形复杂，天气多变，冰雹多，受害重，对农业危害很大，猛烈的冰雹损毁庄稼，损坏房屋，人被砸伤、牲畜被打死的情况也常常发生。因此，雹灾是我国严重灾害之一。

（2）冰雹形成

冰雹和雨、雪一样都是从云里掉下来的。不过下冰雹的云是一种发展十分强盛的积雨云，而且只有发展特别旺盛的积雨云才可能降冰雹。

冰雹云是由水滴、冰晶和雪花组成的。一般为三层：最下面一层温度在0℃以上，由水滴组成；中间温度为0~20℃，由过冷却水滴、冰晶和雪花组成；最上面一层温度在-20℃以下，基本上由冰晶和雪花组成，它是从积雨云中降落下来的一种固态降水。

冰雹形成需要的条件：

① 大气中必须有相当厚的不稳定层存在。

② 积雨云必须发展到能使个别大水滴冻结的高度(一般认为温度达-12~-16℃)。

③ 要有强的风切变。

④ 云的垂直厚度不能小于6~8km。

⑤ 积雨云内含水量丰富。一般为3~8g/m^3，在最大上升速度的上方有一个液态过冷却水的累积带。

⑥ 云内应有倾斜的、强烈而不均匀的上升气流，一般在10~20m/s以上。

（3）冰雹分类

根据一次降雹过程中，多数冰雹(一般冰雹)直径、降雹累计时间和积雹厚度，将冰雹分为3级。

① 轻雹：多数冰雹直径不超过0.5cm，累计降雹时间不超过10min，地面积雹厚度不超过2cm；

② 中雹：多数冰雹直径0.5~2.0cm，累计降雹时间10~30min，地面积雹厚度2~5cm；

③ 重雹：多数冰雹直径2.0cm以上，累计降雹时间30min以上，地面积雹厚度5cm以上。

（4）冰雹的预测和防御

冰雹灾害是由强对流天气系统引起的一种剧烈的气象灾害，它出现的范围虽然较小，时间也比较短促，但来势猛、强度大，并常常伴随着狂风、强降水、急剧降温等阵发性灾害性天气过程。中国是冰雹灾害频繁发生的国家，冰雹每年都给农业、建筑、通信、电力、交通以及人民生命财产带来巨大损失。据有关资料统计，我国每年因冰雹所造成的经济损失达几亿元甚至几十亿元。其预测和防御包括：

① 冰雹的预测

冰雹是比较难以预报的灾害性天气，气象台以天气雷达、气象卫星监测和天气图等大量实时气象信息对冰雹天气进行追踪和外推预报。民间也有许多预报经验，如“旱年多冰雹”“春季多陡风，夏季多冰雹”“乌云宝塔形，下边泛红云，冰雹到眼前”等，总结起来预测的方法有六点：感冷热；辨风向：“不刮东风不天潮，不刮南风不下雹”；看云色；听雷声；识闪电；观物象。

② 冰雹来时的应对

得知有关冰雹的天气预报，应将人畜及室外的物品都转移到安全地带。

冰雹来时尽量不要外出，不得已要出门时，应注意保护头、面部。

若冰雹来时你正在室外，应马上寻找可以躲避的地方，最好是坚固的建筑物。

若你正在驾驶汽车，或在车内，应立即将车停在可以躲避的地方，切不可贸然前行，以免受到不必要的伤害。

有时，冰雹会伴有狂风暴雨，需特别注意预防及躲避。

7.6.5 海啸

(1) 什么是海啸

海啸是由海底地震、火山喷发、泥石流、滑坡等海底地形突然变化所引发的具有超长波长和周期的大洋行波。当其接近近岸浅水区时，波速变小，振幅陡涨，有时可达20~30m以上，骤然形成“水墙”，瞬时侵入沿海陆地，造成危害。

大部分海啸都产生于深海地震。深海发生地震时，海底发生激烈的上下方向的位移，某些部位出现猛然的上升或者下沉，导致其上方海水巨大的波动，原生的海啸于是就产生了。地震几分钟后，原生的海啸将分裂成为两个波，一个向深海传播，另一个向附近的海岸传播。向海岸传播的海啸，受到大陆架地形等影响，与海底发生相互作用，速度减慢，波长变小，振幅变得很大(可达几十米)，在岸边造成很大的破坏。

(2) 海啸的分类

海啸可分为4种类型，即由气象变化引起的风暴潮、火山爆发引起的火山海啸、海底滑坡引起的滑坡海啸和海底地震引起的地震海啸。根据中国地震局提供的材料，地震海啸是海底发生地震时，海底地形急剧升降变动引起海水强烈扰动。其机制有两种形式：“下降型”海啸和“隆起型”海啸。

“下降型”海啸：某些构造地震引起海底地壳大范围的急剧下降，海水首先向突然错动下陷的空间涌去，并在其上方出现海水大规模积聚，当涌进的海水在海底遇到阻力后，即翻回海面产生压缩波，形成长波大浪，并向四周传播与扩散，这种下降型的海底地壳运动形成的海啸在海岸首先表现为异常的退潮现象。1960年智利地震海啸就属于此种类型。

“隆起型”海啸：某些构造地震引起海底地壳大范围的急剧上升，海水也随着隆起区一起抬升，并在隆起区域上方出现大规模的海水积聚，在重力作用下，海水必须保持一个等势面以达到相对平衡，于是海水从波源区向四周扩散，形成汹涌巨浪。这种隆起型的海底地壳运动形成的海啸波在海岸首先表现为异常的涨潮现象。

（3）海啸的危害

海啸发生时，震荡波在海面上以不断扩大的圆圈，传播到很远的地方。它以600～1000km/h的高速，在毫无阻拦的洋面上驰骋$(1\sim2)\times10^4$km的路程，掀起10～40m高的拍岸巨浪，吞没所波及的一切，有时最先到达海岸的海啸可能是波谷，水位下落，暴露出浅滩海底；几分钟后波峰到来，一退一进，造成毁灭性的破坏。

剧烈震动之后不久，巨浪呼啸，以摧枯拉朽之势，越过海岸线，越过田野，迅猛地袭击岸边的城市和村庄，瞬时，人们都消失在巨浪中。港口所有设施，被震塌的建筑物，在狂涛的洗劫下，被席卷一空。事后，海滩上一片狼藉，到处是残木破板和人畜尸体。

（4）海啸的防护

① 海啸逃生

a. 地震海啸发生的最早信号是地面强烈震动，地震波与海啸的到达有一个时间差，正好有利于人们采取措施。如果你感觉到较强的震动，不要靠近海边、江河的入海口。如果听到有关附近地震的报告，要做好防海啸的准备，注意电视和广播新闻。要记住，海啸有时会在地震发生几小时后到达离震源上千千米远的地方。

b. 如果发现潮汐突然反常涨落，海平面显著下降或者有巨浪袭来，都应以最快速度撤离岸边。

c. 海啸前海水异常退去时往往会把鱼虾等许多海生动物留在浅滩，场面蔚为壮观。此时千万不要前去捡鱼或看热闹，应当迅速离开海岸，向内陆高处转移。

d. 发生海啸时，航行在海上的船只不可以回港或靠岸，应该马上驶向深海区，深海区相对于海岸更为安全。

e. 每个人都应该有一个急救包，里面应该有足够72h用的药物、饮用水和其他必需品。这一点适用于海啸、地震和一切突发灾害。

②自救互救

a. 如果在海啸时不幸落水，要尽量抓住木板等漂浮物，同时注意避免与其他硬物碰撞。

b. 在水中不要举手，也不要乱挣扎，尽量减少动作，能浮在水面随波漂流即可。这样既可以避免下沉，又能够减少体能的无谓消耗。

c. 如果海水温度偏低，不要脱衣服。

d. 尽量不要游泳，以防体内热量过快散失。

e. 不要喝海水。海水不仅不能解渴，反而会让人出现幻觉，导致精神失常甚至死亡。

f. 尽可能向其他落水者靠拢，既便于相互帮助和鼓励，又因为目标扩大更容易被救援人员发现。

g. 人在海水中长时间浸泡，热量散失会造成体温下降。溺水者被救上岸后，最好能放在温水里恢复体温，没有条件时也应尽量裹上被毯、大衣等保温。注意不要采取局部加温或按摩的办法，更不能给落水者饮酒，饮酒只能使热量更快散失。给落水者适当喝一些糖水有好处，可以补充体内的水分和能量。

h. 如果落水者受伤，应采取止血、包扎、固定等急救措施，重伤员则要及时送医院救治。

i. 要记住及时清除落水者鼻腔、口腔和腹内的吸入物。具体方法是：将落水者的肚子放在你的大腿上，从后背按压，将海水等吸入物倒出。如心跳、呼吸停止，则应立即交替进行口对口人工呼吸和心脏按压。

7.7 安全素质拓展

阅读分析以下案例，应用所学知识，分析案例中自然灾害的安全威胁及避险方法。

【素质拓展 7–1】

2008 年 5 月 12 日 14 时 28 分 04 秒，四川汶川、北川 8 级强震猝然袭来。据民政部报告，截至 2008 年 9 月 25 日 12 时，四川汶川地震已确认 69227 人遇难，374643 人受伤，失踪 17923 人。此次地震重创约 50 万平方公里的中国大地！为表达全国各族人民对四川汶川大地震遇难同胞的深切哀悼，国务院决定，2008 年 5 月 19 日至 21 日为全国哀悼日。自 2009 年起，每年 5 月 12 日为全国防灾减灾日。

【素质拓展 7–2】

2021 年 7 月 18 日 18 时至 21 日 0 时，郑州出现罕见持续强降水天气过程，全市普降大暴雨、特大暴雨，累积平均降水量 449mm。73 站(占比约 38%)累积降水量超过 500mm，最大新密白寨 875mm。由于遭遇罕见持续强降雨，郑州市常庄水库、郭家咀水库及贾鲁河等多处工程出现险情，郑州市区出现严重内涝，造成郑州市铁路、公路及民航交通受到严重影响。地铁 5 号线五龙口停车场及其周边区域发生严重积水现象，18 时许，积水冲垮出入场线挡水墙进入正线区间，导致 5 号线一列列车被洪水围困。截至 8 月 2 日，在此次特大洪涝灾害中，郑州市 292 人遇难，47 人失踪。

【素质拓展 7–3】

2010 年 8 月 7 日 22 时左右，甘南藏族自治州舟曲县城东北部山区突降特大暴雨，降雨量达 97mm，持续 40 多分钟，引发三眼峪、罗家峪等四条沟系特大山洪地质灾害，泥石流长约 5km，平均宽度 300m，平均厚度 5m，总体积 $750\times10^4 m^3$，流经区域被夷为平地。截至 2010 年 9 月 7 日，舟曲 8·7 特大泥石流灾害中遇难 1557 人，失踪 284 人，累计门诊治疗 2315 人。

【素质拓展 7–4】

从 2008 年 1 月 10 日开始，罕见的暴风雪袭击我国南方，南方遭遇了历史罕见的大范围冰冻、雨雪灾害。这场雪灾覆盖面广，破坏力巨大，农业大面积绝收或歉收，部分省市电网瘫痪，京广大动脉一度中断。雪灾造成湖南、湖北、贵州、安徽等10省区3287万人受灾，倒塌房屋3.1万间；雪灾造成的直接经济损失62.3亿元。灾情发生后，各级政府纷纷启动应急预案，全力开展抗灾救灾工作。此次大雪冰冻灾害，范围如此之广，时间如此之长，危害如此之重，无疑可列入世界上重大典型的“极端性气候事件”。

【素质拓展7-5】

2021年7月，受第6号台风“烟花”影响，浙江的东部、上海到东海、黄海的大片海域及地区风力普遍有6~12级，台风中心附近的最大阵风有13~15级。在浙江的中北部、上海、江苏的中南部、安徽东南部将普遍下起大到暴雨，部分地方有大暴雨，甚至特大暴雨。受台风“烟花”以及天文大潮的影响，7月24日深夜开始，宁波北仑及舟山普陀、定海等地发生海水倒灌，险情不断。受台风“烟花”影响，25日上海浦东、虹桥机场所有航班全部取消，杭州机场25日航班全部取消。

思考题

(1) 地震发生时要采取哪些正确的自救措施？
(2) 在室外遇雷电天气可采取哪些安全措施？
(3) 请谈谈大学生在橙色和红色雪灾预警天气下，需要采取哪些防护应急措施？
(4) 谈谈极端高温天气，如何进行户外防护？
(5) 如果在东南沿海野外旅游时，听到气象台发出台风预报后，应该采取哪些措施？

第8章 公共卫生安全

在当下全球化时代，公共卫生安全、卫生外交、卫生治理、国家安全、全球治理等议题紧密相关。在全球公共卫生问题逐渐呈现安全化趋势下，国际关系与政治、公共事务与管理等专业的学者开始从安全视角分析公共卫生问题。2020 年 2 月 14 日习近平总书记在中央全面深化改革委员会第十二次会议上，对完善重大疫情防控体制机制、健全国家公共卫生应急管理体系作出重要部署，要求总结经验、吸取教训，从体制机制上创新和完善重大疫情防控举措，健全国家公共卫生应急管理体系，提高应对突发重大公共卫生事件的能力水平，公共卫生安全至关重要。2021 年 3 月第十三届全国人民代表大会审议通过的《中华人民共和国国民经济和社会发展第十四个五年规划和 2035 年远景目标纲要》明确："全面推进健康中国建设，把保障人民健康放在优先发展的战略位置，坚持预防为主的方针，深入实施健康中国行动，完善国民健康促进政策，织牢国家公共卫生防护网，为人民提供全方位全生命期健康服务。构建强大公共卫生体系，提高应对突发公共卫生事件能力，扩大国家免疫规划，强化慢性病预防、早期筛查和综合干预。深入开展爱国卫生运动，促进全民养成文明健康生活方式，加强健康教育和健康知识普及，树立良好饮食风尚"。

本章内容主要包括公共卫生事件定义、报告、分类等基础知识，传染病分类及常见常见病的预防，食物中毒的应对，防范毒品侵害等。要求掌握常见公共卫生事件的防范、应急知识与技能，树立关爱生命、关怀自我与他人的意识和素养，可结合素质拓展自学。

8.1 突发公共卫生事件

8.1.1 概述

根据国务院 2003 年通过、2011 年修订的《突发公共卫生事件应急条例》，突发公共卫生事件是指突然发生，造成或者可能造成社会公众健康严重损害的重大传染病疫情、群体性不明原因疾病、重大食物和职业中毒以及其他严重影响公众健康的事件。在学校发生、影响师生员工身体健康的公共卫生事件可称之为校园突发公共卫生事件。如：2014 年 6 月 10 日晚某高校 17 名学生毕业临别聚餐，在路边小吃摊吃了大量烧烤后，17 人中陆续倒下 14 人，经医生检查为亚硝酸盐中毒。这是一起典型的校园公共卫生事件。2010 年 4 月 22 日上午，广东省揭阳市某小学，84 名学生打完乙肝疫苗后，44 名出现头疼呕吐，四肢无力的症状，后被送到医院。这是一起群体性预防接种反应的突发公共卫生事件。2019 年西班牙瓦伦西亚市一家米其林餐厅发生集体食物中毒事件，2 月 13 日至 16 日前往该餐厅用餐的 75 名顾客中，有 29 人出现食物中毒的现象，其中一名 46 岁妇女死亡。死者 16 日与家人一起到 RiFF 用餐，17 日早上在家中过世，家人也出现上吐下泻症状，据称含有毒素的羊肚菌可能是罪魁祸首。这类食物中毒都是突然发生、影响公众健康的突发公共卫生事件。

突发公共卫生事件原因通常主要有以下类别：重大传染病疫情；群体性不明原因疾病；重大食物中毒；新发传染性疾病；群体性预防接种反应、药物反应；影响公共安全的毒物泄漏事件。国务院卫生行政主管部门对新发现的突发传染病，根据危害程度、流行强度，依照《中华人民共和国传染病防治法》的规定及时宣布为法定传染病；宣布为甲类传染病的，由国务院决定。例如 2019 年年底开始、截至 2021 年年底依然持续的新型冠状病毒肺炎疫情，在疫情发生后，2020 年 1 月 20 日国家卫健委根据《传染病防治法》将其纳入乙类传染病，并采取甲类传染病的预防、控制措施。2020 年 1 月 31 日新冠肺炎疫情被世卫组织列为“国际关注的突发公共卫生事件”（Public Health Emergency of International Concern，简称 PHEIC）。根据世卫组织统计数据，截至欧洲中部夏令时间 2021 年 7 月 28 日 18 时 10 分（北京时间 2021 年 7 月 29 日 0 时 10 分），全球累计新冠肺炎确诊病例 195266156 例，累计死亡病例 4180161 例。这场突如其来、全球流行的疫情改变了全球经济社会发展趋势，也给全球人民的日常生活带来了巨大影响。新冠肺炎疫情是一次重大突发公共卫生事件，对我国医疗卫生体系提出重大挑战，同时也对我国经济、社会造成不小冲击。

新冠肺炎疫情发生以来，中国共产党领导中国人民采取果断、有效措施，以史所罕见的组织动员，开展了一场规模宏大的疫情防控阻击战，最大程度地保障了中国人民和全世界人民的生命健康权益，为维护全球公共卫生安全作出重大贡献。

面对突发公共卫生事件，我们该如何处理，面对突发公共卫生事件如何上报。我国对突发公共卫生事件有应急报告制度，出现以下任一种情形，省、自治区、直辖市人民政府必须在接到报告 1h 内，向国务院卫生行政主管部门报告：传染病暴发、流行；不明原因的群体性疾病；传染病菌种、毒种丢失；重大食物和职业中毒事件。

根据《突发公共卫生事件应急条例》，国务院卫生行政主管部门对可能造成重大社会影响的突发事件，应当立即向国务院报告。**公共卫生事件报告**需要从基层按级上报，首先是，发现四类情形之一的突发事件监测机构、医疗卫生机构和有关单位，应在 2h 内向所在地县级人民政府卫生行政主管部门报告，然后由卫生行政主管部门在 2h 内向本级人民政府报告，并同时向上级人民政府卫生行政主管部门和国务院卫生行政主管部门报告。县级人民政府应当在接到报告后 2h 内向设区的市级人民政府或者上一级人民政府报告；设区的市级人民政府应当在接到报告后 2h 内向省、自治区、直辖市人民政府报告。因此突发公共卫生事件需要按照程序上相关部门报告，**公共卫生事件举报电话是 12320**。

突发公共卫生事件响应级别有特别重大（Ⅰ级）、重大（Ⅱ级）、较大（Ⅲ级）、一般（Ⅳ级）共四级，其中**Ⅰ级响应**是发生特别重大突发公共卫生事件时，要求省指挥部根据国务院的决策部署和统一指挥，组织协调本行政区域内应急处置工作；**Ⅱ级响应**是发生重大突发公共卫生事件时，省指挥部立即组织指挥部成员和专家进行分析判断，对突发公共卫生事件影响及其发展趋势进行综合评估，由省人民政府决定启动Ⅱ级应急响应，并向各有关单位发布启动相关应急程序的命令；**Ⅲ级响应**是发生较大突发公共卫生事件，地级以上市、省直管县(市、区)突发公共卫生事件应急指挥机构立即组织各单位成员和专家进行分析判断，对事件影响及其发展趋势进行综合评估，由地级以上市人民政府决定启动Ⅲ级应急响应，并向各有关单位发布启动相关应急程序的命令；**Ⅳ级响应**是发生一般突发公共卫生事件，县(市、区)突发公共卫生事件应急指挥机构立即组织各单位成员和专家进行分析判断，对事件影响及其发展趋势进行综合评估，由县级人民政府决定启动Ⅳ级应急响应，并向各有关单位发布启动相关应急程序的命令。例如在 2020 年 1 月底随着新冠肺炎疫情愈发严峻，全国 14 个省市启动重大突发公共卫生事件一级响应。随着各地疫情防控形势好转，多地下调疫情防控响应级别，2020 年 5 月 7 日国务院下发《关于做好新冠肺炎疫情常态化防控工作指导意见》，明确防控工作从应急状态转为常态化，全面落实“外防输入、内防反弹”的总体防控策略。

8.1.2 相关法律法规

关于公共卫生事件的法律法规包括《中华人民共和国突发事件应对法》《中华人民共和国传染病防治法》《中华人民共和国职业病防治法》《突发公共卫生事件应急条例》《突发公共卫生事件与传染病疫情监测信息报告管理办法》《国家突发公共事件总体应急预案》《国家突发公共卫生事件相关信息报告管理工作规范(试行)》《全国自然灾害卫生应急预案》《地震灾后卫生防病应急技术指南》等。

为了有效预防、及时控制和消除突发公共卫生事件的危害，保障公众身体健康与生命安全，维护正常的社会秩序，国务院依照《中华人民共和国传染病防治法》和其他有关法律的相关规定，制定了《突发公共卫生事件应急条例》，该条例对应对突发公共卫生事件(简称“突发事件”)有以下规定：

(1) 突发事件发生后，国务院设立全国突发事件应急处理指挥部，由国务院有关部门和军队有关部门组成，国务院主管领导人担任总指挥，负责对全国突发事件应急处理的统一领导、统一指挥。国务院卫生行政主管部门和其他有关部门，在各自的职责范围内做好突发事件应急处理的有关工作。省、自治区、直辖市人民政府成立地方突发事件应急处理指挥部，省、自治区、直辖市人民政府主要领导人担任总指挥，负责领导、指挥本行政区域内突发事件应急处理工作。县级以上地方人民政府卫生行政主管部门，具体负责组织突发事件的调查、控制和医疗救治工作。县级以上地方人民政府有关部门，在各自的职责范围内做好突发事件应急处理的有关工作。

(2) 县级以上各级人民政府应当组织开展防治突发事件相关科学研究，建立突发事件应急流行病学调查、传染源隔离、医疗救护、现场处置、监督检查、监测检验、卫生防护等有关物资、设备、设施、技术与人才资源储备，所需经费列入本级政府财政预算。国家对边远贫困地区突发事件应急工作给予财政支持。

（3）国家鼓励、支持开展突发事件监测、预警、反应处理有关技术的国际交流与合作。

（4）国务院有关部门和县级以上地方人民政府及其有关部门，应当建立严格的突发事件防范和应急处理责任制，切实履行各自的职责，保证突发事件应急处理工作的正常进行。

条例中提出了面对突发公共卫生事件五大应对措施：

第一，国务院卫生行政主管部门对新发现的突发传染病，根据危害程度、流行强度，依照传染病防治法的规定及时宣布为法定传染病；宣布为甲类传染病的，由国务院决定。

第二，省级以上人民政府卫生行政主管部门或者其他有关部门指定的突发公共卫生事件应急处理专业技术机构，负责突发公共卫生事件的技术调查、确证、处置、控制和评价工作。

第三，突发公共卫生事件发生后，国务院有关部门和县级以上地方人民政府及其有关部门，应当保证突发公共卫生事件应急处理所需的医疗救护设备、救治药品、医疗器械等物资的生产、供应；铁路、交通、民用航空行政主管部门应当保证及时运送。

第四，根据突发公共卫生事件应急处理的需要，突发公共卫生事件应急处理指挥部有权紧急调集人员、储备的物资、交通工具以及相关设施、设备；必要时，对人员进行疏散或者隔离，并可以依法对传染病疫区实行封锁。

第五，突发公共卫生事件应急处理指挥部根据突发公共卫生事件应急处理的需要，可以对食物和水源采取控制措施。县级以上地方人民政府卫生行政主管部门应当对突发公共卫生事件现场等采取控制措施，宣传突发公共卫生事件防治知识，及时对易受感染的人群和其他易受损害的人群采取应急接种、预防性投药、群体防护等措施。

公共卫生安全教育是大学生素质教育的一部分，也是大学生生命教育的一部分，加强高校公共卫生管理与教育工作，为学生营造健康安全的校园环境，使学生掌握必要的卫生、健康知识，培养学生掌握健康安全技能，引导学生养成健康的生活习惯，可以有效提升大学生的安全意识与安全防御能力。在面对公共卫生安全事件时，能够让学生充分利用自身掌握的公共卫生安全知识与技能保护自身健康与安全，培养大学生公共卫生安全意识与自我保护能力，使大学生懂得珍惜身体健康与生命安全，也有助于大学生形成正确的情感价值观、提高大学生的自律意识，促进大学生全面发展。

8.2 传染病预防

传染病是一种可以从一个人或其他物种，经过各种途径传染给另一个人或物种的感染病。传染病的传播和流行要具备以下三个环节：传染源(能排出病原体的人或动物)、传播途径以及易感人群。根据《中华人民共和国传染病防治法》，我国把传染病分为甲类、乙类、丙类共三类，其中甲类是指鼠疫和霍乱，在我国基本已不出现，因此后文将通过部分乙类传染病的分析，介绍常见传染病的防范常识。

根据《中华人民共和国传染病防治法》，对乙类传染病中传染性非典型肺炎、炭疽中的肺炭疽和人感染高致病性禽流感，采取甲类传染病的预防、控制措施。因此，2019 年底的新冠肺炎疫情出现后就是采用的甲类传染病预防、控制措施。其他乙类传染病和突发原因不明的传染病需要采取甲类传染病的预防、控制措施的，要经国务院卫生行政部门报国务院批准后予以公布、实施。国家鼓励开展预防传染病的健康教育。要求新闻媒体应无偿开展传染病防治和公共卫生教育的公益宣传。各级各类学校应当对学生进行健康知识和传染病预防知识的教育。

8.2.1 新冠肺炎

新冠肺炎的全称是“新型冠状病毒肺炎”(Corona Virus Disease 2019，COVID-19)。冠状病毒是一个大型病毒家族，1937 年首先从鸡身上分离出来，病毒颗粒的直径 60~200nm，平均直径约为 100nm，呈球形或椭圆形，具有多形性。冠状病毒有包膜，包膜上存在棘突，整个病毒像日冕，图 8-1 是冠状病毒、SARS 病毒和 COVID-19 新冠病毒的示意图。冠状病毒是一种 RNA 病毒，在自然界广泛存在，主要侵袭脊椎动物。冠状病毒基因组全长约 27~32kb，是目前已知的 RNA 病毒中基因组最大的病毒。冠状病毒是许多家畜、宠物包括人类疾病的重要病原，可引起多种急慢性疾病，比如感冒、中东呼吸综合征、严重急性呼吸综合征等。根据系统发育树，冠状病毒可分为 α、β、γ、δ 四个属。2019 年底爆发新冠肺炎疫情的新型冠状病毒(2019-nCoV)，属于 β 属的冠状病毒，有包膜，颗粒呈圆形或椭圆形，直径 60~140nm，是目前已知的第 7 种可以感染人的冠状病毒，是以前从未在人体中发现的新毒株。该病毒具有 5 个必需基因，分别针对核蛋白(N)、病毒包膜(E)、基质蛋白(M)和刺突蛋白(S)4 种结构蛋白及 RNA 依赖性的 RNA 聚合酶(RdRp)；核蛋白(N)包裹 RNA 基因组构成核衣壳，外面围绕着病毒包膜(E)，病毒包膜包埋有基质蛋白(M)和刺突蛋白(S)等蛋白。刺突蛋白通过结合血管紧张素转化酶 2(ACE-2)进入细胞。新冠肺炎病毒在不断发生变异，疫情早期全球最主要的新冠病毒毒株被称为 D 株，到 2021 年已经有包括 α、β、γ、δ 多种新冠变异病毒。新冠肺炎就是感染新冠病毒导致的急性感染性肺炎。据报道，该病毒致死率约为 2%~4%。比 2003 年 SARS 内地致死率(约 7%)要低。

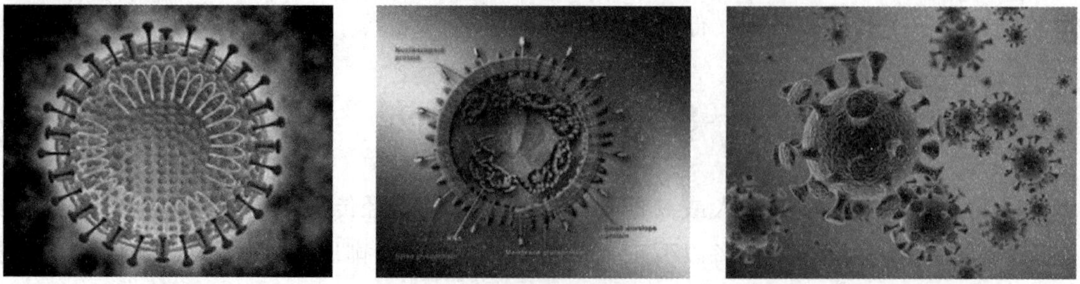

(a)冠状病毒 (b)SARS病毒 (c)COVID-19新冠病毒

图 8-1 冠状病毒、SARS 病毒和 COVID-19 新型冠状病毒的示意图

据现有病例资料，新型冠状病毒肺炎以发热、干咳、乏力等为主要表现，少数患者伴有鼻塞、流涕、腹泻等上呼吸道和消化道症状。重症病例多在1周后出现呼吸困难，严重者快速进展为急性呼吸窘迫综合征、脓毒症休克、难以纠正的代谢性酸中毒和出凝血功能障碍及多器官功能衰竭等。重症、危重症患者病程中可为中低热，甚至无明显发热。轻型患者仅表现为低热、轻微乏力等，无肺炎表现。从目前收治的病例情况看，多数患者预后良好，少数患者病情危重。老年人和有慢性基础疾病者预后较差。儿童病例症状相对较轻。目前缺乏针对新型冠状病毒的有效抗病毒药物，没有特异治疗方法，但许多症状可以处理，需要根据患者临床情况进行治疗。以隔离治疗、对症支持治疗为主，危重型病例应尽早进入ICU治疗。此外，对感染者的辅助护理也可能非常有效。我国自2019年底新冠肺炎疫情暴发后，国家卫健委发布了《新型冠状病毒肺炎诊疗方案》，并通过分析疫情形势和研究进展，组织专家在对前期医疗救治工作进行分析、研判、总结的基础上，及时对诊疗方案进行修订，2020年8月18日发布了第八版。

新型冠状病毒传播途径包括呼吸道飞沫、密切接触、气溶胶传播、接触传播、母婴传播，主要的传播途径还是呼吸道飞沫传播和密切接触传播，接触传播是当接触了确诊患者或疑似患者无症状携带者的分泌物，如痰液、唾液、血液、粪便、尿液均可能被传播。如果在相对密闭的环境中长时间暴露于高浓度气溶胶情况下，也可存在经气溶胶传播的可能。通过流行病学调查显示，病例多可以追踪到与确诊的病例有过近距离密切接触的情况。人群普遍易感，感染后或接种新型冠状病毒疫苗后可获得一定的免疫力，但持续时间尚不明确。

新冠肺炎的预防建议：首先是加强个人防护，坚持佩戴口罩、保持社交距离、注意个人卫生、勤洗手、避免出入人员密集的公共场所，咳嗽喷嚏注意遮掩，房屋窗户常开保持良好通风。避免接触野生禽畜，避免食用野生动物。如有呼吸道症状，要避免带病上班、上课及参加聚会。从疫情防控中高风险区等地归来，如出现发热咳嗽等呼吸道感染症状，在戴上口罩做好个人防护前提下，应根据病情就近选择医院发热门诊就医，同时告知医生类似病人或动物接触史、旅行史等。

8.2.2 艾滋病

每年的12月1日是“世界艾滋病日”，艾滋病，全称是获得性免疫缺陷综合征(Acquired Immune Deficiency Syndrome，缩写AIDS)，属于乙类传染病。艾滋病是一种危害性极大的传染病，是由感染艾滋病病毒即人类免疫缺陷病毒(HIV病毒)引起的一种病死率极高的恶性传染病。HIV是一种能攻击人体免疫系统的病毒，把人体免疫系统中最重要的CD4T淋巴细胞作为主要攻击目标，大量破坏该细胞，使人体丧失免疫功能。因此，艾滋病患者易于感染各种疾病，并可发生恶性肿瘤，病死率较高。HIV在人体内的潜伏期平均为8~9年，在患艾滋病发病之前，可以没有任何症状地生活和工作多年。

艾滋病是一种慢性进展性疾病，其临床表现根据病情发展复杂多变。发病以青壮年较多，发病年龄80%为18~45岁，即性生活较活跃的年龄段。感染艾滋病后往往患有一些罕见的疾病，如肺孢子虫肺炎、弓形体病、非典型性分枝杆菌与真菌感染等。HIV感染后一旦发展为艾滋病，病人就可能出现各种临床表现。一般初期的症状如同普通感冒、流感样，可有全身疲劳无力、食欲减退、发热等，随着病情的加重，症状日见增多，如皮肤、黏膜出现白念珠菌感染，出现单纯疱疹、带状疱疹、紫斑、血疱、淤血斑等；以后渐渐侵犯内脏器官，出现原因不明的持续性发热；还可出现咳嗽、气促、呼吸困难、持续性腹泻、便血、肝脾肿大、并发恶性肿瘤等。但并非每个艾滋病患者上述所有症状全都出现。

艾滋病的传播途径主要是血液传播、性传播和母婴传播三种，以两性行为为主，包括同性及异性之间的性接触。血液传播包括：输入污染了HIV的血液或血液制品；静脉药瘾者共用受HIV污染的、未消毒的针头及注射器；共用其他医疗器械或生活用具(如与感染者共用牙刷、剃刀)也可能经破损处传染，但这种传播情况很少见。理发、美容(如文眉、穿耳)、文身等的刀具、针具、浴室的修脚刀不消毒；和他人共用刮脸刀、剃须刀、或共用牙刷；输用未经艾滋病病毒抗体检查的供血者的血或血液制品，救护流血的伤员时，救护者本身破损的皮肤接触伤员的血液。母婴传播一般是感染了HIV的母亲在产前、分娩过程中及产后不久将HIV传染给了胎儿或婴儿。可通过胎盘，或分娩时通过产道，也可通过哺乳传染。

艾滋病防治的难点在于无法治愈、控制困难，目前没有疫苗可用于预防，也还没有研制出彻底治愈艾滋病的药物，在当前的医疗水平下，患者或感染者必须终身用药，是当前最棘手的医学难题之一。因此，预防是艾滋病最好的“疫苗”。坚持洁身自爱，遵守性道德；严禁吸毒，不与他人共用注射器。不要擅自输血和使用血制品，要在医生的指导下使用。不要借用或共用牙刷、剃须刀、刮脸刀等个人用品。正确使用安全套是性生活中最有效的预防性病和艾滋病的措施之一。要避免直接与艾滋病患者的血液、精液、乳汁接触，切断其传播途径。

8.2.3 病毒性肝炎

每年的7月28日是“世界肝炎日”，2021年第十一个“世界肝炎日”中国的宣传主题是“积极预防，主动检测，规范治疗，全面遏制肝炎危害”，旨在号召公众积极主动接种肝炎疫苗，主动进行体检了解肝脏健康状况，慢性病毒性肝炎患者接受规范的抗病毒治疗，全面遏制病毒性肝炎对人类健康的威胁。

病毒性肝炎属于乙类传染病，其防范要区别对待。病毒性肝炎是由多种肝炎病毒引起，以肝脏病变为主的一种传染病。部分为急性感染，有些病人可慢性化，甚至发展成肝硬化，少数可发展为肝癌。根据感染的病毒种类，病毒性肝炎的病原学分型，目前已被公认的有甲、乙、丙、丁、戊五种肝炎病毒，分别写作 HAV、HBV、HCV、HDV、HEV，相应的称为甲型、乙型、丙型、丁型、戊型肝炎。己型肝炎曾有报道，但至今病原分离未成功。近年报道，属于黄病毒的庚肝病毒和单链 DNA 的 TTV 与人类肝炎的关系尚存在争议。在五种目前公认的肝炎病毒中，除乙型肝炎病毒为 DNA 病毒外，其余均为 RNA 病毒。乙型和丙型肝炎是最常见的死亡原因，每年有 140 万人因此失去生命。

在中国，虽然在肝炎防治方面取得了举世瞩目的成就，但当前肝炎流行形势依然严峻，据估算，中国乙肝病毒感染者约 9000 万人，丙肝感染者约 1000 万人。乙型肝炎在我国广泛流行，是当前危害人民健康最严重的传染病之一。慢性病毒性肝炎每年导致约 38 万人死亡，主要是由于肝炎导致的肝硬化和肝癌。在 2019 冠状病毒病大流行背景下，病毒性肝炎每天依然夺走数千人的生命。但病毒性肝炎能够被检测和治疗，一些类型的肝炎可以通过接种疫苗预防。世卫组织呼吁所有国家共同努力，到 2030 年消除病毒性肝炎这一公共卫生威胁。

病毒性肝炎的主要传播途径包括血液/体液传播，这主要发生在乙型、丙型、丁型肝炎中，如通过输血或血制品、母婴传播、破损皮肤黏膜、性传播等，经破损的皮肤和黏膜传播是目前最主要的传播方式，在某些地区，因静脉注射毒品导致病毒传播占 60%~90%。使用非一次性注射器和针头、未经严格消毒的牙科器械、内镜、侵袭性操作和针刺等也是经皮传播的重要途径。一些可能导致皮肤破损和血液暴露的传统医疗方法也与肝病病毒传播有关，共用剃须刀、牙刷、文身和穿耳环孔等也是肝病病毒潜在的经血传播方式。甲肝和戊肝主要经粪-口等消化道传播，日常生活中接触是甲肝、戊肝最主要的传播方式，主要通过被甲肝、戊肝病毒污染了的手、食具、用具和玩具等，再污染食物后经口传入而感染。

病毒性肝炎预防建议做到“六早”，以防止流行，也就是早发现、早诊断、早隔离、早报告、早治疗及早处理。病毒性肝炎预防首先要管理好传染源，对急性甲型肝炎患者进行隔离至传染性消失，慢性肝炎及无症状、HBV、HCV 携带者应禁止献血及从事饮食幼托等工作，对 HBV 标志阳性肝病患者，要依其症状、体征和实验室检查结果，分别进行治疗和管理指导。其次要及时切断传播途径。甲、戊型肝炎重点防止粪-口传播，加强水源保护食品及个人卫生，加强粪便管理。乙、丙、丁、型肝炎重点在于防止通过血液、体液传播如发现或怀疑有伤口或针刺感染乙型肝炎病毒可能时，可应用高效价乙肝免疫球蛋白注射器介入性检查治疗，器械应严格消毒控制母婴传播。第三点是要保护易感人群。人工免疫特别是主动免疫是预防病毒性肝炎的根本措施，甲肝疫苗已开始应用，乙肝疫苗已在我国推广取得较好的效果，对 HBsAg、HBeAg 阳性孕妇所生婴儿，于出生 24h 内注射高效价乙肝免疫球蛋白(HBIG)，同时接种一次乙肝疫苗，于出生后 1 个月再注射 HBIG 和疫苗。对于个人生活中的建议，是要避免做肝脏最怕的 5 件事：吸烟酗酒、爱吃油腻不爱运动、睡眠不足、抑郁易怒、胡乱吃药。肝脏的保护要从日常生活的细节开始做起。

8.2.4 狂犬病

每年9月28日是“世界狂犬病日”。关于狂犬病，首先看一则案例：2017年5月6日下午，住在闵行江川路某小区、38岁的姚某被小区看似正常的宠物犬咬伤左手手背，未出血。当日姚某自行伤口清洗及消毒，后续未作其他处理，也未接种狂犬病疫苗。两个多月后，7月12日晚，姚某狂犬病发，7月18日凌晨死亡。根据国家卫生健康委员会疾病预防控制局发布的《2018年全国法定传染病疫情概况》，2018年我国狂犬病的发病数是422例，死亡人数是410例，死亡比例高达97.2%。宠物咬破点皮、没出血也特别危险，据统计，有31%狂犬病患者并未被咬出血！

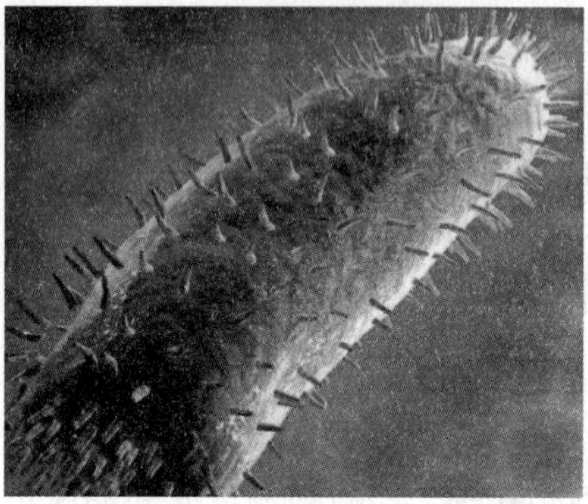

图8-2 狂犬病病毒的示意图

狂犬病是狂犬病毒所致的急性人兽共患传染病，多见于犬、狼、猫等肉食动物，人多因被病兽咬伤而感染，全球99%以上病例为病犬传播。狂犬病病毒为弹状病毒，其头部为半球形，末端常为平端，形态呈典型的子弹状，长约130~240nm，直径65~80nm，如图8-2所示。狂犬病临床表现为特有的恐水、怕风、咽肌痉挛、进行性瘫痪等，因其恐水症状较突出，又名恐水症。对于狂犬病目前尚缺乏有效的治疗手段，人患狂犬病后的病死率几近100%。

狂犬病传染源主要是病犬，其次是病猫及病狼等。人被患病动物咬伤后，动物唾液中的病毒通过伤口进入人体而引发疾病，少数患者也可因眼结膜被病兽唾液污染而患病。见图8-3。人受感染后并非全部发病，被病犬咬伤而未作预防注射者约15%~20%发病，被病

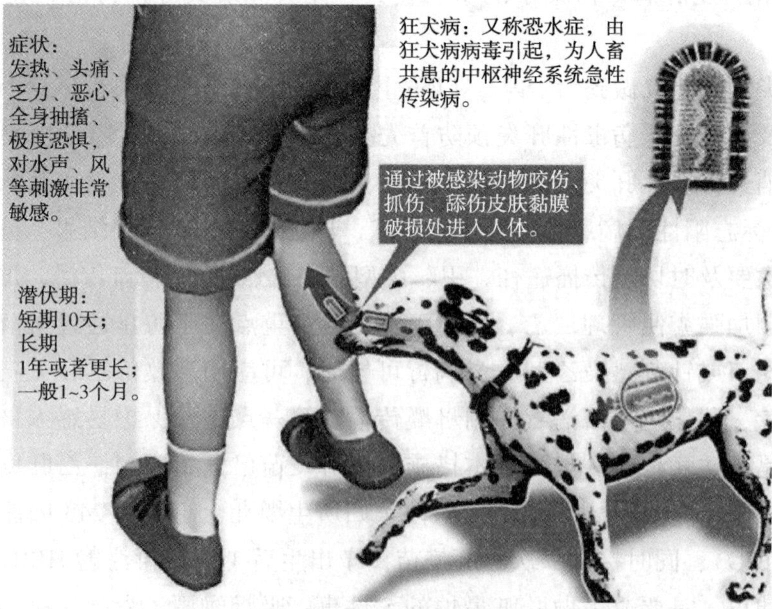

图8-3 狂犬病发病情况

狼咬伤者约50%~60%发病。犬类是我国狂犬病的主要传染源，其次是猫，合计占95%以上；野生食肉动物，也有传播风险，如鼬獾、红狐、貉、狼是我国重要的野生动物传染源；蝙蝠也可以传播狂犬病，但在我国比较罕见。狂犬病一旦发病无有效治疗手段，几乎100%的病人都会死亡。及时、科学、规范对暴露伤口进行预防处置是预防狂犬病最有效的手段。

狂犬病的预防首先是管理好传染源，对家庭饲养动物要及时进行免疫接种，规范管理流浪动物；如果被动物咬伤、抓伤，我们应该尽快接受规范的处理是保护自己免于发病最重要的保障。通常情况下，完整流程包括：伤口处理(伤口冲洗→清创→消毒)→注射免疫球蛋白→注射疫苗。

(1) 伤口处理

包括彻底的冲洗和消毒处理，对于防止疾病发生，伤口处理与注射疫苗同样重要。应首选去正规医疗机构清洗伤口，最好去专业的犬伤门诊。正确清洗伤口的方法：用20%的肥皂水(或其他弱碱性清洗剂)和一定压力的流动清水(如自来水管)交替清洗咬伤和抓伤的伤口，如图8-4所示，每处伤口至少15min，冲洗范围伤口周围15cm，最后用生理盐水冲洗伤口。自行清洗伤口后，也需要去专业机构进行后续伤口处理。用稀碘伏(0.025%~0.05%)、苯扎氯铵(0.005%~0.01%)或其他具有病毒灭活效力的皮肤黏膜消毒剂消毒，坏死组织应先予以清除。消毒和外科处理，应由专业人士进行。

图8-4 伤口冲洗的示意图

(2) 注射免疫球蛋白

伤口处理之后，必要时需要打免疫球蛋白，这是为了更好地保护我们免于发病。值得一提的是，并不是所有的暴露都需要打免疫球蛋白，清洗伤口后，医生要确定暴露等级，来决定后续处理。

(3) 疫苗注射

除非接触猫狗的皮肤没有任何伤口，或者没有被它们接触到黏膜，否则都需要接种疫苗。狂犬病疫苗并非只打一针，而是要通过1个月左右才能完成免疫，一定要严格按照时间规律接种，不可中断。目前有“5针法”和“4针法”两类疫苗，两者在效果和不良反应方面没有特别的不同。5针法：暴露当天、暴露后第3、第7、第14和第28天各接种1剂，共接种5剂。“2-1-1”程序：暴露当天接种2剂(左右上臂三角肌各接种1剂)，暴露后第7天和第21天各接种1剂，共接种4剂。尽量在同一家机构完成注射，并记录自己完成注射的日期；如某一针次延迟一天或数天注射，其后续针次接种时间按原免疫程序的时间间隔相应顺延，不需要重新注射。

狂犬病疫苗的安全性整体较好，某些易过敏人群注射狂犬疫苗后会出现过敏反应，身上会出现红斑，或局部组织水肿，严重者还会出现憋喘等过敏反应。如果出现过敏反应，需要及时到医院就诊，行抗过敏及对症支持治疗。狂犬疫苗属于疫苗类生物制品，部分人群在注射狂犬疫苗后会出现乏力、发热、体温轻度升高、恶心、呕吐等反应，会持续1~2天。如果症状严重者还会持续2~3天，会出现高热，以及周身乏力等不适症状。如果症状较轻，可以配合休息、多饮水等治疗。严重的不良反应比较罕见，如果症状严重，需要及时到医院处理，避免出现大的危险。

8.2.5 肺结核

我国是全球结核病、耐多药/利福平耐药结核病（MDR/RR-TB）、结核菌/艾滋病病毒（TB/HIV）双重感染高负担国家之一，防治任务十分艰巨。结核病是严重危害公众健康的全球性公共卫生问题，全球每年新发结核病例约1000万人，每年约150万人死于结核病。我国是全球第二大结核病高负担国家，肺结核病报告发病数位居法定报告甲、乙类传染病第二位，2020年10月江苏某高校报道在校学生出现22例肺结核病例，据国家卫健委统计，2020年我国肺结核报告患者67.1万，报告发病率47.8/10万。

肺结核俗称肺痨，是由结核分枝杆菌引起的一种慢性传染病，是结核病中最常见的一种。典型肺结核起病缓慢，病程经过较长，常见症状有低热、乏力、食欲不振、咳嗽和咯血等。但多数患者常无明显症状，经X射线检查时才被发现；有些患者则因咯血才去检查就诊。肺结核若能及时发现，并给予合理治疗，大多可以临床痊愈。肺结核患者常有一些结核中毒症状，其中发热最常见，一般为午后37.4~38℃的低热，可持续数周，热型不规则，部分患者伴有脸颊、手心、脚心潮热感。急性血行播散性肺结核、干酪性肺炎、空洞形成或伴有肺部感染等可表现为高热。夜间盗汗也是结核患者常见的中毒症状，表现为熟睡时出汗，几乎湿透衣服，觉醒后汗止，常发生于体虚病人。其他全身症状还有疲乏无力、胃纳减退、消瘦、失眠、月经失调甚至闭经等。

咳嗽是肺结核患者的首诊主诉，咳嗽三周或以上，伴痰血，要高度怀疑肺结核可能。肺结核患者以干咳为主，如伴有支气管结核，常有较剧烈的刺激性干咳。肺结核病人咳痰较少，一般多为白色黏痰，合并感染、支气管扩张常咳黄脓痰；干酪样液化坏死时也有黄色脓痰，甚至可见坏死物排出。当结核坏死灶累及肺毛细血管壁时，可出现痰中带血，如累及大血管，可出现量不等的咯血。若空洞内形成的动脉瘤或者支气管动脉破裂可出现致死性的大咯血。肺组织愈合、纤维化时形成的结核性支气管扩张可在肺结核病愈后反复、慢性地咯血或出现痰血。胸痛并不是肺结核的特异性表现，靠近胸膜的病灶与胸膜粘连常可引起钝痛或刺痛，与呼吸关系不明显。肺结核并发结核性胸膜炎会引起较剧烈的胸痛，与呼吸相关。胸痛不一定就是结核活动或进展的标志。

结核病的传染源主要是痰涂片或培养阳性的肺结核患者，其中尤以痰涂片阳性肺结核的传染性为强。结核菌主要通过呼吸道传染，活动性肺结核患者咳嗽、打喷嚏或大声说话时，会形成单个结核菌为核心的飞沫核，悬浮于空气中，从而感染新的宿主，如图 8-5 所示。此外，患者咳嗽排出的结核菌干燥后附着于尘土上，形成带菌尘埃，亦可侵入人体形成感染。经消化道、泌尿生殖系统、皮肤的传播极少可见。常常和具有传染性肺结核病人密切接触，最容易受到传染。

预防结核病最重要的是避免飞沫扩散，在学习工作生活环境中，对办公室和集体宿舍要经常通风换气，保持室内空气新鲜。个人要养成良好的卫生习惯，加强体育锻炼，规律生活，加强营养，增强机体抵抗力。肺结核是长期严重危害人民群众身体健康的慢性传染病，主要通过呼吸道传播，不随地吐痰、咳嗽打喷嚏时掩口鼻、戴口罩、勤洗手都是有效的预防肺结核病的有效措施。

图 8-5　肺结核飞沫传播示意图

8.3　食物中毒

近年来我国食用野生菌中毒、死亡事件频发，2020 年 7 月 25 日，云南省卫生健康委发布消息：从 2020 年 7 月 20 日，云南省已发生野生菌中毒事件 273 起，12 人死亡。另据云南台都市频道报道，2019 年云南发生野生菌中毒事件 1000 多起，死亡 35 人。食物中毒已成为一种多发公共卫生事件，食品安全问题不容忽视。

8.3.1　食品中毒原因及分类

食物中毒是指患者所进食物被细菌或细菌毒素污染，或食物含有毒素而引起的非传染性急性或亚急性中毒性疾病。食物中毒的主要症状为发热、腹痛腹泻、恶心与呕吐，重者可见休克、脱水、甚至死亡。食物中毒的特点来势凶猛，发病集中。往往是发病突然，发病人数多，少则几人、几十人，多则数百人、上千人。潜伏期根据中毒种类的不同可从数分钟到数十小时，大多数食物中毒的病人在进食后 2~24h 发病，通常化学性食物中毒潜伏期较短，细菌性食物中毒潜伏期较长。病人的症状表现类似。大多数细菌性食物中毒的病人都有恶心、呕吐、腹痛、腹泻等急性胃肠道症状，但根据进食有毒物质的多少及中毒者的体质强弱，症状的轻重会有所不同。细菌性食物中毒季节性较明显，我国南部地区 5~10 月份气温较高，适宜细菌生长繁殖，是细菌性食物中毒的高发时期。大部分的化学性食物中毒和动植物性食物中毒季节性不明显。人与人之间无传染性，停止进食有毒食品，发病很快停止。中毒患者有共同的饮食就餐史，病人往往均进食了同一种有毒食品而发病，未进食者不发病。

防止日常饮食中发生食物中毒的关键是要做好预防工作。食品安全意义重大，涉及食品生产、仓储、运输和销售各个环节。日常的食物中毒原因主要包括细菌性食物中毒、真菌毒素中毒、动物性食物中毒、植物性食物中毒、化学性食物中毒等。

细菌性食物中毒通常是指食用被细菌或细菌毒素污染的食品导致的，这一类中毒占食物中毒半数以上，所以做好细菌性食物中毒的防治是关键。引起细菌性食物中毒的主要有沙门菌、葡萄球菌、大肠杆菌、肉毒杆菌等。细菌性食物中毒具有季节性、易感性和地域性，多发于夏秋季。我国受到特殊的生活习惯的影响，食用高禽肉、鸡蛋比较多，常会出现沙门氏菌食物中毒。

真菌毒素中毒是指食用被真菌或真菌毒素污染的食品导致的中毒。真菌毒素是真菌生产过程的代谢产物，一般的烹饪和热处理不能消除真菌毒素。食用蘑菇等真菌类食品时要注意辨认，不食用可能被真菌毒素污染的食品，真菌毒素中毒具有明显的季节性、区域性。另外不要食用霉变谷物、霉变甘蔗等被真菌毒素污染的食品。

动物性食物中毒一般是指食用带毒性的动物性食品造成的中毒，这种带毒动物性食品可能是动物本身存在毒性，比如河豚、鱼胆等，也可能是动物食品加工过程中被自身毒素污染。

植物性食物中毒则是食用了有毒的植物性食品发生的中毒，比如，桐树果实制备的桐油是一种优良的工业原料，临床上适当作外用，但毒性较大，严禁食用；白果是一种营养价值丰富的食物，但也有小毒，一次不可过量食用，尤其是 5 岁以下的幼儿应禁吃白果；食品制作过程中未能消除食物中的毒性，未煮熟(不是未煮沸)的豆浆对人体有害。

化学性食物中毒是指食用了被“化学性毒物”污染的食品导致，如残留的农药、除草剂、违禁的食品添加剂等，化学性食物中毒通常发病快、潜伏期短，常伴随呕吐、腹泻、盗汗、乏力、头晕、呼吸困难等症状，一旦中毒往往病情较重。例如苹果上残留的农药、小麦上残留的除草剂、违禁的食品添加剂等。

8.3.2 食物中毒的预防

食物中毒的发生虽然有突发性、偶然性，但完全可以预防。每个人除了要在思想上引起高度重视以外，主要措施是不购买、不使用不符合卫生食品安全要求的食品原料、半成品以及加工用具、容器和设备；采取科学、严谨的加工方法，如加热、冷藏、辐照等消除或破坏潜在的食品安全危害、防止食品污染；食品生产经营人员提高其识别食品安全危害的技能和食品安全的责任感，保质保量地服务全体人员；食品原料的管理，如对供货商的诚信度、资格进行考查；对采购的食品原料进行索证、验证，防虫害、防鼠、防投毒。

生产机构对食品生产、经营过程的管理在加工流程按“原料采购-原料处理-半成品加工-成品供应”合理布局的情况下，重点抓住生、熟分开，餐具、加工用具清洗消毒，保洁等。2018年修订的《中华人民共和国食品安全法》规定：食品生产经营者应当建立并执行从业人员健康管理制度，患有痢疾、伤寒、病毒性肝炎等消化道传染病的人员，以及患有活动性肺结核、化脓性或者渗出性皮肤病等有碍食品安全的疾病的人员，不得从事接触直接入口食品的工作。从事接触直接入口食品工作的食品生产经营人员应当每年进行健康检查，取得健康证明后方可上岗工作。从业人员工作期间穿戴清洁工作衣帽、不戴任何饰物、不得抽烟吃零食等，养成良好的个人卫生习惯。

在学校里，校方的职责是制定校园食品安全、食物供应及营养政策，建立健全校园食品安全管理体系，组织协调、监督各个部门的食品安全工作，营造和维护校园正常的公共卫生秩序。校园食品安全主管部门的责任，其职责是建立食品安全管理制度，加强本部门食品安全检查，做好食品从业人员的卫生知识培训，不断改善食品生产加工的条件，实施奖励和追究责任制度。

食品生产经营单位的职责是建立食品安全管理制度，取得合法的食品生产经营卫生许可，保持生产经营场所的清洁或整洁和个人卫生，不购买、不使用、不生产、不出售有问题的食品，发现问题及时报告。购买或选择食品时一定要多方注意，做到安全放心。

（1）要注意食品经营部门是否有营业执照、卫生许可证，食品销售环境是否卫生，也可向周围的消费者咨询该商家的信誉情况。

（2）购买时要特别注意包装是否合格、标签是否齐全，是否有商品名称，商品名称是否与包装内的商品一致。食品生产日期、保质期、保质时间是否合格，营养成分是否标明，配料表、净含量、单位名称、生产厂家、地址、电话是否齐全。食品的成色和长期使用的成色是否一致，有无商品质量认证等，不能图一时省钱购买便宜食品。

（3）打开包装后看食品是否有腐败变质、生虫、污染、怪异的气味等情况。饮料有发酵气味、胀袋、沉淀物的不能购买。不要到学校周围、医院、车站附近的摊贩处购买食物，以防食物中毒。一些生的蔬菜瓜果，在食用之前要用盐水清洗三次，能削皮的要削皮，能制作成熟食的最好不要生吃，防止病菌、寄生虫、残留农药带入体内。不认识、不了解的食物不吃。腐烂变质的食物要及时丢弃。小摊贩出售的私人作坊加工的食物要谨慎购买。

现在家庭的成员比较少，购买的食品、饮料、调料放置时间长很容易变质。尤其是在天气比较热的夏季，食品的变质速度更快。因此，首先要做到“少采购，不囤积，经常用”。现在超市里所有的食品都有大袋（瓶）和小袋（瓶）的包装，方便购买储存和使用。同时，对一些商铺的促销活动要仔细辨认，一些商铺把即将过期的食品低价处理，采用“买一送一”促销的方式来吸引消费者购买，这些即将过期的食品不容易储存。其次，改变储存方式，将能储存的食物，装在小袋里密封后储存在冰箱里，一小袋一小袋食用，开袋即可在短期内食用完毕，达到保质保鲜的效果。最后，可将一些容易变质的食物加工成熟食，或者采用一些其他方式延长其保质期，这样也便于存储，例如烟熏肉就能延长肉的保质期（不宜常吃熏制肉食品）。

8.3.3 食物中毒的救治

案例分析：2010 年 9 月 16 日凌晨两点半开始，某高校一名学生出现了肚子疼、腹泻的症状并去校医院就诊，此后陆陆续续有 60 多位学生的身体出现不良反应。这些学生都是在 15 日晚上在该校一餐厅就餐后出现症状。医院的专家介绍，这些学生可能是因为吃了变质的东西后出现的轻微食物中毒。民警分析可能是食堂进货渠道太长，部分物品可能在运输储藏中发生霉变，造成食物中毒事件。因此个人要注意日常饮食卫生，管理部门要注意食品链的质量保障。

在急性食物中毒发生时，无论诊断明确与否，都应争分夺秒地先进行一般性处理，促使一部分尚未被身体吸收的毒物迅速离开机体或设法破坏毒物。在应急救治的过程中应避免误区，按食物中毒的治疗原则施救。

（1）补充液体

由食物中毒引发的呕吐、腹泻造成体液的大量损失，容易引起多种并发症状，直接威胁病人的生命。所以在病发时，应尽早补充水分，饮用盐水、果汁或一些高浓度的饮品，促进致病菌及其产生的肠毒素的排除，减轻中毒症状。实践表明，喝盐水最佳，尽量不喝开水。

（2）补充电解质

随着食物中毒带来的上吐下泻，体内电解质大量流失，造成钾、钠、葡萄糖缺失，会引起新陈代谢失常，如果没有及时补充，就会加重恶心、呕吐的症状，严重时会出现大汗、心动过速、昏迷，甚至死亡。可适量饮用淡盐水，补充电解质。

（3）不要急于止泻

由于病患吐泻不止，很容易让人联想到吃止泻药来缓解症状。其实正确的治疗原则是，不要急于止泻，让体内毒素排出之后，遵医嘱再吃止泻药物。因为呕吐与腹泻是肌体防御功能起作用的一种表现，它可排除一定数量的致病菌释放的肠毒素。

（4）不要盲目催吐

通过催吐，排出有毒食物是常见的治疗食物中毒的办法，但是不要盲目催吐，因为催吐适用的时间有限，如果食入有毒物质的时间在一两个小时内，可使用催吐的方法。立即取食盐 20g 加开水 200mL 溶化，冷却后一次喝下。有的患者还可用筷子、手指或鹅毛等刺激咽喉，引发呕吐。超过 2 个小时的，毒素大多已经被身体吸收，催吐只能将体内有益物质排出，加重体内水分和电解质的缺失，恶化病情。

（5）饮食要清淡

经历过多次呕吐排泄，首先应食用清淡一些、容易消化的食物，如汤面条、粥等。由于胃肠功能刚刚恢复正常，所以要避免食用辣酸等刺激胃的食物。

食物中毒后，在做出正确急救措施之后，病患如无缓解迹象，甚至出现失水明显、四肢冰冷、腹痛腹泻加重、极度衰竭、面色苍白、大汗、意识模糊、说胡话或抽搐以至休克等现象，应立即送医院救治，否则会有生命危险。

8.4 防范毒品侵害

2021年6月国家禁毒委员会办公室发布了《2020年中国毒品形势报告》，2020年全国共破获毒品犯罪案件6.4万起，抓获犯罪嫌疑人9.2万名，缴获各类毒品55.49；查处吸毒人员42.7万人次，处置强制隔离戒毒14.95万人次，责令社区戒毒社区9.9万人次。受疫情严控和严打高压双重影响，国内涉毒违法犯罪得到遏制。但受疫情扩散蔓延等因素影响，全球毒品泛滥态势进一步发展。联合国毒品与犯罪问题办公室报告显示，新冠肺炎疫情不仅给全球经济、公共健康和人们的生活方式造成重大影响，也给全球毒品生产供应、贩运方式和消费需求等带来诸多新变化。“金三角”“金新月”“银三角”等毒源地禁毒工作弱化，经济衰退导致更多农民转向毒品种植，全球毒品产量居高不下。疫情封控带来的失业率上升，使更多的贫困和弱势人群转向吸毒或从事毒品犯罪活动，全球目前约有2.7亿人吸毒。截至2020年底，我国有吸毒人员180.1万名。

8.4.1 毒品的种类

每年的6月26日为国际禁毒日，根据《中华人民共和国刑法》第357条规定：毒品是指鸦片、海洛因、甲基苯丙胺(冰毒)、吗啡、大麻、可卡因以及国家规定管制的其他能够使人形成瘾癖的麻醉药品和精神药品。《麻醉药品及精神药品品种目录》中列明了121种麻醉药品和130种精神药品。毒品通常分为传统毒品、合成毒品、新精神活性物质(新型毒品)。毒品滥用种类多样，吸食毒品替代物质增多。海洛因、冰毒等滥用品种仍维持较大规模，大麻吸食人数逐年上升，新精神活性物质滥用时有发现，花样不断翻新，包装形态不断变化，有的甚至伪装成食品饮料，出现“毒邮票”“毒糖果”“毒奶茶”，极具伪装性、隐蔽性、诱惑性。疫情防控下，常见毒品难以获取，吸毒人员转而寻求其他物质替代，各地查处滥用杜冷丁、安眠酮等管制药物，吸食含合成大麻素、“笑气”、氟胺酮等替代物质情况增多。

根据不同分类依据有不同，根据毒品来源分为天然、半合成、合成毒品，根据毒品自然属性分为麻醉药品、精神药品，根据对中枢神经作用分为抑制剂、兴奋剂、致幻剂，根据出现时间先后分为传统和新型毒品，其中新型毒品是利用两种或两种以上的化学物质，通过一系列的化学反应，制造出来的毒品由于它们主要在广大青少年中流行，在某种意义上对人类的危害更大。常见的新型毒品有冰毒、摇头丸、K粉、咖啡因、蓝精灵、“神仙水”等。

图8-6 冰毒

冰毒即“甲基苯丙胺”，如图8-6所示，外观为纯白结晶体，故被称为“冰”。对人体中枢神经系统具有极强的刺激作用，且毒性强烈。冰毒的精神依赖性很强，吸食后会产生强烈的生理兴奋大量消耗人的体力和降低免疫功能，严重损害心脏、大脑组织甚至导致

图 8-7　摇头丸

死亡。还会造成精神障碍，表现出妄想、好斗、错觉，从而引发暴力行为。

摇头丸，冰毒的衍生物，是以亚甲二氧基苯丙胺(MDMA)等苯丙胺类兴奋剂为主要成分，具有兴奋和致幻双重作用，滥用后可出现长时间随音乐剧烈摆动头部的现象，故称为摇头丸。外观多呈片剂，五颜六色，摇头丸被制成五颜六色，且形状可爱，如图 8-7 所示。摇头丸经常以糖豆身份出现，让人很难防范，在外面不要吃陌生人给的糖豆。服用后会促使中枢神经强烈兴奋，出现摇头和妄动，在幻觉作用下常常引发集体淫乱、自残与攻击行为，并可诱发精神分裂症及急性心脑疾病，精神依赖性强。

K 粉即“氯胺酮”，静脉全麻药，有时也可用作兽用麻醉药。白色结晶粉末，无臭，易溶于水，通常在娱乐场所滥用，如图 8-8 所示。服用后遇快节奏音乐便会强烈扭动，会导致神经中毒反应、精神分裂症状，出现幻听、幻觉、幻视等，对记忆和思维能力造成严重的损害。

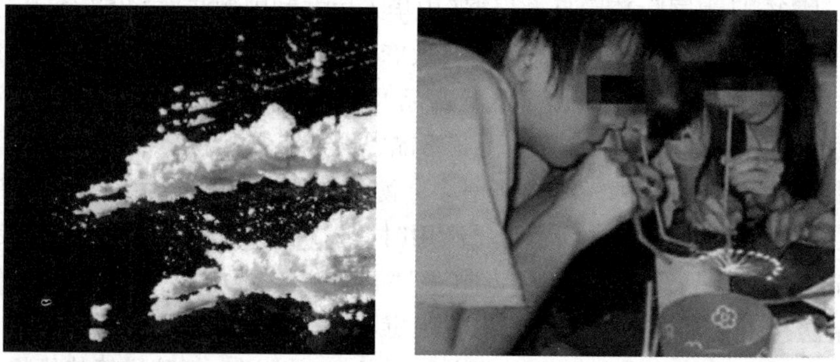
图 8-8　K 粉

咖啡因是化学合成或从茶叶、咖啡果中提炼出来的一种生物碱。大剂量长期使用会对人体造成损害，引起惊厥、心律失常，并可加重或诱发消化性肠道溃疡，甚至导致吸食者下一代智能低下、肢体畸形，同时具有成瘾性，停用会出现戒断症状。

蓝精灵是一种新型毒品，学名氟硝西泮，如图 8-9 所示，是除了美国外的全世界许多国家都允许出售的药物，1996 年美国国会建议将氟硝西泮列入 CSA 管制，但该药在其他 60 多个国家都是合法的。在国内属于国家规定管制的第二类精神药品中枢神经抑制剂，蓝精灵被称为“第三代毒品”。由于具有更强的伪装性，使得许多青少年出于好奇或是在不知不觉的情况下开

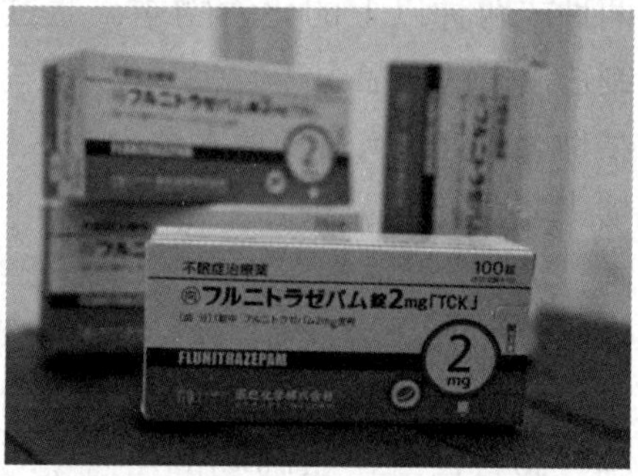

图 8-9　蓝精灵

始接触这种毒品。如在酒吧等娱乐场所，有人把它放进饮料或酒里很难被察觉，但后果不堪设想，因为其与酒精混合后能使人烂醉如泥，并不记得期间发生了什么事，一定程度上也会丧失行动能力。人体一旦大量吸食后，会出现神经兴奋、错乱等反应，有很强的上瘾性，更严重甚至中毒死亡。

"神仙水"一般指γ-羟J酸(GHB)，γ-J内酯(GBL)、1,4-丁二醇(1,4-BD)也能产生类似效果。它们与MDMA、氯胺酮一起并称为三大"迷奸药"，与此有关的性犯罪时有发生。GHB对中枢神经系统有强烈的抑制作用，目前是我国规定管制的第一类精神药品，通常滥用的是其钠盐，为白色粉末。滥用群体经常将GHB、GBL和1,4-BD掺入酒精中饮用。低剂量GHB(约0.5~1.5g)进入人体会影响人脑部正常的传导物质的运输，能引起松弛、平静、性冲动、中等欣快感、情绪热烈，令人舒适的睡意。高剂量GHB可以引起松弛、欣快、混乱、嗜睡、恶心、呕吐、易激动、眼球震颤、外周视觉丧失、幻觉、短时健忘症。如果摄入过量，则会心搏徐缓，有可能发生痉挛性肌肉收缩、神志不清、谵妄、抽搐、昏迷、肝衰竭、呼吸抑制、呼吸暂停、低血压和吸入性肺炎；中毒者还可能因呕吐使呼吸道梗阻而窒息而死。GBL和1,4-BD口服后可在人体内迅速水解成为GHB，因此其滥用效果与GHB几乎相同。

8.4.2 毒品的危害

世界范围内毒品问题泛滥蔓延，特别是周边毒源地和国际贩毒集团对中国渗透毒品不断加剧，成为中国近年来毒品犯罪面临的外部威胁。毒品会带来一系列危害：首先是对毒品吸食人员自身的危害。长期吸毒可以导致患者出现中毒的症状。如患者可能出现嗜睡、感觉迟钝、运动失调以及定向障碍等。如突然停用毒品，就会出现戒断反应，引起各种并发症，严重的时候可以导致吸毒者死亡。吸毒的人往往会出现精神障碍，比如幻觉和丧失人格等。由于静脉注射毒品常常会带来感染并发症，如乙肝、艾滋病、梅毒等感染性疾病。其次是对社会的危害。吸毒对吸毒者的家庭往往造成严重危害，吸毒者在自我毁灭的同时，也破坏着自己的家庭，使家庭陷入经济破产，亲属离散，甚至家破人亡的严重境地。吸毒者不仅丧失自身劳动能力，也严重破坏着社会生产力。一些吸毒人员甚至会把毒瘾"传染"给家庭成员。最后是对社会生产力的巨大破坏。吸毒导致吸毒人员自身罹患各种疾病，影响社会正常生产，更重要的是会造成社会财富的巨大损失和浪费，毒品活动还造成环境恶化，缩小人类的生存空间。

据联合国麻醉品管制局公布的最新数字，世界上吸毒人员超过5000万人。每年有几十万瘾君子因吸毒丧命。我国在挽救、治疗吸毒者、开展禁毒教育和科研、加大缉毒力度等方面都投入了大量的人力、物力和财力。毒品活动扰乱社会治安，吸毒者吸食、注射毒品，需要大量的金钱，吸毒者面对这样高额的费用和强烈的诱惑，往往会丧心病狂、不择手段、甚至铤而走险，进行抢劫、盗窃、诈骗、贪污、卖淫甚至杀人等违法犯罪活动，许多瘾君子五毒俱全，给社会治安造成严重危害。大量事实证明，吸毒已成为诱发犯罪、危害社会治安的根源之一。

吸食传统毒品如海洛因，成瘾时间短，一般吸食一两次后即可成瘾，停吸后会伴有心率加快、烦躁、焦虑、全身疼痛、血压升高等戒断症状，主要表现为躯体症状。95%以上吸食者主观意识清醒，有改变的动机，具有较强的戒毒愿望，但由于成瘾后的顽固性脑损伤，吸食者会出现明显心理渴求而复吸。

新型毒品吸食后较传统毒品吸食成瘾出现戒断症状缓慢，病人开始时几天甚至一个月停吸也可以无明显戒断症状出现。所以80%的病人吸食新型毒品如冰毒后，无改变动机的愿望，在他们看来没什么危害，也没有像吸食传统毒品后戒断反应的痛苦，自认为不会成瘾，这种想法潜意识在脑中十分顽固，家人很难做劝导工作。但新型毒品成瘾后，危害较传统毒品更甚，其主要表现为精神症状、猜疑、幻听、幻觉，甚至出现自残、暴力攻击倾向。更重要的是，吸食新型毒品导致脑组织结构的伤害程度将是毁灭性的，具有不可逆转性。因此，新型毒品的危害应该引起我们全社会的高度重视。

近些年来，我国毒品蔓延有了新的趋势，主要原因有以下几点：

一是新型毒品不断出现。相对于传统的鸦片、海洛因而言，新型的合成毒品在我国呈迅速蔓延态势，辨认毒品的难度不断加大。

二是吸毒人员低龄化。近些年来，一些贩毒分子把魔爪伸向了校园，向学生兜售毒品。合成毒品大多有着美丽的名字，如“神仙水”“开心佛”“咖啡”“奶茶”等名称，对少男少女们还有着迷惑作用。合成毒品的化学成分和名称不断推陈出新，迎合了年轻人好奇、追求时尚的心理特征。

三是向偏远地区蔓延。随着我国对吸毒贩毒的打击力度不断加大，一些制毒、贩毒的犯罪分子把目标转向了偏远地区。把制毒窝点放在不易引人注意的农村或山区，形成就地生产、就地贩卖、就地流行滥用的局面。

8.4.3 毒品的防范

吸毒问题是社会生活各个方面消极因素的综合反映，要真正遏制吸毒这一丑恶现象的蔓延，关键在于消除那些容易滋生和诱发吸毒现象的种种社会矛盾和消极因素。切实加强社会的管理和教育，建立和健全行之有效的防范机制，广泛、深入地宣传和普及禁毒知识、加强人们反毒、防毒的意识，使贩毒、吸毒活动失去赖以存在的环境和条件。从以下几个方面防范毒品侵害：

(1) 慎重交友。俗话说“近朱者赤，近墨者黑”。一些毒贩为了拉人下水，千方百计和你交朋友，想尽一切办法和借口来引诱人吸毒。所以，一定要慎交朋友，遵循交友原则，交好友、益友，不交损友、滥友，千万不要盲目从众。

(2) 培养不吸烟的良好习惯，杜绝不良嗜好。在许多毒品犯罪的吸毒经验中，大多数是从吸烟、喝酒、施用安非他命到海洛因的渐进方式发展！那些从中学开始就抽烟的人，最容易因好奇而染上吸毒的坏毛病。他们认为，吸烟不算什么，不是许多大人都吸吗？然而对于没有鉴别能力的青少年来说从吸烟到吸毒只有一步之遥，曾有戒毒专家警告说，“吸烟者是吸毒者的预备军。”因此，预防吸毒也要从不吸烟开始，自觉养成不吸烟的良好习惯。

拒绝毒品的最基本方法就是要自觉杜绝不良嗜好。

(3) 树立正确的人生观和价值观，不贪图享乐。在我们的成长过程中，会有各种各样的声音告诉我们人生应该是什么样的，人生道路应该怎么走。这些声音有的可以借鉴，有的则不能。合理的目标，会极大地调动我们的积极性，使我们不断地取得成就。对此，必须从实际出发确立目标后，在实践中不断检验目标，不断进行总结和调整，以期找到一条最适合自己实际，最客观、最有成功可能性的成长道路。

(4) 认识正确用药观念。健康的身体、饱满的精神，必须靠适当的营养、运动与休息，想用毒品药物来提振精神或治疗病痛，只不过是预支精力，透支生命的愚行为了！

(5) 远离是非场所。根据统计，KTV、地下酒家、舞厅等场所，往往是吸毒者、贩毒者最常出没的地方，贩毒者往往不择手段地在这些场所设下陷阱，引诱或威胁青少年吸食、施打毒品。所以应该随时提高警觉，在不熟悉的场所中，不要随意接受他人送的饮料或香烟等，以确保自身安全。

(6) 社区治安直接关系到社区成员安居乐业。要注意发挥社区的优势，发掘社区预防吸毒的功能，提高社区预防吸毒的能力。社区组织要自觉承担起预防吸毒的责任，大力开展创建“无毒社区”活动，并与建设文明社区结合起来，使社区成为一片净土。

8.5 安全素质拓展

【素质拓展8-1】

2019年11月28日，中国农业科学院兰州兽医研究所口蹄疫防控技术团队先后报告有4名学生布鲁氏菌病血清学阳性。随着检测范围的扩大，截至2020年9月14日，累计检测21847人，初步筛出阳性4646人，省疾控中心复核确认阳性3245人。在此之前，2019年7月24日至8月20日的一个月内，中牧兰州生物药厂在兽用布鲁氏菌疫苗生产过程中使用过期消毒剂，致使生产发酵罐废气排放灭菌不彻底，携带含菌发酵液的废气形成含菌气溶胶排出，造成了布鲁氏菌的传播，而兰州兽研所处在下风向，因此被波及。

案例分析：布鲁氏菌病往往先在家畜或野生动物中传播，随后波及人类，是人畜共患的传染病。疫畜是布鲁氏菌病的主要传染源，我国大部分地区以羊作为主要传染源，有些地方牛是传染源，南方个别省份的猪可作为传染源。鹿和犬等经济动物也可成为传染源。根据我国《传染病防治法》的规定，布鲁氏菌病为乙类传染病。在日常生活生产过程中一定要注意生产使用安全规范，降低风险。

【素质拓展8-2】

“笑气”是毒品吗？“笑气”近年来开始被重视，“笑气”学名是一氧化二氮，人吸入 N_2O 气体会丧失痛觉，脸部肌肉失控，形成一个诡异的痴呆笑容，因此得名“笑气”。多次反复吸食“笑气”易造成大脑缺氧并导致中枢神经系统受损，引起记忆力下降、反应迟钝、精神障碍甚至瘫痪。2020 年 7 月杭州一位 19 岁女孩肖肖突然双腿无力，无法行走，男友将她带到医院进行就医，发现其因长期吸食“笑气”导致“脊髓亚急性联合变性”。因大量吸入“笑气”，18 岁的留学生小刘罹患脑出血，在美国的医院住了两个多月，花了 20 多万美金。他和一起打气的女友小杨都瘫痪坐上了轮椅，不得不提前结束留学生涯。

案例分析：《刑法》第 357 条规定，本法所称的毒品，是指鸦片、海洛因、甲基苯丙胺(冰毒)、吗啡、大麻、可卡因以及国家规定管制的其他能够使人形成瘾癖的麻醉药品和精神药品。属于毒品的，要符合这些条件：有国家规定管制、使人上瘾、属于麻醉药品或精神药品。国家有专门的麻醉药品目录和精神药品目录。使人上瘾的东西很多，例如烟草，不过，烟草并不是麻醉药或精神药品，因此不属于毒品。同样，没有相应的国家规定管制，虽然严格来说，“笑气”有一定的麻醉效果，并曾经被当作麻醉剂使用，但是并不属于毒品。女孩肖肖和留学生小刘长期大量吸入笑气对身体造成巨大的伤害。虽然“笑气”不属于毒品，但也属于国家管制的危险品，因此，大家不要以身试法，认为里面有利可图就铤而走险。对于那吸食“笑气”上瘾的人，希望能早日戒除。

【素质拓展 8-3】

被告人张某军，男，1998 年 7 月 30 日出生，汉族，在校大学生。2018 年 8 月张某军以每张人民币 300 元的价格向潘某文(另案处理)购得毒品麦角二乙酰胺(LSD，俗称“邮票”)5 张，后将 5 张 LSD 对半剪成 10 小张予以出售。同年 9 月 25 日晚，张某军通过微信与购毒者王某某约定以 850 元的价格出售 1 小张 LSD，先后两次通过跑腿业务让送货员将小张 LSD 送至王某某住处。第二次送货时被抓获，从送货员和张某军处查获 8 小张 LSD。经鉴定，均检出麦角二乙酰胺成分。法院认为，被告人张某军明知是毒品而予以贩卖，其行为已构成贩卖毒品罪。判处被告人张某军有期徒刑一年两个月，并处罚金人民币 2000 元。该案是在校大学生通过微信联系毒品交易和收取毒资，并在网上订购“跑腿业务”运送毒品，与购毒人员互不见面，属于“互联网+物流”的贩毒案件。当前，有些大学生对新型毒品的危害认识不足，有些大学生则在获取暴利的诱惑下铤而走险。本案所涉毒品为麦角二乙酰胺，简称“LSD”，是一种强烈的致幻剂，在我国和世界各国均作为非药用类麻精药品被列管。被告人张某军明知 LSD 是毒品而予以贩卖，构成贩卖毒品罪。

案例分析：巨额利润的诱惑是毒品犯罪的驱动力。小包毒品，经转手买卖就可以赚取几倍，甚至十几倍巨额利润，金钱的诱惑使得大学生张某军从事毒品贩卖。部分年轻人对毒品的危害性缺乏正确的认识和足够的警惕，极易因一时的好奇，抱着一种探索、尝试的心理吸食感受毒品的滋味，多次吸食以至上瘾。随着生活压力的增大及精神信仰的缺失，一些人借助毒品来放纵身心、寻求刺激，为贩毒分子提供了源源不断的市场。

【素质拓展 8-4】

2020 年 8 月 26 日，广西东兴市万尾金滩海域，一艘装满榴莲的货船发生侧翻，海面漂浮着大量榴莲，事发后，相关部门到场处置，阻止居民捡拾榴莲，可许多居民不听劝阻，仍然拿走了不少榴莲。26 日至 27 日，食用这些榴莲的村民纷纷出现食物中毒症状，腹痛、腹泻、呕吐，中毒者人数高达 500 多位，好在没有人出现生命危险。

案例分析：后被证实这起中毒事件是由副溶血性弧菌引起，这种菌喜盐，是海水和海产品中的常见菌，也是沿海地区的常见致病菌。

思考题

(1) 生活中遇到突发公共卫生事件，我们应该怎么做？

(2) 传染病传播和流行有哪几个环节？

(3) 日常的食物中毒主要原因有哪些？

(4) 大学生如何从自身做起防范毒品侵害？

(5) 毒品带来的危害有哪些？

参 考 文 献

[1] 吴兆方，陈光曙．大学生素质拓展训练[M]．上海：同济大学出版社，2011.

[2] 张志刚．东北大学本科生能力拓展训练开展现状的调查及分析[J]．学周刊，2015，(10)：225-227.

[3] 刘易．化工企业责任关怀对企业绩效影响的实证研究[D]．湖南大学，2009.

[4] 于瑾．HSE 管理体系有效运行的几个重点[J]．安全、健康和环境，2004，4(8)：12-13.

[5] 高龙，陈卫兵，杨骏，等．建立责任体系，落实安全责任，强化安全管理[C]．中国钢铁年会，2007，8：134-137.

[6] 黄萌，陈立书．安全应急与避险[M]．北京：中国医药科技出版社，2020.

[7] 邹礼均，杨忠祥，向小林等．大学生安全教育与管理[M]．重庆：重庆大学出版社，2018.

[8] 程小红，李延明．大学生安全素质教育[M]．北京：化学工业出版社，2016.

[9] 徐德蜀，邱成．安全文化通论[M]．北京：化学工业出版社，2004.

[10] “全球极端网络攻击经济损失高达 8207 亿元”[EB/OL]，http://www.360doc.com/content/20/0901/16/71368091_933432970.shtml.

[11] “美媒：美国科洛尼尔管道运输公司向黑客支付了近 500 万美元以恢复系统”[EB/OL]，https://baijiahao.baidu.com/s?id=1699661021489325629&wfr=spider&for=pc.

[12] 卞进发，徐建中．化工责任关怀导论[M]．北京：化学工业出版社，2015.

[13] 徐文明，于海．责任关怀与安全技术[M]．北京：化学工业出版社，2019.

[14] 郑宏源，徐超．大学生安全教育教程[M]．昆明：云南大学出版社，2020.

[15] 陈卫平，李辉．大学生安全教育[M]．长沙：湖南教育出版社，2018.

[16] 王满良，王维群．大学生安全教育[M]．北京：北京理工大学出版社，2019.

[17] 周丽华．新时期大学生安全知识导读[M]．北京：高等教育出版社，2018.

[18] 习近平．决胜全面建成小康社会 夺取新时代中国特色社会主义伟大胜利——在中国共产党第十九次全国代表大会上的报告[M]．北京：人民出版社，2017.

[19] 吴琦．意识形态与国家安全[M]．武汉：华中师范大学出版社，2011.

[20] 王晨．论新时代加强大学生意识形态安全教育的重要性[J]．思想政治教育研究，2018(5)：239-241.

[21] 仝联勃．构建新时代意识形态安全体系[N]．光明网-学术频道，2020.

[22] 回望 2015，国际恐怖活动四大特征[N]．新华网，2015，http://www.xinhuanet.com/world/2015-12/18/c_128545928.htm.

[23] 娄衍群．微时代大学生意识形态安全教育研究[D]．曲阜师范大学，2020.

[24] 周玲．新时代大学生意识形态安全教育研究[D]．延边大学，2020.

[25] 殷建光．网络时代爱国从文明上网开始[N]．四川文明网，2014，http://www.wenming.cn/wmpl_pd/yczl/201409/t20140923_2193806.shtml.

[26] 黄红，张佩珍．大学生心理行为指导[M]．上海：上海大学出版社，2003.

[27] 吴超，王秉．大学生安全文化(第 2 版)[M]．北京：机械工业出版社，2017.

[28] 李峥嵘．大学生安全教育(第 2 版)[M]．西安：西安交通大学出版社，2020.

[29] 曹帅召．大学生安全教育[M]．北京：经济科学出版社，2010.

[30] 王大伟．大学生安全教育[M]．北京：中国人民大学出版社，2018.

[31] 国家计算机网络应急技术处理协调中心．2020 年我国互联网网络安全态势综述[R]．北京：2020.

[32] 国家计算机网络应急技术处理协调中心．2019 年我国互联网网络安全态势综述[R]．北京：2019.

[33] 广东新兴国家网络安全和信息化发展研究院．2020 年全国网民网络安全感满意度调查统计报告(公众版)[R]．广东：公安部网络安全保卫局，2020.

[34] 陈兴良．网络犯罪的类型及其司法认定[J]．法治研究，2021，3：3-16.

[35] 王磊．政府治理视角下的网络信息安全问题研究[D]．安庆师范大学，2019.

[36] 彭永峥．国内大学生网络安全认知现状与提升[D]．郑州大学，2019.

[37] 白霞．个人网络信息安全管理存在的问题与对策研究[D]．山东大学，2019.

[38] 钟婷婷，朱健．大学生防范网络诈骗的对策研究[J]．法制与社会，2021，6：172-173.

[39] 马刚．美国的新经济与信息技术革命[J]．经济论坛，2001，10：30.

[40] 李万春．危险化学品安全生产基础知识[M]．北京：气象出版社，2005.

[41] 崔政斌，石跃武．防火防爆技术[M]．北京：化学工业出版社，2010.

[42] 李斌，解立峰．防火与防爆工程[M]．哈尔滨：哈尔滨工业大学出版社，2016.

[43] 陈美宝，王文和．危险化学品安全基础知识[M]．北京：中国劳动社会保障出版社，2010.

[44] 苗金明．事故应急救援与处置[M]．北京：清华大学出版社，2012.

[45]《危险化学品生产企业从业人员安全技术培训教材》编委会．危险化学品安全生产基础知识[M]．北京：气象出版社，2005.

[46] 杨岳．电气安全(第三版)[M]．北京：机械工业出版社，2017.

[47] 乔新国．电气安全技术[M]．北京：中国电力出版社，2017.

[48] 吕建国，刘小刚，苏贺涛．机械与电气安全[M]．北京：冶金工业出版社，2019.

[49] 2020 年中国道路交通事故发生数量、死亡人数及财产损失情况分析[EB/OL]，https：//www. chyxx. com/industry/202103/936272. html.

[50]《道路交通事故处理程序规定》(公安部令第 146 号).

[51] 我国每年发生近 20 万起交通事故！公安部通报十大危险驾驶行为[OEL](2020-12-03)https：//baijiahao. baidu. com/s？ id=1685020046587085192&wfr=spider&for=pc.

[52] “2020 年河南酒驾查处大数据：30~50 岁男士是主力”[EB/OL]，http://henan. china. com. cn/2021-01/27/content_41453067. htm.

[53] “2018~2020 年吉林省公安交警部门共查处酒驾醉驾违法犯罪行为 12. 7 万起”[EB/OL]，https：//t. ynet. cn/baijia/30621697. html.

[54] “2020 年发生在我们身边的交通事故典型案例”[EB/OL]，https://www. sohu. com/a/442066840_120053526.

[55] 王威，呼东燕，高巍，潘洪涛．大学生安全教育[M]．北京：清华大学出版社，2017.

[56] 温家洪，石勇，杜士强，徐慧，李卫江．自然灾害风险分析与管理导论[M]．北京：科学出版社，2021.

[57] 陈颙，史培军．自然灾害(第 3 版)[M]．北京：北京师范大学出版社，2013.

[58] 王丽坤．大学生安全教育[M]．湖北：武汉理工大学出版社，2009.

[59] 景亚新，马洪江．大学生安全教育[M]．四川：电子科技大学出版社，2010.

[60] 肖兴政，钟世荣．大学生安全教育[M]．四川：电子科技大学出版社，2014.

[61] 黄凯，郑琦．大学生安全教育[M]．吉林：吉林人民出版社，2019.

[62] 潘玥，肖琴．人类卫生健康共同体与全球公共卫生“安全化”问题——以美国对中国防疫物资“安全化”为例[J]．中国科学基金，2020，3：78-93.
[63] 朱亚敏．预防与应对——大学生安全教育读本[M]．江苏：东南大学出版社，2013.
[64] 侯增谦．切实增强公共卫生安全治理能力[J]．中国科学基金，2020，34(6)：661.
[65] 刘松华．食品安全日常监测中风险评估技术的应用与分析[J]．现代食品，2020，23：193-195.
[66] 刘运福，马昕．中职学生安全素质教育[M]．北京：化学工业出版社，2018.
[67] 赵庆胜．监管实务：校园食物中毒事件处置与食品安全监管[J]．中国食品药品监管，2016，7，60-62.
[68] “中华人民共和国国民经济和社会发展第十四个五年规划和2035年远景目标纲要”[EB/OL]，http://www.gov.cn/xinwen/2021-03/13/content_5592681.htm.
[69] “新型冠状病毒肺炎诊疗方案(试行第八版)”[EB/OL]，http://www.gov.cn/zhengce/zhengceku/2020-08/19/content_5535757.htm.
[70] 国家卫健委办公厅．中国结核病预防控制工作技术规范(2020版)[S].2020.
[71] 曹达华．总体国家安全观的四重内涵[N]．学习时报，2017.